Entscheidungen

des

Ober-Seeamts und der Seeämter

des

Deutschen Reichs.

Herausgegeben

im

Reichsamt des Innern.

Siebenter Band.

Heft 2.

Hamburg.

Druck und Verlag von L. Friederichsen & Co.

1887.

Inhalt.

(Fortsetzung folgt auf der dritten Seite des Umschlags.)

21. Spruch des Seeamts zu Hamburg vom 10. August 1886, betreffend den Seeunfall der Bark „Parsifal" von Hamburg.

Der Spruch des Seeamts lautet:

Der Untergang der Bark „Parsifal" ist dadurch veranlaßt, daß das Schiff, nachdem dasselbe bei Sturm und schwerem Seegang auf Seite geworfen und die Ladung übergeschossen war, leck geworden ist.

Die Ursachen des Leckwerdens sind mit Bestimmtheit nicht zu ermitteln gewesen.

Die Ausrüstung und Beladung des Schiffes und das Verhalten der Besatzung giebt zu Bemängelungen keinerlei Anlaß.

Gründe. Die Verhandlung hat folgenden Sachverhalt ergeben: Die der Firma F. Laeisz zu Hamburg gehörige eiserne Bark „Parsifal", Schiffer Hilgendorf, Unterscheidungssignal RGJP, ist auf der Reise von Shields nach Valparaiso am 4. Mai 1886, 4 Uhr Nachmittags, in der Nähe von Cap Horn auf ungefähr 56 Grad 40 Fuß Südbreite und 66 Grad 20 Fuß Westlänge gesunken, nachdem bei Sturm und schwerem Seegang die Ladung übergeschossen, das Schiff leck geworden und von der Mannschaft verlassen worden war.

Die „Parsifal" ist im Jahre 1882 von Blohm & Voß in Hamburg nach den Vorschriften des Büreau Veritas für die erste Division ✻ 3/3 L. 1. 1. gebaut und klassifizirt und hatte einen Netto-Raumgehalt von 2974,5 cbm oder 1050,01 britischen Register-Tons. Die Besatzung bestand einschließlich des Schiffers aus 17 Mann. Das Schiff verließ Shields am 15. Februar 1886 mit einer Ladung von 1 500 Tons Kohlen, außer 8 Tons Kohlen für den Schiffsgebrauch. Die Ladung war Eigenthum des Rheders; Schiff, Fracht und Ladung waren unversichert.

Die Ladung ist unter Aufsicht des Schiffers und des Obersteuermanns in Shields von dortigen Trimmern verstaut; es waren Längsschotten von dreizölligen Planken, wozu auch die Luken des Zwischendecks benutzt sind, angebracht; dieselben waren an die Stützen angelascht, erstreckten sich vom Fock- bis zum Besahnmast und reichten bis nahezu unter Deck. Unterwegs sind dann noch zur Befestigung der Ladung Fässer und Sandsäcke vorn und hinten quer über gestaut. Das Schiff, welches 6,09 Meter tief ist, hatte einen Tiefgang von 18 Fuß 4 Zoll vorne und 18 Fuß 8 Zoll hinten, was auch mit der Deplacementsscala ungefähr übereinstimmt.

Die Reise verlief ohne bemerkenswerthe Vorfälle bis zum 2. Mai. Um Mittag dieses Tages, auf 55 Grad 30 Fuß Südbreite und 65 Grad 3 Fuß Westlänge, erhob sich ein sturmartiger Wind aus WNW mit heftigen Böen, welcher den ganzen Tag über anhielt; um Mitternacht wurden die Marssegel und das Großsegel gerefft, das Großstängestagsegel festgemacht. Am 3. Mai 4 Uhr 30 Minuten Morgens wehte ein schwerer Sturm, die Segel wurden festgemacht bis auf die unteren Marssegel, Vorstängestagsegel und doppelt gerefften Besahn. Bei dem fortwährend zunehmenden orkanartigen Sturm holte das Schiff weit nach Lee über, schwere Sturzseen schlugen über das ganze Schiff hin und erschütterten dasselbe heftig. Um 9 Uhr zeigte das Schiff Schlagseite nach Backbord; es stellte sich heraus, daß die Ladung beim Ueberholen des Schiffes etwas übergeschossen war. Nunmehr wurde, nachdem der Besahn geborgen war, mit der Steuerbordwache versucht, das Schiff vor den Wind zu bringen, während die Backbordwache in den Raum beordert wurde, um die Ladung überzutrimmen. Der Schiffer selbst stand am Ruder, das Schiff war einige Striche abgefallen, als zwei aufeinanderfolgende schwere Seen dasselbe soweit auf die Seite warfen, daß die Großmarsraaen 6 Fuß tief ins Wasser reichten und die Steuerkraft aufgehoben wurde. Hierbei schoß die Ladung weiter über und verschüttete die Backbordwache, die sich jedoch wieder frei zu arbeiten vermochte. Da das Schiff sich nicht wieder aufrichtete, so wurden zunächst die Stängen gekappt und sodann, da dieselben nicht klar gingen und da namentlich das Gut der Großmarsstänge über den Stagen des Besahnmastes lag, auch der Besahnmast, welcher unter Deck brach und das Kajütsdeck aufriß; das dadurch entstandene Loch wurde mit einem Segel übernagelt. Der Besahnmast kam klar vom Schiff, nicht so die übrigen Stängen, da die Leewanten nicht gekappt werden konnten, weil das Schiff in Lee bis in die Mitte der Großluke zu Wasser lag.

Nachdem auf Deck somit aufgeklart war, wurde die ganze Mannschaft in den Raum geschickt, um die Ladung zu trimmen.

Während bis dahin das Schiff anscheinend noch dicht gewesen

war, wenn auch die Pumpen bei der Lage des Schiffes und dem fortdauernden Sturm nicht gepeilt werden konnten, zeigte sich jetzt im Halbdeck Wasser, welches daher rührte, daß der Großbraßbaum sich in Lee durch die Seite des Schiffes hindurch gearbeitet hatte; der Leck wurde so gut als möglich gedichtet und das Wasser mit Pützen ausgeschöpft; aber auch die Proviantpiek hinter dem wasserdichten Kollisionsschott hatte sich mit Wasser gefüllt, ohne daß hier die Ursache des Lecks ausfindig gemacht werden konnte. Während des Nachmittags wurde mit dem Uebertrimmen der Kohlen fortgefahren, ohne rechten Erfolg, indem bei der schiefen Lage des Schiffes die Kohlen immer wieder nachrutschten. Gegen Abend nahm der Sturm ab; es wurde begonnen, aus der Hinterluke Ladung über Bord zu werfen, um das Schiff hinten zu heben und den Leck möglichst über Wasser zu bekommen; trotz angestrengten Arbeitens sank das Schiff jedoch tiefer. Am Morgen des 4. Mai zeigte sich, daß die Reservespiere in Lee trieb und eine Stütze mit zwei Nieten aus dem Deck gerissen hatte, ebenso war der Klüverbaum und die Leeverschanzung von dem Fock- bis zum Großwant weggebrochen. Nachdem es ganz still geworden, wurden die Pumpen gepeilt und ergaben bei der schiefen Lage des Schiffes 4 Fuß Wasser. Es wurden nun die Pumpen von der Luvseite aus in Gang gesetzt; schon nach einer Stunde fanden sich 5 Fuß Wasser im Peilrohr, das Schiff sank immer tiefer, die Mannschaft war erschöpft. Da das Schiff unrettbar verloren schien, so wurden, als eine Bark in Sicht kam, Nothsignale gegeben, und nachdem noch der Großmast gekappt war, um 12 Uhr Mittags das Schiff verlassen. Als jedoch die Briese auffrischte und die Bark davonsegelte, fuhr man nach der „Parsifal" zurück, der Schiffer und 3 Mann gingen an Bord und kompletirten den Proviant. Um 3 Uhr 30 Minuten wurde das Schiff abermals verlassen, worauf dasselbe ungefähr eine halbe Stunde später vor den Augen der Mannschaft wegsank. Man steuerte dem Lande zu, gab Raketensignale, welche um 7 Uhr 30 Minuten durch Flackerfeuer von der englischen Bark „Saraca", Schiffer Watt, beantwortet wurden. Um 8 Uhr wurde die Mannschaft an Bord der „Saraca" geborgen und am 31. Juli in Cork gelandet.

Nach den vorstehenden Thatumständen ergiebt sich, daß die „Parsifal", nachdem sie bei schwerem Sturm und Seegang auf Seite geworfen und die Ladung übergeschossen war, leck geworden und infolge des Lecks untergegangen ist, sowie daß der Untergang lediglich den Zufällen des Meeres zuzuschreiben ist. An der vollständigen

Seetüchtigkeit des Schiffes kann nicht gezweifelt werden; die Ladung von 1500 Tons Kohlen ist bei der mit Rücksicht auf die Bauart, das Material und die Beschaffenheit des Schiffes überhaupt anzunehmenden Tragfähigkeit als eine keineswegs übermäßige zu bezeichnen; die Stauung der Kohlen muß nach den übereinstimmenden Angaben der Zeugen als eine ordnungsmäßige angesehen werden; wenn dennoch, infolge des gewaltsamen Umherwerfens des Schiffes und der schweren Erschütterungen, welche dasselbe erlitt, die Kohlen überschossen und durch die vorhandenen Oeffnungen hindurch gepreßt wurden, so ist das ein Unfall, dem ein nachweisbares Verschulden nicht zu Grunde liegt. Auch daß der Schiffer nicht früher versuchte, das Schiff vor den Wind zu bringen, gereicht ihm nicht zum Vorwurf, da er das Uebergehen der Ladung nicht wohl voraussehen konnte. Nachdem das Schiff auf Seite geworfen und die Ladung übergegangen war, sind die den Umständen nach geeigneten Maßregeln getroffen, um zu bewirken, daß das Schiff sich wieder aufrichtete. Daß bei Ausführung derselben etwas versehen ist, oder daß das Leckspringen hätte verhütet werden können, erhellt nicht. Ob der Leck dadurch entstanden ist, daß die gekappten Stängen und Spieren die Schiffswände beschädigt haben, ob, was wahrscheinlicher, durch das Wegreißen der Schanzkleidung und dadurch, daß beim Umherwerfen des Schiffes Nieten gesprungen sind, hat mit Sicherheit nicht ermittelt werden können.

22. Spruch des Seeamts zu Bremerhaven vom 20. August 1886, betreffend den Seeunfall der Bark „Athena" von Bremen.

Der Spruch des Seeamts lautet:

Die am 19. Juli 1886 Nachmittags erfolgte Strandung der Bark „Athena" auf Sanda (Orkney-Inseln), welche den gänzlichen Verlust des Schiffes zur Folge hatte, ist unter Mitwirkung einer anzunehmenden, nicht beachteten westlich setzenden Strömung und eines kurz nach Mittag eintretenden, zur Zeit der Strandung fortdauernden Nebels dadurch verursacht, daß der Standort des Schiffes um Mittag des 19. Juli um einige Seemeilen westlicher war, als vom Schiffer auf

Grund seiner astronomischen Beobachtungen angenommen wurde.

Schiffer und Steuerleute trifft ein vertretbares Verschulden an der Strandung nicht. Das Verhalten derselben nach der Strandung giebt zu Ausstellungen keine Veranlassung.

Gründe. Die Bark „Athena", Unterscheidungssignal QBJH, Heimathshafen Bremen, vermessen zu 2884,8 cbm = 1018,33 britischen Register-Tons Netto-Raumgehalt, trat am 12. Juli 1886 unter Führung des zu Vegesack wohnhaften Schiffers Johann Zittlosen von Hamburg eine Reise nach New-York an. Die Ladung bestand aus 4680 leeren Petroleumfässern und 500 Tons Chlorkalium in Säcken. Das Schiff war außer dem Schiffer mit dem Obersteuermann Julius Niedermeier aus Bremen, dem Steuermann Jakob Karl Julius Ahrens und 15 Personen bemannt. Der Schiffer machte als solcher seine erste Reise mit dem Schiffe, hatte aber vorher bereits längere Zeit als Steuermann auf demselben gefahren. An Bord befand sich außer den anderen zur Navigirung erforderlichen Instrumenten ein Chronometer, welches bereits seit längerer Zeit auf dem Schiffe benutzt worden war. Der tägliche Gang desselben hatte früher 7 bis 8 Sekunden betragen, war aber dem Schiffer seitens des kontrolirenden Uhrmachers bei Antritt der Reise als 11½ Sekunden betragend aufgegeben worden.

Die Witterungsverhältnisse veranlaßten den Schiffer, den nördlichen Curs um Schottland zu wählen. Die Reise verlief bis zum 18. Juli ohne bemerkenswerthe Ereignisse. An diesem Tage trat Abends dichter Nebel ein, welcher jedoch am folgenden Tage gegen 7 Uhr Morgens klarem Wetter wich. Es konnten mehrere Sonnenhöhen behufs der Längenbestimmung genommen werden. Mittags 12 Uhr wurde der Standort des Schiffes durch getrennt vorgenommene Berechnungen des Schiffers und des Obersteuermanns, welche demnächst bei der Vergleichung ein übereinstimmendes Resultat ergaben, auf 59 Grad 8 Fuß Nordbreite und 1 Grad 59 Fuß Westlänge festgestellt. Der mißweisende Curs des Schiffes wurde nun bei lebhafter Süd- und SzOBriese auf N½O gesetzt, mit welchem der Schiffer etwa 12 Seemeilen vom Start Point auf Sanda frei zu laufen glaubte. Gleich nach Mittag trat dichter Nebel ein. Es wurden Nebelsignale gegeben, der Ausguck doppelt besetzt und der Fortgang des Schiffes durch Festmachen der leichten Segel gemindert. Das Schiff lief etwa 5 Seemeilen in der Stunde. Um 1 Uhr 30 Minuten Nachmittags wurde plötzlich Brandung etwa 1 Strich über Backbordbug voraus bemerkt. Das Ruder wurde auf Befehl des Schiffers sofort Backbord gelegt. Das Schiff kam auch über Backbordbug bis OzS an den Wind; allein gleich darauf stieß es heftig auf und legte sich hart nach Backbord über. Segelmanöver, um das Schiff abzubringen, waren vergeblich. Es saß fest, stieß mittschiffs durch und füllte sich rasch mit Wasser, welches nach etwa einer Viertelstunde 12 bis 13 Fuß hoch im Schiffe stand. Ein Abbringen des Schiffes erschien dem Schiffer unmöglich. Ein Versuch zum Ausbringen eines Ankers und zum Abhieven des Schiffes ist nicht gemacht. Nachdem die Boote zu Wasser gelassen waren, wurde mit dem Bergen der Effekten der Mannschaft und des Inventars begonnen. Abends gegen 8 Uhr wurde das Schiff von der ganzen Mannschaft verlassen. In den folgenden Tagen ist mit der Bergung des Inventars fortgefahren. Am dritten Tage nach der Strandung brach ein großes Loch in die Steuerbordseite des Schiffes, durch welches Petroleumfässer heraustrieben, von denen etwa 800 Stück geborgen wurden. Das Wrack ist demnächst in Auktion verkauft worden.

Die Strandung erfolgte etwa drei Viertelstunden nach Hochwasser, eine halbe Seemeile von Start Point-Feuerthurm, welcher vom Schiffe SOzO ½O gepeilt wurde.

Es befand sich eine Karte von Imray & Sohn nebst einer dazu gehörigen Segelanweisung an Bord. Die Karte hat dem Seeamt bei der Verhandlung vorgelegen.

Das Schiff ist nach dem Handbuch für die deutsche Handelsmarine 1856 erbaut und hatte nach Mittheilung des Vertreters des Germanischen Lloyd in Bremerhaven bei diesem Institut im Juni 1886 die Klasse A auf ein Jahr erhalten.

Der vorstehende Sachverhalt darf auf Grund der Aussagen der Schiffsoffiziere, welche durch das ordnungsmäßig geführte Journal, die Verklarung und das eidliche Zeugniß der Matrosen Fischer und Müller unterstützt sind, für erwiesen angenommen werden. Die Aussagen des Schiffers und des Obersteuermanns insbesondere geben trotz des Interesses derselben zu Bedenken keine Veranlassung, weil sie im Wesentlichen mit einander übereinstimmen, Unwahrscheinlichkeiten und innere Widersprüche nicht enthalten und mit Ruhe und Sicherheit abgegeben sind.

Der Ansicht des Schiffers, daß die Strandung lediglich durch eine starke westliche Stromversetzung, auf welche er nicht gerechnet habe, zurückzuführen sei, kann jedoch nach dem Ergebniß der Verhandlung nicht beigetreten werden. Allerdings setzt nach den Gezeitentafeln für das Jahr 1881, herausgegeben vom Hydrographischen Amt, unter Start of Sanda der Fluthstrom, nachdem er zunächst eine südliche Richtung verfolgt hat, in seinem späteren Verlauf nach Südwest. Auch ist bezüglich des Ebbestromes, übereinstimmend mit dem, was die Schiffsoffiziere von den Inselbewohnern erfahren haben wollen, anzunehmen, daß er in südwestlicher Richtung läuft. Allein dieses Verhalten auch für weitere Entfernungen von der Küste als richtig anzunehmen, dürfte doch erheblichen Bedenken unterliegen. Wahrscheinlich ist, daß der Fluthstrom hier südöstlich setzt, wie denn auch der Schiffer eher auf eine östliche als eine westliche Abtrift gerechnet haben will. Geht man aber auch von der Voraussetzung aus, daß das Schiff von Mittags 12 Uhr an, zu welcher Zeit nach der Bestimmung des Schiffsortes der Curs auf N½O gesetzt wurde, bis zur Strandung der Einwirkung eines westlichen Stromes unterlegen habe, so kann die dadurch herbeigeführte Versetzung unmöglich so bedeutend gewesen sein, daß sie das Schiff, welches bei dem genannten Curse mindestens um 12 Seemeilen von Start Point frei laufen mußte, an diesen Strandungsort hinbringen konnte. Dazu reichte bei 5 Seemeilen Fahrt eine Zeit von 1½ Stunden, welche zur Zeit der Strandung seit Mittag verflossen war, nicht aus.

Am Morgen des 19. Juli sind bei klarem Wetter mehrere Sonnenhöhen genommen. Demnächst ist der Standort des Schiffes seitens des Schiffers und des Obersteuermanns berechnet. Die Verhandlung hat keine Anhaltspunkte dafür gegeben, die Zuverlässigkeit der Beobachtungen und die Richtigkeit der Berechnungen zu bezweifeln. Die Prüfung der letzteren hat vielmehr gezeigt, daß sie, abgesehen von einer unwesentlichen Differenz, frei von Fehlern sind. Trotzdem darf das Ergebniß der Aufmachung des Bestecks für ein untrügliches nicht angesehen werden. Zieht man die unvermeidlichen Beobachtungsfehler, durch welche, selbst bei günstigen Umständen, die Höhen um 3 Minuten unsicher sein können, in Berücksichtigung, so bleibt die Möglichkeit, daß der Stand des Schiffes um einige Seemeilen östlicher oder westlicher war, als die Berechnungen ergaben. Hierzu kommt, daß das bei der Ermittelung des Schiffsortes benutzte Chronometer, dessen täglicher Gang dem Schiffer bei Antritt der Reise mit 11,5 Sekunden angegeben war, bei früheren Reisen nur 7 bis 8 Sekunden Verlust gezeigt hatte. Es wird dadurch die Annahme nahe gelegt, daß das Chronometer seinen Gang noch ferner änderte und darum die Länge westlicher war, als der Schiffer auf Grund seiner Beobachtungen und Berechnungen annehmen durfte. Fallen die unvermeidlichen Beobachtungsfehler nach derselben Seite, so war, wie ein Absetzen des Curses auf der Karte ergiebt, schon eine nicht sehr bedeutende westliche Stromversetzung ausreichend, um das Schiff nach der Strandungsstelle hinzubringen.

Auf Grund dieser Erwägungen ist anzunehmen, daß das Schiff sich am Mittag des 19. Juli um mehrere Seemeilen westlicher befand, als der Schiffer ermittelt hatte. Dabei könnte es auffällig erscheinen, daß das ziemlich hohe Land nicht gesehen worden ist, welches hätte der Fall sein müssen, wenn das Schiff westlicher stand, als die Beobachtung ergab. Erklären läßt sich dies jedoch dadurch, daß das Land wahrscheinlich in Nebel gehüllt war. Wissen konnte der Schiffer dies nicht; er mußte vielmehr dadurch, daß das Land nicht gesehen wurde, in der Annahme bestärkt werden, daß er frei genug von demselben sei, um den gewählten Curs unbedenklich verfolgen zu können.

Bald nach Mittag trat auch beim Schiff dichter Nebel ein, welcher bis zur Strandung fortdauerte. Diesem unvermeidlichen Umstande ist es zuzuschreiben, daß auch im weiteren Verlauf der Fahrt die Gefährlichkeit der Situation nicht erkannt wurde. Da durch doppelte Besetzung des Ausgucks, Geben von Nebelsignalen und Minderung der Fahrt Alles geschehen war, um das Schiff thunlichst gegen die Gefahren des Nebels zu sichern, so ist es der Besatzung des Schiffes nicht zur Last zu legen, daß die Nähe des Landes erst bemerkt wurde, als es zu spät war, um das Auflaufen des Schiffes zu verhüten. Vom Werfen des Lothes war bei der sich bis dicht unter die Küste gleichbleibenden erheblichen Tiefe des Meeres eine Belehrung nicht zu erwarten.

Die vorstehenden Betrachtungen ergeben, daß die Schiffsoffiziere ein Verschulden bei dem Unfalle nicht trifft. Sie hätten zwar die Möglichkeit erkennen müssen, daß ihr Standort westlicher sei, als sie ermittelt hatten. Allein auf diese bloße Möglichkeit hin ihren Curs östlicher zu setzen, als sie gethan haben, unterlag erheblichen Bedenken, da sie seewärts kein freies Wasser hatten, sondern damit rechnen mußten, daß sie auch auf Fair-Island stranden konnten.

Aus dem Unterlassen von Maßregeln zur Rettung des Schiffes kann dem Schiffer ein Vorwurf nicht gemacht werden. Da das Schiff sofort durchgestoßen war und sich mit Wasser gefüllt hatte, so erschienen solche Maßregeln aussichtslos. Zur Bergung der Effekten, des Inventars und der Ladung ist geschehen, was den Umständen nach geschehen konnte. Das Verhalten von Schiffer und Steuerleuten nach der Strandung giebt daher zu Ausstellungen keine Veranlassung.

23. Spruch des Seeamts zu Flensburg vom 10. September 1886, betreffend den Seeunfall des Großbootes des Schraubendampfers „Gottorp" von Schleswig.

Der Spruch des Seeamts lautet:

1. Der Schiffer Litschen hat unrichtig gehandelt, als er anordnete, daß das Großboot ausgesetzt werde, um an der ihm unbekannten Küste einen Landungsversuch zu machen.
2. Der Steuermann Schlömer hat das Kentern des Großbootes dadurch verschuldet, daß er sich mit demselben zu weit gegen die Brandung vorwagte.
3. Es ist zu rügen, daß die Führung des Schiffes nicht einem Seemanne übertragen war, welcher die Prüfung zum Schiffer auf großer Fahrt abgelegt hat, und daß nicht ein Maschinist erster und ein Maschinist zweiter Klasse sich an Bord befanden.

Gründe. Der in der Stadt Schleswig beheimathete eiserne Schraubendampfer „Gottorp", Unterscheidungssignal LRFJ, vermessen zu 707,8 cbm = 249,85 britischen Register-Tons Netto-Raumgehalt, wurde durch Charteparie vom 23. Januar 1886 von dem korrespondirenden Rheder Thomas Reimer in Schleswig an die deutsche Exportbank in Berlin, vertreten durch deren Direktor, Dr. Robert Jannasch in Berlin, für eine Reise von Hamburg nach europäischen und afrikanischen Gewässern bis südlich von Cap Verde verfrachtet. In der Chartepartie war insonderheit bestimmt, daß der Schiffer den Anordnungen des Befrachters oder dessen Vertreters bezüglich des Ziels der Reise, Consignation des Schiffes u. s. w. Folge zu leisten habe.

Am 5. Februar 1886 ging das Schiff in See. Die Besatzung bestand aus folgenden Personen:

1. dem Schiffer August Litschen aus Königstein, welcher ein Zeugniß über die Befähigung zum Schiffer auf europäischer Fahrt besitzt,
2. dem Obersteuermann Karl Wilhelm Ludwig Giese aus Franzburg, welcher mit einem Zeugniß über die Befähigung zum Schiffer auf großer Fahrt versehen ist,
3. dem zweiten Steuermann Friedr. Karl Schlömer aus Arnis, mit einem Zeugniß über die Befähigung zum Schiffer auf kleiner Fahrt,

ferner einem Maschinisten II. und einem Maschinisten III. Klasse, sowie vier Matrosen und zwei Heizern.

Außer diesen waren folgende Passagiere an Bord:

1. Der Direktor der Exportbank, Dr. Robert Jannasch aus Berlin,
2. der Kaufmann Capesius ebendaher,
3. Franz Friedrich Waldemar von der Hundt und Altengrottkau aus Cöln,
4. dessen Diener Franz August Ferdinand Weißbrig aus Berlin.

Am 12. Februar 1886 langte man im Hafen von Lissabon an. Am 4. März fuhr man von hier wieder weg. Als man den Hafen hinter sich hatte und sich kurz vor der Barre befand, ertheilte der Dr. Jannasch dem Schiffer vertraulich die Ordre, nach Mogador an der Westküste Marokkos zu steuern. Sobald der Lootse von Bord gegangen war, setzte man den Curs nach Mogador. Am 7. März hier angelangt, fuhr man am 11. desselben Monats weiter südwärts, um nach Cap Noun zu kommen und hier womöglich einen Landungsversuch zu machen. Da indeß bei der Ankunft an Cap Noun die Witterungsverhältnisse eine Landung nicht gestatteten, fuhr man wieder nordwärts, zunächst nach Safy und dann nach Casa blanca, Orte, welche beide weiter nordwärts an der Westküste Marokko's liegen. Nachdem man in Casa blanca noch den Kaufmann Fricke an Bord genommen hatte, um ihn bei etwaigen Landungen als Dolmetscher zu verwenden, fuhr man am 22. März wieder südwärts nach der Gegend des Cap Noun. Am Morgen des 24. März kam Cap Noun in Sicht.

Cap Noun liegt gegenüber den Canarischen Inseln an der Nordwestküste Afrikas auf 11 Grad 5 Fuß westlicher Länge von Greenwich und 28 Grad 45 Fuß nördlicher Breite. Ungefähr 45 Seemeilen weiter südlich zeigen die Seekarten unter dem Namen Wad Noun einen Einschnitt ins Land. Im Uebrigen waren sowohl dem Schiffer wie den anderen an Bord befindlichen Personen Land und Gewässer in dortiger Gegend gänzlich unbekannt.

Auf der Höhe des Einschnitts angelangt, beschloß man auf Vorschlag des Schiffers, hier einen Landungsversuch zu machen. Es war reichlich 11 Uhr Morgens, es herrschte völlige Windstille, die See war in der Nähe des Schiffes spiegelglatt und die Luft heiter und klar. Man fuhr nun zunächst bis auf ungefähr 2 Seemeilen an die Küste heran und ankerte hier in 5 Faden Wasser. Nachdem man von diesem Standpunkte die Küste noch möglichst genau beobachtet und gefunden zu haben glaubte, daß in der Nähe der Küste wohl etwas Dünung, aber keine eigentliche Brandung sei, sowie daß eine Flußmündung hier sein werde, setzte man das Großboot aus. In dasselbe stiegen der Steuermann Schlömer, zwei Leichtmatrosen, der I. Maschinist Sievers, sowie sämmtliche 5 an Bord befindliche Passagiere. Der Schiffer übergab das Commando des Bootes dem Steuermann, ließ auch einen 120 ℔ schweren Anker mit Leine ins Boot bringen und instruirte den Steuermann, sich unter keinen Umständen zu weit in die Brandung zu wagen, wenn diese sich stärker zeigen sollte, als vom Schiff aus beobachtet wurde, den mitgenommenen Anker aber zu verwenden, wenn sich der Rückkehr aus der Brandung Schwierigkeiten darbieten sollten.

Das ungefähr 20 Fuß lange, 7 Fuß breite und 2 Fuß tief gehende Boot fuhr nun gradenwegs nach der Küste zu. Am Steuerruder saß der Dr. Jannach, während der Steuermann Schlömer und die beiden Matrosen ruderten. Als man sich nach etwa einer halben Stunde der Küste auf 150 Meter genähert hatte, richtete sich der Steuermann Schlömer auf, um sich umzusehen, wie es mit der Brandung stehe. Er gewahrte, daß die Brandung heftiger und größer war, als sie sich vom Schiff aus angelassen hatte. Unter solchen Umständen ließ er das Boot umkehren, so daß es mit dem Vordersteven nach See zu liegen kam, und dann den Anker fallen. Während man so lag und der Steuermann Schlömer wahrzunehmen glaubte, daß die Brandung wohl zu überwinden sein werde, kam plötzlich eine heftige und ziemlich hohe See gegen den Bug an und warf das Boot in die Höhe. Schlömer gab nunmehr Befehl, in See zurückzurudern, und ließ, um nicht durch den Anker behindert zu sein, die Leine schlippen. Unmittelbar darauf kamen aber eine zweite und dritte See. Die letztere brachte das Boot zum Kentern. Obgleich man so weit nach See zurückgerudert war, daß der Anker neben dem Hintertheil des Bootes am Grunde lag, hatte es doch nicht gelingen wollen, rechtzeitig aus der Brandung herauszukommen. Infolge des Kenterns fielen sämmtliche Insassen ins Wasser. Herr von Hundt und Altengrottkau und sein Diener ertranken, die übrigen retteten sich theils durch Schwimmen, theils dadurch, daß sie sich ans Boot anklammerten und mit diesem der Küste zutrieben, ans Land.

An Bord des „Gottorp" hatte man die Bootfahrt soweit thunlich verfolgt und dabei wahrgenommen, daß das Boot im hohen Seegange gekentert war. Der Schiffer ließ nun das kleine Schiffsboot aussetzen und mit dem Obersteuermann und einem Matrosen bemannt nach der Unglücksstätte zurudern. Das Boot mußte indeß nach etwa 20 Minuten umkehren, weil die Brandung sich so stark zeigte, daß an ein Durchkommen nicht zu denken war. Um die Schiffbrüchigen unter allen Umständen mit Proviant zu versorgen, ließ der Schiffer zwei Tonnen mit Brod, Wein und Wasser an eine Leiter befestigen, diese dann ins Wasser bringen und vom Schiffe nach dem Lande zu treiben. Weil mittlerweile Seewind eingetreten war und die Brandung ersichtlich höher wurde, lichtete man Nachmittags 5 Uhr die Anker und ging weiter in See hinaus. Am andern Morgen näherte man sich wieder der Küste. Um 8 Uhr konnte man deutlich 6 am Strande stehende Personen sehen; da die Brandung stetig zunahm, konnte man aber nicht daran denken, ihnen vom Schiff aus zu Hülfe zu kommen. Man machte sich nun daran, noch eine Tonne mit Proviant zu bepacken, um diese ins Wasser zu lassen. Bevor man damit fertig war, zeigte sich, daß die gesehenen Personen spurlos verschwunden waren. Man stand deshalb davon ab, die Tonne ins Wasser zu lassen, und beschränkte sich darauf, an der Küste hin und her zu fahren. Da man auch bis zum Abend des 26. nichts von den Schiffbrüchigen entdecken konnte, fuhr man nordwärts zunächst nach Mogador und von da nach Tanger. Hier wurde der Unfall sofort dem Kaiserlich deutschen Ministerresidenten gemeldet. Dieser hat demnächst die Vermittelung des zur Zeit in Mogador weilenden Sultans von Marokko zur Rettung der Schiffbrüchigen in Anspruch genommen, und zwar mit dem Erfolg, daß sie am 3. Mai in Mogador wieder an Bord des Schiffes gelangen konnten.

Die überlebenden Insassen des Großbootes waren so glücklich gewesen, der Leiter mit den beiden Proviantonnen, die man vom Bord des „Gottorp" abgelassen hatte, habhaft zu werden. Nachdem sie vergeblich nach Wasser gesucht hatten, hatten sie sich am andern Morgen nach Norden aufgemacht, um womöglich nach Mogador zu gelangen. Erst nach zwei Tagereisen in völlig unwirthschaftlicher und unbewohnter Gegend waren sie auf Menschen gestoßen. Nach vielen Drangsalen waren sie dann am 3. Mai nach Mogador gekommen.

Sowohl dem Schiffer Litschen wie dem Steuermann Giese war der Inhalt der Charteparrtie, wodurch das Schiff verfrachtet wurde, bekannt. Darauf hingewiesen, daß die Bemannung des Schiffes nicht den Vorschriften der Bekanntmachung, betreffend die Prüfung der Seeschiffer und Seesteuerleute auf deutschen Kauffahrteischiffen, vom 25. September 1869 entspreche, weil der Schiffer kein Zeugniß über die Befähigung zum Schiffer auf großer Fahrt besitze, haben dieselben in Uebereinstimmung mit dem Rheder erklärt, es sei abgemacht worden, daß dann, wenn die Fahrt die Grenzen europäischer Fahrt überschreite, der mit einem solchen Zeugniß versehene Obersteuermann Giese das Commando übernehmen solle.

An der Stelle, wo das Großboot kenterte, ist zu allen Jahreszeiten größere oder geringere Brandung vorhanden, auch dann, wenn der Wind ganz still und die See anderswo spiegelglatt ist. Unter solchen Umständen ist ein Landungsversuch mit einem Boote hier immer gefährlich und es handelte der Schiffer unrichtig, wenn er einen solchen zuließ. Ungefährlich wäre der Landungsversuch nur dann gewesen, wenn man sich sicher war, daß man eine Flußmündung, in die man einlaufen konnte, zur Verfügung habe; in dieser Beziehung hatte man sich indeß nur mit Vermuthungen begnügt, die sich bei näherer Beobachtung thatsächlich als unrichtig herausstellten, weil die Schiffbrüchigen überall kein Wasser, geschweige denn einen ganzen Fluß am Lande aufzufinden vermochten. Daß der Schiffer selbst die Gefährlichkeit mehr oder weniger erkannte, beweist die an den Steuermann ertheilte Instruktion. Diese konnte nur von der Erwägung geleitet sein, daß die Brandung, wenn sie momentan auch geringer sein mochte, plötzlich so stark auftreten könne, daß ein Entweichen und eine Rückkehr aus derselben große Schwierigkeiten bieten werde.

Der Unfall wäre dennoch vermieden worden, wenn der Steuermann, der Instruktion gemäß, vorsichtiger gehandelt hätte. Anstatt sich am Rudern zu betheiligen und dabei der Brandung den Rücken zuzuwenden, hätte er unverweilt sein Augenmerk auf die Küste richten müssen. Thatsächlich befand man sich, als der Anker fiel, nicht mehr vor der Brandung, sondern in derselben. Es hatte sich mithin der Steuermann Schlömer weiter vorgewagt, als die Instruktion zuließ und die Vorsicht gebot. Würde er besser und rechtzeitiger, als geschehen, auf die Brandung geachtet haben, so hätte die Höhe der Wellen ihn unzweifelhaft schon vor der Brandung überzeugt, daß hier nicht ohne große Gefahr durchzukommen war und ihn veranlassen müssen, früher und zu einer Zeit, wo sein Boot noch nicht von der Brandung erfaßt werden konnte, den Rückweg anzutreten. Ihn trifft deshalb, weil er so nicht handelte, der Vorwurf, den Unfall direkt verschuldet zu haben.

Steht auch die Bemannung des Schiffes mit dem vorliegenden Unfall in keinem unmittelbaren Zusammenhange, so muß doch gerügt werden, daß dieselbe direkt gegen gesetzliche Bestimmungen verstieß Es lief den §§. 3 und 9 der Bekanntmachung vom 25. September 1869 zuwider, daß das für außereuropäische Fahrt gecharterte Schiff nicht einem Schiffer anvertraut wurde, der ein Zeugniß über die Befähigung zum Schiffer auf großer Fahrt besaß. Die Abmachung, es solle beim Ueberschreiten der Grenzen europäischer Fahrt der Obersteuermann das Commando übernehmen, ändert hieran nichts. Sie war zur Zeit des Unfalls nicht in praktischer Ausführung und ist überall wohl nicht ernstlich zu nehmen, würde jedenfalls aber wiederum einen Verstoß gegen §. 13 der angezogenen Bekanntmachung involviren, weil es dann an einem Obersteuermann mit dem Zeugniß für große Fahrt gefehlt hätte. Es verstieß ferner gegen die Bestimmungen des §. 7 Absatz 3 der Bekanntmachung, betreffend die Prüfung der Maschinisten auf Seedampfschiffen, vom 30. Juni 1879, daß für das auf großer Fahrt befindliche Schiff nicht ein Maschinist I. Klasse und ein Maschinist II. Klasse angemustert waren.

24. Spruch des Seeamts zu Hamburg vom 18. September 1886, betreffend den Seeunfall des Schraubendampfers „Europa" von Hamburg.

Der Spruch des Seeamts lautet:

Die am 30. März 1886 zwischen 11 und 12 Uhr Nachts an der Küste von Long Island, ungefähr 6 Seemeilen westlich vom Shinnicock-Feuer erfolgte Strandung des Schraubendampfers „Europa" hat sich zugetragen, nachdem wegen Nebels während der letzten 36 Stunden keine astronomischen Beobachtungen hatten gemacht werden können.

Die Strandung ist im Wesentlichen einer nicht in Rechnung gezogenen Stromversetzung zuzuschreiben.

Im Uebrigen sind erhebliche und für die Strandung in Betracht kommende Fehler bei der Bestimmung des gesteuerten

Curses und der zurückgelegten Distanz nicht nachzuweisen gewesen.

Den Schiffer Kessal trifft der Vorwurf, daß er während der letzten Stunden nicht häufiger gelothet hat, was unter den vorliegenden Umständen dringend angezeigt war.

Gründe. Das eiserne Schraubendampfschiff „Europa", Schiffer Kessal, Unterscheidungssignal RFTG, strandete auf der Reise von Hamburg nach New-York am 30. März 1886 zwischen 11 und 12 Uhr Nachts bei Nebel an der Küste von Long Island, ungefähr 6 Seemeilen westlich von Shinnicock-Feuer. Nachdem die zum Theil aus Zucker bestehende Ladung geschmolzen, ein weiterer Theil der Ladung nach Eintritt ruhigen Wetters in Leichter gelöscht und das im Schiff befindliche Wasser ausgepumpt war, wurde die „Europa" am 12. April 11 Uhr 30 Minuten Morgens wieder flott und von einem Schlepper nach New-York gebracht, wo sie reparirt worden ist.

Der „Europa" ist im Jahre 1879 in Newcastle o/T. unter Specialaufsicht des Büreau Veritas für die I. Division ✱ 3/3 L. 1. 1. A. & C. P. gebaut, welche Division und Klasse im März 1883 auf weitere 4 Jahre bestätigt ist; hat einen Netto-Raumgehalt von 3366,3 cbm = 1188,29 britischen Register-Tons, eine Maschine von 750 indicirten Pferdestärken, ist in Hamburg beheimathet und gehört zur Rhederei Edward Carr.

Am 14. März 1886 verließ der Dampfer mit einer Besatzung von 27. Mann, einschließlich des Schiffers, den Hafen von Hamburg mit der Bestimmung nach New-York und befand sich am 29. März Mittags nach der um diese Zeit gemachten und ins Journal eingetragenen astronomischen Beobachtung auf 41 Grad 22 Fuß Nordbreite und 65 Grad 12 Fuß Westlänge. Das Wetter wurde dann regnerisch, die Luft mistig, bei bald leichtem, bald dickem Nebel; der Wind war südlich, in Stärke von 2, 3 bis 4.

Nach den von den Zeugen wiederholt als richtig bestätigten Eintragungen in das Journal wurde von der letzten Beobachtung ab bis zum folgenden Mittag S 79 Grad W rechtweisend gesteuert und ausweislich eines gebrauchten Walker'schen Patentloggs eine Distanz von 240 Seemeilen zurückgelegt. Darnach wurde als Schiffsort am 30. März Mittags 40 Grad 36 Fuß Nordbreite und 70 Grad 22 Fuß Westlänge berechnet. Bis 4 Uhr war dann der gesteuerte Curs West, die zurückgelegte Distanz 40 Seemeilen; von nun an wurde zunächst S 84 Grad W, dann S 79 Grad W und endlich S 74 Grad W gesteuert; bis 8 Uhr war die Fahrgeschwindigkeit dieselbe wie bisher, dann wurde die Fahrt etwas ermäßigt, dergestalt, daß mit 75 statt wie bisher mit 80 ℔ Dampfdruck gefahren wurde und die Maschine etwa 66 Umdrehungen machte, statt wie bei voller Kraft 68 bis 69. Es geschah dies infolge einer zwischen dem Schiffer und ersten Maschinisten getroffenen Abrede, um nicht zu früh nach Sandy-Hook zu kommen.

Geht man nun von dem am 29. März Mittags durch astronomische Beobachtung festgestellten Schiffsort aus, so ergiebt die auf Grund der Journaleintragungen über gesteuerten Curs und zurückgelegte Distanz angestellte Berechnung als Schiffsort zur Zeit der Strandung etwa 40 Grad 26 Fuß Nordbreite und 72 Grad 24 Fuß Westlänge. Zu annähernd demselben Resultat ist jedenfalls auch Schiffer Kessal bei Aufmachung seines Bestecks gelangt, wenn auch bei Umwandlung des am 30. März Abends von 8 Uhr ab gesteuerten Curses in rechtweisenden, sich im Journal ein kleiner Fehler findet, den auch Schiffer Kessal zugegeben hat, indem die Mißweisung mit 11 statt mit 9 Grad West, die örtliche Ablenkung mit 13 statt mit 15 Grad Ost berechnet worden ist; indessen die sich dadurch ergebende Differenz ist eine so geringe, daß auch nach seiner Berechnung Schiffer Kessal glauben mochte, von Long Island frei zu laufen, zumal nachdem er infolge des dicken Nebels nach Rücksprache mit dem Ober-Steuermann Bruhn den Curs noch um ½ Strich südlicher genommen hatte.

Das Besteck war jedoch falsch, indem die Strandung auf 40 Grad 47,5 Fuß Nordbreite und 72 Grad 37 Fuß Westlänge erfolgte, also an einem Orte, der von dem nach obiger Rechnung gefundenen ungefähr 24 Seemeilen S 25 Grad O rechtweisend entfernt liegt.

Diese Differenz könnte zugeschrieben werden einmal Fehlern bei Bestimmung des Curses und der Distanz; indessen es hat sich kein Anhalt dafür ergeben, daß bei den Eintragungen in das anscheinend sorgfältig geführte Journal — abgesehen von dem erwähnten kleinen Versehen — Irrthümer vorgekommen sind, und auch in Betreff der Deviation des Compasses scheinen wesentliche Fehler nicht vorgelegen zu haben: die Deviationen befinden sich in Uebereinstimmung mit den — wie aus dem Berichte der Seewarte hervorgeht — aus den Deviationsjournalen der früheren Reisen abgeleiteten Deviationen, und Aenderungen hierin haben sich aus den nach Angabe des Schiffers Kessal auch auf der letzten Reise gemachten Beobachtungen nicht ergeben.

Es bleibt hiernach nur die Annahme einer Stromversetzung übrig und es liegt für eine solche in der That die größte Wahrscheinlichkeit vor. Es ist eine bekannte Thatsache, daß bei südlichen Winden, wie sie zu der in Frage stehenden Zeit vorherrschten, namentlich wenn vorher nördliche Winde geweht haben, die Strömung unter der Küste von Long Island in nordwestlicher Richtung in die Sunde und Straßen hineinsetzt. Die ganze Versetzung beträgt etwa 24 Seemeilen nach N 25 Grad W, und es ist eine solche Versetzung, welche namentlich während des letzten Tages, als die „Europa" sich nahe unter der Küste befand, stattgefunden haben wird, ganz wohl erklärlich.

Schiffer Kessal durfte nun aber bei den obwaltenden Witterungsverhältnissen eine solche mögliche Stromversetzung nicht völlig außer Betracht lassen und er handelte unvorsichtig, wenn er Abends bei dem herrschenden dichten Nebel, in blindem Vertrauen auf die Richtigkeit seines Bestecks, seinen Curs wie geschehen wählte, ohne sich durch öftere Lothungen eine größere Gewißheit über seine Position und darüber, daß er sich der Küste nicht allzusehr näherte, zu verschaffen.

Es ist nun freilich, wie das Journal ergiebt, vom Morgen des 30. März ab alle 4 Stunden beim Wechsel der Wache gelothet worden, und zwar wurde um 8 Uhr Morgens bei einer Wassertiefe von 28 Faden grauer Sand mit Steinen gefunden, um 12 Uhr eine Wassertiefe von nur 24,5 Faden und als Grund Sand und Mudd; dieser Befund stimmt nicht genau mit der Oertlichkeit überein, an welcher man sich nach der Besteckrechnung zu befinden glaubte, deutet vielmehr auf eine nördlichere Position hin; um 4 Uhr Nachmittags ergab die Lothung eine Tiefe von 34 Faden, endlich um 8 Uhr eine Tiefe von 22,5 Faden und als Grund gelben Sand. Dann ist bis zur Strandung, welche gegen 12 Uhr erfolgte, nicht wieder gelothet worden. Da hiernach die Lothungen auch keineswegs ein sicheres Resultat lieferten, überdies in der fraglichen Länge und Breite die Tiefen im Umkreise weniger Meilen sehr wechseln und folglich keine ganz sichere Ortsbestimmung zulassen, so waren häufig wiederholte Lothungen, welche immerhin über eine zu große Annäherung an die Küste Aufschluß geben mußten, dringend angezeigt, und Schiffer Kessal trifft der Vorwurf, daß er diese Vorsicht vernachlässigt hat.

Auffallend erscheint es, daß die Lothungen immer nur bei Ablösung der Wache vorgenommen wurden, also zu einer Zeit, wo beide Wachen an Deck waren, und es drängt sich die Vermuthung auf, daß vielleicht die etwas schwache Bemannung der „Europa" mit Ursache der zu seltenen Lothungen gewesen sein mag. Die eine Wache bestand aus 5, die andere nur aus 4 Mann, Bootsmann und Zimmermann einbegriffen, und es blieben, wenn 2 Mann beim

Ruder, einer auf Ausguck beschäftigt waren, nicht genug Kräfte zum Lothen übrig. Immerhin ist das für den Schiffer keine genügende Entschuldigung; war öfteres Lothen erforderlich, so konnte und mußte er jeder Zeit die dazu nöthige Mannschaft auf Deck beordern.

Die weiteren Anordnungen und das Verhalten der Mannschaft nach der Strandung geben zu Ausstellungen keinen Anlaß.

25. Spruch des Seeamts zu Königsberg vom 21. September 1886, betreffend den Seeunfall der Bark „Achilles" von Memel.

Der Spruch des Seeamts lautet:

daß der Verlust der Bark „Achilles" auf die elementare Gewalt zurückzuführen ist, welche zu überwinden das Schiff außer Stande war.

Gründe. Die Bark „Achilles", Unterscheidungssignal HBGV, erbaut im Jahre 1863/64, Heimathshafen Memel, Schiffer Rheetz, der auch Eigenthümer des Schiffes ist, vermessen zu einem Netto-Raumgehalt von 1225,1 cbm gleich 432,45 britischen Register-Tons, hatte am 4. Februar 1886 den Hafen von Troon verlassen, um eine Ladung Kohlen nach Madeira zu bringen; das Schiff, mit einer Mannschaft von 11 Mann, befand sich bei der Abfahrt in seetüchtigem Zustande. Man mußte bereits am 7. Februar wegen SWSturms und hohen Seegangs Schutz in der Lamlash-Bai suchen, von wo man erst am 22. desselben Monats die Reise fortsetzte. Obwohl immer bei schwerem Wetter, fuhr man doch bis zum 5. März ohne Unfall, am letzten Tage steigerte sich jedoch der Wind zum orkanartigen Sturm aus NO; das Schiff schlingerte sehr, gewaltige Sturzseen kamen über, schlugen die obere Schanzkleidung weg und erschütterten das Schiff derart, daß es leck sprang und bereits an demselben Tage 30 Zoll Wasser machte. Auch in den folgenden Tagen ließ der Sturm nur zeitweise etwas nach; die sämmtlichen Segel wurden fortgerissen. Ungeheure Sturzseen sprengten die Wassergangsnähte, es drang viel Wasser in den Raum, man mußte vom 5. März ab unausgesetzt pumpen. Vom 11. ab waren erst 2 Mann, vom 15. ab weitere 5 Mann krank und entkräftet. Am letzteren Tage hielt man Schiffsrath und beschloß, sobald sich dazu Gelegenheit bieten würde, das Schiff zu verlassen, inzwischen aber nach Kräften bei den Pumpen zu arbeiten; ein Theil der Ladung sollte, um das Schiff zu erleichtern, über Bord geworfen werden. Die Fahrt nach Madeira wollte man nicht fortsetzen, vielmehr nach Osten steuern und das Land möglichst bald zu erreichen suchen. Demgemäß verfuhr man in den nächsten Tagen; ein Verlassen des Schiffes war, obgleich mehrere Schiffe in die Nähe kamen und sich auch zur Aufnahme der Mannschaft des „Achilles" bereit erklärten, nicht ausführbar. Am 24. März Vormittags 9 Uhr näherte sich die norwegische Bark „Carla", die, nachdem das Wetter etwas nachgelassen, die Bemannung des „Achilles" alsbald aufnahm. Man machte auch noch den Versuch, das Schiff selbst zu retten, indem sich Schiffer Rheetz mit dem Steuermann und 3 Leuten der „Carla" und einigen von seinen eigenen Leuten wieder an Bord des „Achilles" begab und bis etwa 5 Uhr Abends mit der „Carla" zusammen weiter segelte. Bei wieder zunehmendem Sturm und hohem Seegang wollten jedoch die Leute der „Carla" nicht auf dem „Achilles" verbleiben und sah sich Schiffer Rheetz schließlich, da sein alleiniges Zurückbleiben auf dem Schiffe zu nichts führen konnte, genöthigt, ihnen in das Boot der „Carla" zu folgen. Als man den „Achilles" zum zweiten Male verließ, standen 7 Fuß 8 Zoll Wasser im Raum. Man befand sich beim Aufgeben des Schiffes auf 49 Grad 56 Fuß Nordbreite und 8 Grad 40 Fuß Westlänge. Die Mannschaft des „Achilles" ging am 25. März an Bord eines der „Carla" entgegenkommenden Lootsenkutters und wurde von diesem in Falmouth gelandet. Der „Achilles" selbst wurde am 25. März zwischen Cork und Lands End von der französischen Brigantine „Albert Renée", Schiffer Jean Moyon, angetroffen. Letzteres Schiff ließ den Bootsmann und 3 Matrosen an Bord des „Achilles" gehen; man fand beim Peilen der Pumpen 6 Fuß Wasser im Raum und brachte unter fortwährender Anwendung der Pumpen den „Achilles" im Schlepptau des „Albert Renée" am 27. März Abends nach der Rhede von Penarth, woselbst das Schiff auf die Ost-Mudd-Bank gesetzt wurde. Mit Rücksicht auf die außerordentlich bedeutenden Schäden, die der „Achilles" erlitten hatte und deren Reparaturkosten von den Sachverständigen nach Besichtigung des Schiffes auf 2071 £ geschätzt wurden, wurde demnächst die Condemnation des Schiffes ausgesprochen. Nach einer Notiz in der Londoner Zeitung „Echo" sollen bei Besichtigung des Wracks in demselben 2 Löcher unterhalb der Wasserlinie, die anscheinend mit einem großen Stangenbohrer gebohrt waren, vorgefunden worden sein. Mit Bezug hierauf haben jedoch die Sachverständigen, die den Schaden abgeschätzt haben, erklärt, sie hätten von dem Zimmermann des französischen Schiffes „Albert Renée" erfahren, daß er auf Befehl seines Schiffers, nachdem der „Achilles" auf die Mudd-Bank gesetzt worden, mehrere Löcher am Hinterende des Schiffes gebohrt habe, um das im Raume befindliche Wasser herauszulassen. Außerdem ist eine Bescheinigung beigebracht worden, wonach im Trockendock zu Dublin bei einer vor einiger Zeit vorgenommenen Reparatur des „Achilles" an verschiedenen Stellen desselben, meistens in den Füllungen, zur Auffindung eines Lecks Löcher gebohrt und demnächst wieder zugepflockt worden sein sollen. Der Schiffer Rheetz hat die in der Londoner Zeitung angedeutete Verdächtigung, wonach er das Schiff, um das Sinken desselben herbeizuführen, etwa angebohrt habe, in der mündlichen Verhandlung vor dem Seeamt mit Entrüstung zurückgewiesen.

Der vorstehend dargelegte Sachverhalt ist durch Einsicht des Auszugs aus dem Schiffsregister und durch die zu den Akten gebrachten Urkunden, namentlich die Verklarung des Schiffers und der Mannschaft des „Achilles", die eidliche Aussage des in Cardiff vernommenen Schiffers der französischen Brigantine „Albert Renée, den Bericht des Kaiserlichen Consulats in London an den Reichskanzler, die Urkunde über die Besichtigung und Abschätzung des Wracks und die erwähnten Bescheinigungen, sowie endlich durch die gerichtlichen Aussagen des Segelmachers Rheetz und des Schiffers Rheetz ermittelt. Die Aussage der übrigen, nur aus Norwegern bestehenden Schiffsmannschaft, deren Aufenthalt zur Zeit unbekannt ist, hat nicht erbracht werden können. Bei der mündlichen Verhandlung vor dem Seeamt hat der Schiffer Rheetz seine früheren Aussagen wiederholt und in allem Wesentlichen bestätigt. Das Seeamt hat in Uebereinstimmung mit dem Reichscommissar nicht Anstand genommen, den p. Rheetz, der den Eindruck eines durchaus zuverlässigen und glaubwürdigen Mannes machte, zu vereidigen, hiernächst aber seinen Spruch, wie geschehen, abzugeben. Unbedenklich ist die Ursache des Seeunfalls lediglich in der elementaren Gewalt zu suchen, der das Schiff auf die Dauer Widerstand zu leisten nicht vermocht hat. Von einem strafbaren „Anbohren" des Schiffes durch den Schiffer Rheetz kann nicht die Rede sein; die von der britischen Zeitung ausgesprochene Verdächtigung ist nach der Aussage der bei Abschätzung des Schadens vernommenen Sachverständigen und nach den sonstigen Ermittelungen völlig haltlos, dies um so mehr, als ein Beweggrund zu einem derartigen Verhalten des p. Rheetz gar nicht ersichtlich ist. In dieser Beziehung ist namentlich zu erwähnen, daß der „Achilles", als er von Troon ausging, nur in Höhe von 6000 M. versichert war. Auch im Uebrigen können dem Schiffer Rheetz gegründete Vorwürfe nicht gemacht werden, wie dies namentlich von dem Aufgeben des Schiffes gilt. Allerdings wäre der „Achilles", wenn die Mannschaft noch bei Kräften gewesen, oder von der „Carla" mit hinreichender frischer Bemannung hätte versehen werden können, wohl noch zu halten gewesen. Daß das Schiff unter den Umständen, wie sie lagen, von der Mannschaft verlassen wurde, kann dem Schiffer nicht vorgeworfen werden; er hat sein Schiff als der Letzte und blos darum aufgegeben, weil er es allein nicht halten konnte.

26. Spruch des Seeamts zu Stettin vom 23. September 1886, betreffend den Seeunfall der Brigg „Leucothea" von Stettin.

Der Spruch des Seeamts lautet:

Der Seeunfall, welchen die Brigg „Leucothea" auf der Reise von Stettin nach Tayport am 13. Mai 1886 durch Strandung bei Norder Röse erlitten hat, ist durch Stromversetzung und diesiges Wetter verursacht und weder durch Handlungen noch durch Unterlassungen des Schiffers oder Steuermanns verschuldet, noch durch Mängel der Bauart, Beschaffenheit, Ausrüstung, Beladung oder Bemannung herbeigeführt, doch hätte die Stromversetzung durch Peilung und Beobachtung der Lothleine bemerkt werden können.

Gründe. Die Brigg „Leucothea", Unterscheidungssignal JBHK, Heimathshafen Stettin, ist auf der Fahrt von Stettin nach Tayport am 13. Mai 1886 Morgens 2 Uhr im Sunde bei Norder Röse auf Grund gekommen und derartig wrack geworden, daß sie als reparaturunwürdig versteigert wurde.

Das Schiff war zu Stettin im Jahre 1839 aus eichenem Holze erbaut, 27,19 Meter lang, 7,53 Meter breit, 4,18 Meter tief und zu einem Netto-Raumgehalt von 533,3 cbm = 188,25 britischen Register-Tons vermessen. Eigenthümer waren zu 41/60 Parten der Schiffer

Wolter zu Stettin, zu $^{11}/_{60}$ der Kaufmann Julius Fritz, zu $^{2}/_{60}$ Kaufmann Tiedemann daselbst. Die letzten $^{6}/_{60}$ waren in verschiedenen Händen. Schulden waren nicht eingetragen. Der Schätzungswerth des Schiffes betrug 16000 M. und war der Antheil des Schiffers mit 6000 M. versichert. Die Brigg hatte im Germanischen Lloyd die Klasse B. 1. gehabt und wurde auch nach deren Ablauf im April 1886 dafür gut befunden, die Klasse aber nicht erneuert, weil Schiffer und Rheder zu der deshalb vom Besichtiger angeordneten Besichtigung des Bodens und geforderten Ausbesserung sich bei dem Darniederliegen des Rhedereigeschäftes nicht entschließen konnten. Die „Leucothea" hatte zu Stettin im Jahre 1861 eine sehr große Ausbesserung, in in den Jahren 1866 und 1876 wiederum größere, außerdem mehrere kleinere Ausbesserungen erhalten, wurde 1880 im Mai geöffnet und, soweit erforderlich, ausgebessert, erhielt 1881 nach erlittener Havarie theilweise neue Planken und neue Takelage, während die Inhölzer gesund befunden wurden. Im Mai 1882 wurde der Boden des Schiffes besichtigt und kalfatert, 1883 im März das Schiff vom Wasser bis zum Schandeckel kalfatert, 1884 wieder ein Theil der Takelage erneuert und im Trockendock zu Hartlepool der Boden nachgesehen, 1885 das Schiff abermals geöffnet und besichtigt, worauf ihm die Klasse B. 1. auf ein Jahr ertheilt wurde. Im April 1886 wurden vom Schiffsbaumeister Nüske zu Stettin fünf Planken unter Wasser abgedichtet. Nach Auskunft des Germanischen Lloyd war das Schiff in seinem Verbande, sowie auch in seinen Inhölzern gut und fest, sodaß es, selbst mit schwerer Ladung und bei schlechtem Wetter alle Reisen ohne Schaden bestehen konnte. Auch Schiffer Wolter bezeugt, daß die „Leucothea" seetüchtig war, in schweren Stürmen, bei denen einmal zwei Mann verloren gingen, stets lenz gehalten und im Hafen täglich einmal, auf See in jeder Wache einige Minuten gepumpt wurde. Das Schiffstagebuch bestätigt diese Angaben und weist nach, daß auf der letzten Reise nur einmal gepumpt wurde und der Wasserstand nicht über $10^1/_2$ Zoll betrug.

Die „Leucothea" segelte am 5. Mai 1886 mit einer für Tayport bestimmten Ladung von 249 Loads fichtener Balken im Gewichte von etwa 250 Tons von Stettin ab. Die Ladung war im Raume und auf Deck durch einen tüchtigen Holzstauer regelrecht verstaut. Der Tiefgang betrug $13^3/_4$ Fuß rheinisch mit 36 Zoll Auswässerung. Die Fracht von 1653 M. war mit 1100 M. versichert. Die Besatzung bestand aus dem Schiffer Wolter, Steuermann Köster, einem Koch, einem Matrosen, einem Jungmann, einem Halbmann, einem Kajütswächter und einem Kochjungen. Mit flauem, von SW nach Ost schralenden Winde und unter sämmtlichen Segeln bei starker von Süden nach Norden setzenden Strömung gelangte die Brigg, NzO anliegend, am Abend des 12. Mai 1886 bei Falsterbö vorbei und in die Drogden und hatte um 12 Uhr Nachts das Feuerschiff von Dragör dwars dicht bei, während Norder Röse zwei Strich an Backbord voraus lag. Schiffer Wolter, der um 12 Uhr Nachts die Wache übernommen hatte, behielt in Peilung der beiden Feuer den bisherigen Curs NzO bis NzO½O bei, während der Wind ganz flau wurde. Am 1 Uhr Morgens wurden 6 bis 7 Faden, um 2 Uhr 7 Faden Wasser gelothet. Gleich darauf stieß das Schiff und saß fest. Schiffer Wolter, der selbst am Ruder stand, will damals das Feuer von Noder Röse bereits achteraus in SzW und den Steuder von Castrup Knoe zwei Striche an Backbord voraus gehabt haben, wogegen der Feuermeister Schönhejder Örum von Norder Röse und der Schiffer Hoyer vom Bergungsdampfer „Castrup" bekunden, daß die Brigg SSW vom Feuerthurm, mit dem Steven gegen denselben gerichtet gelegen habe, die Luft aber dick von Nebel gewesen und erst später lichter geworden sei, sodaß man vom Thurm aus das Schiff nicht vorher bemerkt habe und anzunehmen sei, daß dasselbe in der Suche nach dem Feuer darauf zugesteuert sei. Der Versuch, die Brigg mit den Segeln abzubringen, hatte keinen Erfolg, weshalb dieselben weggenommen und der Backbordanker fallen gelassen wurde, um nicht weiter auf den Grund zu kommen. Das Ausbringen eines Warpankers, wozu das Boot fertig gemacht wurde, mußte unterlassen werden, weil der Strom zu stark war, um den Anker in der gehörigen Richtung auszubringen. Das Wasser stand niedrig und war rings herum Steingrund, auf welchen die Brigg bei steigendem Wasser einige Kabellängen in nordwestlicher Richtung auftrieb und mit dem Steven nach Süden schwajte. Die Peilung der Pumpen ergab 7 Zoll und wurde das Schiff lenz gepumpt, sodann von dem inzwischen herbeigekommenen Bergungsdampfer „Castrup" nach SSO zu abgeschleppt, stieß aber, indem der Dampfer mit einem Male einsackte und dann wieder vorausging, auf einen Stein, legte sich quer zur Strömung und lief voll Wasser, wobei es zum Kentern nach Backbord überholte. Das Wetter wurde gegen Abend stürmisch und die Mannschaft der Brigg, die bei derselben nichts ausrichten konnte, ging an Bord des Dampfers. Am 14. Mai wurde die Brigg, welche 4 Planken gebrochen hatte, durch einen Taucher untersucht und gedichtet, die Deckslast geleichtert und das Wasser ausgepumpt, das Schiff sodann nach Kopenhagen geschleppt, hier aber für reparaturunwürdig erklärt und versteigert.

Dieser Thatbestand ist festgestellt:

I. durch die auf Antrag des Reichscommissars und Beschluß des Seeamts zum Zweck der Beweisaufnahme erfolgte Verlesung

1. des Berichts des Kaiserlich deutschen Generalconsuls zu Kopenhagen vom 18. Mai 1886,
2. des Schreibens des Rheders Fritz vom 12. Juni 1886,
3. des Schreibens des Germanischen Lloyd vom 25. August 1886,
4. des Seeprotestes und der Verklarung vom 19. Mai 1886, in Vergleichung und Uebereinstimmung mit dem unvollzogenen und unabgeschlossenen, sonst aber ordnungsmäßig geführten Schiffstagebuche,
5. der Verhandlung vom 1. September 1886, enthaltend die eidlichen Aussagen des Feuermeisters Örum und Schiffers Hoyer.

II. durch Vorlegung und Einsicht

1. des Schreibens des Schiffers Wolter vom 24. Juli 1886,
2. des Schiffscertificates,
3. der Seekarte des Sundes.

III. durch die eidliche Aussage des Schiffers Wolter in der mündlichen Verhandlung am 23. September 1886.

Der Steuermann Köster zu Usedom, dem die Vorladung durch Niederlegung bei der dortigen Postanstalt zugestellt worden, ist nicht erschienen und nach Mittheilung des Schiffers Wolter zur See abwesend.

Das Seeamt stimmt mit dem Reichscommissar darin überein, daß die Brigg vollkommen seetüchtig war und das Aufgeben der Klasse nicht einem Bedenken gegen die Brauchbarkeit des Schiffes, sondern lediglich dem völligen Darniederliegen der Segelschiffahrt und dem Mangel guter Frachten zuzuschreiben ist. Nicht durch Mängel der Bauart, Beschaffenheit, Ausrüstung, Beladung oder Bemannung ist der Unfall herbeigeführt, sondern durch eine nicht bemerkte oder unterschätzte Stromversetzung. Allerdings hätte der mit dem Fahrwasser wohlbekannte Schiffer bei genauer Beobachtung der Feuer und des Lothes wahrnehmen können, daß ihn die Strömung auf den Steingrund bei Norder Röse zutrieb, und blieb ihm dann zur Vermeidung der Strandung die Wahl, entweder mehr östlich abzuhalten oder des flauen Windes wegen vor Anker zu gehen; doch dient es zu seiner Entschuldigung, daß in dem engen Fahrwasser zwischen Amager und Saltholm auch diese Mittel ihre Bedenken hatten und durch den Nebel die genaue Bestimmung des Abstandes von Norder Röse und der Richtung, in welcher das Schiff über den Grund ging, sehr erschwert wurde, während die kurz vor dem Unfall gelothete Tiefe die Ueberzeugung bekräftigte, daß man sich im rechten Fahrwasser befinde.

27. Spruch des Seeamts zu Stettin vom 15. April 1886 und Entscheidung des Kaiserlichen Ober-Seeamts vom 1. Oktober 1886, betreffend den Zusammenstoß des Schraubendampfers „Leipzig“ von Stettin mit der Bark „Medea“ von Rostock und mit dem britischen Schraubendampfer „Argo“.

Der Spruch des Seeamts lautet:

1. Der Zusammenstoß des Schraubendampfers „Leipzig“ mit der Bark „Medea“ im Kattegat am 2. November 1885 ist ohne Verschulden von der einen oder andern Seite dadurch herbeigeführt, daß jedes Schiff durch den dicken Nebel über die Stellung und Entfernung des anderen getäuscht wurde. Nach dem Zusammenstoß sind auf beiden Seiten die Vorschriften der Kaiserlichen Verordnung vom 15. August 1876 insofern nicht befolgt, als die Kundgebung des Namens der „Medea“, der beiderseitigen Unterscheidungssignale, Heimathshäfen, Abgangshäfen und Bestimmungshäfen unterblieben ist.

2. Der Zusammenstoß zwischen dem deutschen Schraubendampfer „Leipzig“ mit dem britischen Schraubendampfer „Argo“ bei Dragör-Feuerschiff am 18. Oktober 1885 ist ohne Verschulden des einen oder andern Schiffers, Steuermanns oder Maschinisten dadurch herbeigeführt, daß der Schraubendampfer „Leipzig“ durch ein vor ihm aufkommendes Segelschiff gezwungen wurde, zwischen der „Argo“ und einem andern Segelschiffe durchzugehen. Nach dem Zusammenstoß sind die Vorschriften der Kaiserlichen Verordnung vom 15. August 1876 nicht befolgt worden.

3. Dem Antrage des Reichscommissars, dem Schiffer

Schramm die Befugniß zur Ausübung des Schiffergewerbes zu entziehen, war nicht zu entsprechen.

Gründe. Der Schraubendampfer „Leipzig", Unterscheidungssignal JDVR, Heimathshafen Stettin, ist auf der Fahrt von Newcastle nach Stettin am 18. Oktober 1885 bei Dragör-Feuerschiff mit dem britischen Schraubendampfer „Argo" von Hull, auf der Fahrt von Stettin nach London, am 2. November 1885 im Kattegat bei Trindelen mit der Bark „Medea", Unterscheidungssignal MCQP, Heimathshafen Rostock, zusammengestoßen. Die Untersuchung beider Seeunfälle ist gleichzeitig eröffnet und der Zusammenstoß mit der „Medea" bereits am 1. April 1886 vollständig und spruchreif verhandelt, die Verkündigung der Entscheidung aber auf Grund des §. 25 des Reichsgesetzes vom 27. Juli 1877 auf 14 Tage ausgesetzt, weil die Verhandlung des früheren Zusammenstoßes mit der „Argo" wegen unvollständiger Beweisaufnahme vertagt werden mußte und unter Berücksichtigung der von dem Kaiserlichen Ober-Seeamt am 7. Juli 1883 über den Seeunfall der Bark „Constantia" von Greifswald gefällten Entscheidung und ihrer Gründe es geboten erschien, beide Zusammenstöße in einem Spruche abzuurtheilen. Daß dies in der umgekehrten Reihenfolge geschieht, liegt theils an der Zeit der Verhandlungen und ihres Ergebnisses, theils daran, daß der aus dem Gesammtergebnisse zu beurtheilende Antrag auf Conzessionsentziehung zunächst und unmittelbar auf die Verschuldung des Schiffers bei dem zeitlich früheren Zusammenstoß mit der „Argo" gegründet ist.

Der Schraubendampfer „Leipzig" ist im Jahre 1884 zu Bredow bei Stettin aus Eisen erbaut, 68,25 m lang, 9,33 m breit, 6,18 m tief, vermessen zu einem Netto-Raumgehalt von 2433,5 cbm = 859,03 britischen Register-Tons. Die Hochdruck- und Niederdruckmaschine hat eine rechtsschlagende Schraube, 350 Pferdekräfte effectiv, sechs Atmosphären Dampfdruck und bei voller Kraft 70 bis 71 Umdrehungen mit einer Fahrt von 8½ Knoten. Das Schiff hat vom Büreau Veritas am 17. Mai 1884 die Klasse 3/3 C. 1. 1. erhalten, während Maschine und Kessel mit der Marke + versehen sind.

I. Die Begegnung mit der „Medea" geschah während der Steuermannswache, sodaß der Schiffer für den Zusammenstoß selbst nicht verantwortlich erscheint. Der Dampfer war am 1. November 1885 mit einer für London bestimmten Ladung Stückgüter und einem Tiefgang von 17 Fuß 4 Zoll von Stettin abgefahren, hatte am 2. November Morgens 7 Uhr 30 Minuten Drogden-Feuerschiff, um 10 Uhr 50 Minuten Vormittags Helsingör passirt. Mittags 12 Uhr

25 Minuten war der Feuerthurm von Kullen dwars, um 4 Uhr 35 Minuten Anholt-Feuerschiff dicht bei. Es wehte nach der Verklarung eine flaue und nach dem Schiffstagebuche des „Leipzig" eine lebhafte Briese aus WzS, der Strom lief sehr schwach von SW nach NO. Die Luft war dick mit Regen; nach 8 Uhr Abends trat dichter Nebel ein, weshalb theils mit halber Kraft, theils ganz langsam gefahren wurde. Um 9 Uhr 50 Minuten Abends wurde aus dem Ton einer Sirene geschlossen, daß man das Feuerschiff von Trindelen in WSW etwa 4 Seemeilen ab habe. Zu sehen war nichts, doch konnten die Lichter von Schiffen durch den Nebel wahrgenommen werden. Die drei Positionslaternen des „Leipzig" brannten hell und vorschriftsmäßig und wurde die Dampfpfeife fortwährend gebraucht. Die Compasse waren in Stettin regulirt. Am Ruder war der Matrose Barlach, welchem der Matrose Borowsky zur Hülfe beordert und die Anweisung ertheilt wurde, ergehende Befehle schnell auszuführen. Zum Ausguck war auf der Back der Matrose Engelbrecht, auf der Commandobrücke neben Schiffer Schramm und Steuermann Laabs der Zimmermann Otto, während die Maschine von dem zweiten Maschinisten Fuhrmann bedient wurde. Um 12 Uhr Nachts übergab der Schiffer das Commando mit Angabe des Schiffsortes dem Steuermann, um sich im Deckhause auf der Karte über Stand und Curs des Schiffes zu vergewissern. Dem Steuermann gab der Schiffer die Anweisung, den bisherigen Curs NNW beizubehalten und ganz langsam zu fahren, sobald sich etwas hören lasse, auch wollten sie um 12 Uhr 45 Minuten stoppen, lothen und nach der Sirene von Skagenriff horchen. Der Steuermann begleitete den Schiffer in das Deckhaus, um auch seinerseits die Karte einzusehen, während dem Bootsmann Lawrenz die Aufsicht über das Schiff anvertraut wurde. Nach etwa zwei Minuten kam der Steuermann auf die Brücke, von wo aus er den Bug seines Schiffes noch sehen konnte. Laabs stellte durch Beobachtung des Compasses und Befragen des Mannes am Ruder fest, daß der aufgegebene Curs NNW gesteuert werde und befahl dessen Beibehaltung. Bald darauf hörte der Steuermann an Backbord etwa drei Striche voraus das dreimalige Tuten eines Nebelhorns und gleichzeitig rief Engelbrecht von der Back her: „es tutet ein Schiff an Backbord drei Strich von vorn!" Der Steuermann gab der Maschine den sofort ausgeführten Befehl: „ganz langsam!" und mit der Dampfpfeife einen langgezogenen Ton. Das Schiff ging mit seinem rothen Lichte an Backbord vorbei und wanderte bald nach hinten aus, während voraus etwa drei Striche

an Steuerbord wieder ein schwacher Nebelhornton gehört wurde und Engelbrecht abermals rief: „da tutet wieder ein Schiff an Steuerbord!" Laabs befahl Ruder Backbord, ließ die Maschine stoppen und einen abermaligen langgezogenen Ton mit der Dampfpfeife geben. Er begründet das Rudercommando in der Vorverhandlung vom 27. November 1885 damit, er habe aus dem Signal entnommen, daß der neue Gegensegler von Steuerbord nach Backbord den Curs des „Leipzig" kreuze, während er in der mündlichen Verhandlung vom 1. April 1886 erklärt, er habe den gehörten Ton weiter verfolgen und möglichst hinter dem entgegenkommenden Schiffe herumgehen, auch sich für die weitere Folge vorbereiten wollen. Nach den eidlichen Aussagen des Steuermanns Laabs und des am Ruder befindlichen Matrosen Barlach, welche mit der Verklarung und dem Auszuge aus dem Schiffstagebuche des „Leipzig" übereinstimmen, blieb das Backbordruder-Commando unausgeführt, weil unmittelbar darauf, etwa sechs Striche an Steuerbord, ein neues Tuten gehört wurde und zugleich die Marssegel und die rothe Laterne des Gegenseglers etwa 1 bis 1 ½ Schiffslängen ab sichtbar wurden. In der Verklarung und dem Auszuge aus dem Schiffstagebuche des „Leipzig" ist angegeben und auch von den Matrosen Barlach und Engelbrecht bezeugt, daß das fremde Schiff von Steuerbord her querüber gerade auf den „Leipzig" zugekommen sei. Laabs sagt in der Vorverhandlung dasselbe, während er in der mündlichen Verhandlung bekundet hat, er habe weder Vorgeschirr noch Licht des andern Schiffes gesehen und daher nicht beurtheilen können, ob es auf den „Leipzig" zukäme. Steuermann Laabs befahl nunmehr, da er annahm, daß mit Backbordruder unmöglich vorbeizukommen sei, hart Steuerbordruder und volle Kraft vorwärts; erst dann erblickte er die rothe Laterne. Das neue Rudercommando wurde von den beiden am Steuerrade befindlichen Leuten unter Beihülfe des an Deck geeilten Schiffers mit größter Eile und Kraft ausgeführt und gleichzeitig die Dampfpfeife in Zwischenräumen von höchstens einer Minute gebraucht.

Das so bedrohlich auftauchende Segelschiff war die Rostocker Bark „Medea", deren Netto-Raumgehalt 309,75 britische Register-Tons beträgt. Sie befand sich unter Führung des Schiffers Klöcking und Steuermanns Weßmann aus Rostock auf der Fahrt von Plymouth nach Stettin mit einer Ladung Thonerde und hatte einen Tiefgang von 14 ½ Fuß achter und 13 Fuß 8 Zoll vorn. Das Schiff ist 1869 gebaut, hat zwei gewöhnliche Pumpen und hatte sich bisher als durchaus dicht und fest erwiesen, sodaß es auch bei Sturm und schwerer See stets lenz gehalten werden konnte. Man war zwischen 7 und 9 Uhr Abends um Skagen herumgekommen, dessen Feuer um 7 Uhr 30 Minuten in SO 4 Seemeilen ab im dichten Nebel verschwand, während die „Sirene" noch um 10 Uhr Abends gehört wurde. Die Bark lag unter vollen Marssegeln, Fock, Vorstängestagsegel, Klüver, Besahn und gerefftem Großsegel mit 3½ Knoten Fahrt SSO an, hatte also raumen Wind. Schiffer Klöcking, der etwas schwerhörig ist, stand achteraus ziemlich nahe mittschiffs bei Kajüte und Compaß, der Steuermann Weßmann unweit davon an der Backbord-Regeling, am Ruder der Matrose Zühlke, während sich der Jungmann Fendler mit dem gut functionirenden Patent-Nebelhorn auf der Back zum Ausguck befand. Das Nebelhorn wurde fortwährend gebraucht, indem Fendler langsam hintereinander drei Töne blies und dann eine kleine Pause machte. Die Laternen der „Medea" brannten ordnungsmäßig. Gegen 11 Uhr 45 Minuten Nachts hörte man ziemlich nahe voraus das Nebelsignal eines Dampfers. Der Curs wurde beibehalten. Nach 2 bis 3 Minuten ertönte die Dampfpfeife abermals an Backbord und blitzte an derselben Seite das Toplicht des Dampfers in höchst gefährlicher Nähe auf. Schiffer Klöcking sah von seinem Standpunkte aus dies Licht an Backbord eben frei vom Fockmaste aufleuchten und wieder verschwinden. Von den Seitenlichtern wurde nichts wahrgenommen und vermochte der Schiffer den Curs des Dampfers nicht festzustellen. Er sagt nur, das zweite Pfeifen habe sich angehört, als wenn der Dampfer auf dem Bug der „Medea" säße.

Der Zeuge Fendler spricht nur im Allgemeinen davon, daß er in Lee an Backbord voraus einen langen Ton gehört und ein weißes Dampfer-Toplicht gesehen, dies auch gemeldet habe. Steuermann Weßmann, der für einen Augenblick zur Koje gegangen war, sprang auf den Ton der Dampffeife wieder an Deck und an die Backbord-Regeling. Er sah das Toplicht des Dampfers 2 bis 2½ Striche an Backbord voraus, etwa 2 bis 3 Schiffslängen entfernt. Weßmann rief: „hier ist er in Lee, luv!" Schiffer Klöcking sprang gleichfalls an die Regeling und sah nun auch das grüne Licht des Dampfers, der mit Steuerbordruder so dicht am Bug der „Medea" vorbeiging, daß Klöcking sogleich einsah, es könne nicht klar gehen.

Um den Stoß wenigstens zu mildern und in der Voraussetzung, daß der Dampfer stoppen und rückwärts gehen werde, wurde die Bark mit Backbordruder in den Wind gedreht. Sie kam soweit, daß die Segel eben anfingen, loszukommen, als der Zusammenstoß erfolgte. Ueber diesen gehen die Aussagen auseinander, indem jedes Schiff dem andern die Schuld giebt und von ihm angerannt sein will. Das Schiffstagebuch der „Medea" besagt ganz kurz, der Dampfer habe Bugspriet, Klüverbaum und Backbordanker fortgerissen, während in der Verklarung und dem Auszuge aus dem Schiffstagebuche ausführlicher beschrieben ist, der Dampfer sei gegen den Backbordbug der „Medea" mit solcher Gewalt angerannt, daß er nicht nur Bugspriet nebst Klüverbaum und den Backbordskrahnbalken weggebrochen, sondern auch den mit Ketten und Grundsurring am Bug wohlbefestigten Backbordbuganker mitgenommen und 40 Faden seiner Kette aus dem Kettenkasten im Raume hinten am Großmast herausgerissen habe, obwohl drei Gänge der Kette um das Spill lagen und die auf dem Deck liegende Kette an Ringbolzen befestigt gewesen sei. Der eiserne Schraubenverschluß des Kettenrohrs sei auf Deck zerbrochen gefunden. Schließlich sei der Dampfer mit seinem Achterende gegen den Vorsteven der Bark geschlagen, habe diesen sowie die Bugverschanzung beschädigt, indem nach Aussage des Schiffers Klöcking vom Vorsteven ein Ende von 6 Fuß weggeschlagen wurde, die Bugbeplankung der Steuerbordseite (Backbordseite?) vom Steven bis fast zum Fockwant derartig auseinanderwich, daß die Leibholznaht an Deck etwa zwei Finger breit offen stand und das Leibholz selbst nebst den beiden Bugbändern im Raume, einem Deckbalken, etwa fünf Regelingsstützen und mehreren Schanzkleidbrettern an beiden Seiten des Buges gebrochen war. Klöcking will von seinem Zimmermann erfahren haben, daß das Steuerbords-Fockwant — oder das Fockstag? — des Dampfers den Klüverbaum der „Medea" abgerissen habe, ihr Bugspriet aber von der Commandobrücke des „Leipzig" abgebrochen sei. Der Schiffer bekundet selbst, daß der Dampfer mit seinem Steuerbordquarter den Backbordbug der „Medea" getroffen und ihren Kopf herumgedreht habe. Jungmann Fendler bezeugt gleichfalls, daß der Dampfer den Klüverbaum der „Medea" abgebrochen habe, als diese noch vor dem „Leipzig" lag und führt Schiffer Klöcking den Unfall auf ein Verschulden des Dampfers zurück, der mit Steuerbordruder und voller Kraft vor der „Medea" vorbeigewollt habe, statt zu stoppen und rückwärts zu gehen oder wenigstens mit Backbordruder und langsamer Fahrt an Backbord der Bark vorüberzugehen. Klöcking meint, daß der Dampfer, der die 115 Seemeilen von Helsingör bis zum Zusammenstoße in 13 Stunden, also mit 8¹¹/₁₃ Knoten zurückgelegt habe, zu schnell gefahren sei. Demgegenüber wird von Seiten des „Leipzig" der Grund des Zusammenstoßes darin gefunden, daß die Bark in den Wind geschossen sei. Schiffer Schramm sagt ausdrücklich: „hätte die Bark ihren Curs beibehalten, so hätte der Zusammenstoß nach meiner Meinung nicht erfolgen können.“ In der Verklarung und dem Tagebuchsauszuge des „Leipzig“ ist erzählt und von den Zeugen Schramm, Laabs, Engelbrecht bestätigt, daß die Bark mit Bugspriet und Bug den als Schooner getakelten Dampfer, nach Engelbrechts Angabe neben dem Fockmast, nach dem Zeugniß von Schramm und Laabs aber mittschiffs an der Commandobrücke getroffen, letztere nebst Laterne, zwei Boote und die Schanzkleidung stark beschädigte, drei Bootsdavids krumm bog und das Logg über Bord geworfen habe.

Das Deckstag des „Leipzig“ war unverletzt geblieben, woraus Laabs entnimmt, daß der Klüverbaum der „Medea“ nicht am Vorgeschirr, sondern erst an der Commandobrücke des Dampfers abgebrochen sein könne.

Der Backbordbuganker der Bark war in den Wanten des „Leipzig“ hängen geblieben, sodaß die Schiffe bis gegen 2 Uhr Morgens, da die Kette abgeschäkelt und eingehievt wurde, aneinander saßen und der Dampfer mit der „Medea“, wie es in ihrem Tagebuche heißt, nach allen Richtungen herumschleppte. Der Dampfer war dicht geblieben, während die Bark nach dem Stoße stündlich zwei Zoll Wasser machte, der Fockmast beschädigt und die Segelfähigkeit stark beeinträchtigt war. Auf die Frage des Schiffers Schramm, ob die Bark viel Wasser mache, erhielt er zur Antwort: „fünf Daumen in der Stunde“ und die Aufforderung, das beschädigte Segelschiff nach Winga einzuschleppen, wozu er sich nach seiner Verklarung bereit erklärt haben will, sobald es Tag sei, da es bei dem dicken Wetter in der Nacht unmöglich sei. Sofort nach dem Zusammenstoße hatte Schiffer Schramm das letzte Boot absetzen lassen, was jedoch nicht zu Wasser kam. Schiffer Klöcking will auf seine Aufforderung, ihn nach Winga zu schleppen, gefragt sein, ob er ein Schlepptau bereit und ein Boot außenbords habe. Als er ersteres bejaht und letzteres verneint habe, sei ihm zugerufen, er möge seine Ankerkette einhieven, aus dem Schleppen sei aber nichts weiter geworden. Auf die Anfrage nach dem Namen des Dampfers sei geantwortet: „Leipzig!“ und habe ein sonstiger Austausch nicht stattgefunden. Klöcking will über sein Schiff keine Auskunft gegeben haben, weil er bei gegenseitigem Hin- und Herreden nicht gefragt sei, beide Schiffe längsseit gelegen hätten und er daher angenommen habe, daß der Name der „Medea“ vom Bord des „Leipzig“ aus gelesen sei. Jungmann Fendler bezeugt, daß dem Dampfer der Name „Medea" zugerufen sei, den aber Schramm nicht verstanden haben will. Steuermann Laabs bekundet ausdrücklich, daß sein Schiffer nach dem Namen des fremden Schiffes gefragt habe, weiß aber nicht, ob und was geantwortet ist. Der Dampfer blieb mit gestoppter Maschine bis zum Nachmittag des 3. November auf der Unfallstelle, ohne die Bark wiederfinden zu können. Sie hatte ihren Fockmast befestigt, die Leibholznaht abgedichtet und war weiter gesegelt.

II. Der Zusammenstoß mit der „Argo" erfolgte unter Leitung des Schiffers Schramm. „Leipzig" war mit einer für Stettin bestimmten vollen Ladung Kohlen und einem Tiefgange von 17 Fuß von Newcastle am 15. Oktober 1885 abgegangen und steuerte am 18. Oktober 1885 unter Lootsenleitung durch den Sund, bis der Lootse um 7 Uhr 45 Minuten Abends bei dem Dorfe Dragör von Bord ging und Schiffer Schramm selbst das Commando übernahm. Schiffer und Steuermann befanden sich auf der Commandobrücke, mit ihnen am Handsteuerrade der Bootsmann Lawrenz und Matrose Engelbrecht, während der erste Maschinist Moeck die Maschine bediente und der Matrose Schultz auf der Back zum Ausguck stand. Es war heller Mondschein bei durchbrochener Luft, sodaß man vorausliegende Schiffe sichten, in der Nähe auch unterscheiden konnte, ob sie in Bewegung waren oder vor Anker lagen. Die drei Laternen des „Leipzig" brannten hell und vorschriftsmäßig. Der Strom, welcher nicht stark war, lief bei leichter östlicher Briese von Süd nach Nord. Der „Leipzig" steuerte gerade auf Drogden-Feuerschiff, sodaß er dasselbe recht voraus hatte, also Süd anlag und dem Strome genau entgegenfuhr. Es waren viele Schiffe und Fischerfahrzeuge im Wege, sodaß die Dampfpfeife oft gebraucht und ausgewichen werden mußte, es wurde bald mit Volldampf, bald wieder ganz langsam gefahren, auch bisweilen die Maschine ganz gestoppt. Vor dem „Leipzig" befand sich der britische eiserne Schraubendampfer „Argo" von 120 Pferdekräften und 461 Register-Tons Netto-Raumgehalt, zur Rhederei der Herren Thomas Wilson Sons & Co. in Hull gehörig. Dies Schiff war mit einer für Stockholm bestimmten Ladung von 600 Tons Stückgütern und einem Tiefgange von 16 Fuß achter und 12 Fuß vorn am 16. (15.) Oktober 1885 Mittags von Hull abgefahren, hatte am 18. Oktober um 2 Uhr 15 Minuten Morgens bei schönem klaren Wetter und frischer Ostbriese das Feuerschiff von Trindelen passirt, um 1 Uhr 15 Minuten Nachmittags bei Lappgrund-Feuerschiff einen Lootsen an Bord genommen und um

3 Uhr 50 Minuten bei Kopenhagen geankert, von dort aber um 7 Uhr Abends unter Lootsencommando die Fahrt fortgesetzt, sodaß der „Leipzig", während er bei Dragör seinen Lootsen absetzte, von der „Argo" überholt und aus den Augen verloren wurde, bis sie bei Drogden-Feuerschiff stoppte und Blaufeuer gab, um auch ihren Lootsen von Bord holen zu lassen. Der weitere Hergang wird, wie dies bei Zusammenstößen meist zu geschehen pflegt, von jeder Seite verschieden dargestellt. Schiffer Schramm hat nach seiner mit der Verklarung des „Leipzig" vom 22. Oktober 1885 übereinstimmenden und von den Angaben seiner Leute unterstützten Aussage vom 27. November 1885 das Heck der „Argo" etwa einen Strich an Backbord voraus gesehen und zu bemerken geglaubt, daß das britische Schiff noch in Bewegung war. Schramm ließ die Maschine ganz langsam gehen und gab, um sicher zu sein, diesen Befehl noch besonders durch das Sprachrohr. „Leipzig" hatte gerade noch soviel Fahrt, um gegen den Strom Steuer zu behalten. Bei dem Feuerschiffe stoppte das britische Schiff und schlug dann hart nach Steuerbord aus. Ungewiß darüber, ob die „Argo" rechts oder links am Feuerschiffe vorbeigehen werde, ließ Schiffer Schramm das Ruder hart Backbord legen, bis beide Schiffe wieder gleichlaufend waren und „Leipzig" die „Argo" mit einem Abstande von 700 bis 800 Fuß dwars an Backbord hatte. Vor dem Bug des deutschen Dampfers lag mit dem Steven ostwärts und daher ihre rothe Laterne zeigend eine Bark mit backgebraßten oder aufgegeiten Segeln, als ob sie ankern wolle oder geankert habe. Schramm wollte hinter diesem Schiffe herumgehen, als außer mehreren im Wege liegenden Fischerbooten das grüne Licht eines zweiten westlich, also nach dem Amagersande zu liegenden Segelschiffes bei dem Heck der ersten Bark vorbei sichtbar wurde. Der Schiffer des „Leipzig" ließ Steuerbordruder geben, um mit langsamer Maschine zwischen der mehrgenannten Bark und der „Argo" durchzugehen. Schiffer Schramm wurde in der Meinung, daß die „Argo" stillläge, dadurch bestärkt, daß das Lootsenboot noch zwischen beiden Dampfern und nicht längsseits der „Argo" war, also deren Lootse noch nicht abgenommen schien. Während „Leipzig" in der Wendung nach links und die Bark gerade voraus war, kam die „Argo" plötzlich auf den deutschen Dampfer zu. Dieser suchte mit hart Steuerbordruder und voller Kraft vorwärts vorbeizuscheeren, wurde aber von Bugspriet und Steven des britischen Schiffes etwa auf ein Drittel von hinten an Backbord angerannt und ihm die beiden Bootsdavids, ein Bootsgalgen, sämmtliche Großwantjungfern und etwa

40 Fuß Regeling zerbrochen, so daß der Betrag aller Beschädigungen auf 1300 bis 1400 M. angegeben wird. Die „Argo" verlor nur ihr Bugspriet und wird dafür ein Ersatz von 10 £ berechnet. Beide Schiffe kamen nach deutscher Aussage sofort wieder frei, worauf „Leipzig" stoppte und die „Argo" herankommen ließ. Man tauschte gegenseitig die Namen der Schiffe und Bestimmungshäfen aus, wobei Schiffer Schramm nur den Namen Stockholm verstand, aber nicht hören konnte, ob das andere Schiff „Argo" oder „Abo" hieß. An Bord des britischen Schiffes hörte man aus dem deutschen Zurufe den Namen „Lihtning aus und nach Stettin" heraus. Hülfe ist weder verlangt noch angeboten, weil man ihre Entbehrlichkeit für den Andern aus der Fortsetzung der Reise entnahm.

Von englischer Seite wird der Zusammenstoß dem unseemännischen Verhalten des Schiffers Schramm zur Last gelegt und demselben sogar ein anscheinendes Entweichen nach dem Zusammenstoße vorgeworfen. Nach den Verhandlungen vom 10. und 30. Dezember 1885 und dem Auszuge aus dem Schiffstagebuche der „Argo" befand sich der Schiffer North und Steuermann Burgell mit dem Lootsen auf der Commandobrücke, der Matrose John West am Ruder. Die Lichter brannten ordnungsmäßig. Etwa 500 Ellen von den Drogden entfernt wurde behufs Absetzung des Lootsen gestoppt und mit einigen Schlägen rückwärts das Schiff auf die Höhe des Feuerschiffs gebracht, sodaß das Backbordquarter in geringer Entfernung von demselben sich befand, während das Schiff SSW anlag und Dampf zu voller Kraft und unverzüglichem Gebrauche bereit blieb. Die Maschine hatte etwa fünf Minuten still gestanden und der Lootse war bereits von Bord, als der „Leipzig" anscheinend mit voller Kraft und einer Geschwindigkeit von 7 bis 8 Knoten neben der Steuerbordseite der „Argo" und etwa zwei Schiffsbreiten = 60 Fuß von derselben mit ihr gleichlaufend aufkam, sodaß er von dem britischen Schiff, das sich während seines Stillliegens weder rechts noch links gedreht hatte, klar blieb. Das deutsche Schiff befand sich bereits dem Großmast der „Argo" gegenüber, sodaß sein grünes Licht verdeckt wurde und sein Bug den der „Argo" bereits passirt hatte, als es in Curs der letzteren plötzlich mit Steuerbordruder zu kreuzen begann. Der Zuruf des Schiffers North: „wohin kommen Sie?" blieb unbeachtet; der sofort ausgeführte Befehl: „volle Kraft rückwärts!" hatte noch nicht erheblich gewirkt, als der „Leipzig" so dicht vor der „Argo" vorüberfuhr, daß er deren Bugspriet mit seiner Backbordseite nahe dem Schornstein faßte und abbrach, nachdem es ihn geschrammt hatte.

Ohne den zweimaligen Ruf des englischen Schiffers: „welches Schiff ist das?" zu beantworten, fuhr der „Leipzig" in der Richtung nach der Flintrinne weiter und kam den Engländern aus den Augen. Diese stellten ihren Schaden fest und fuhren mit dem wieder an Bord gekommenen dänischen Lootsen hinter dem deutschen Dampfer her, dessen grünes Licht sie denn auch bald vor ihrem Backbordbug in Sicht bekamen und ihn, obwohl sie um 9 Uhr Abends erst noch den Lootsen wieder absetzten, um 9 Uhr 15 Minuten einholten, worauf denn die bereits erwähnten Kundgebungen ausgetauscht und die beiderseitigen Reisen fortgesetzt wurden. Es wird von den Engländern noch hervorgehoben, daß

1) zur Zeit des Zusammenstoßes die Lichter verschiedener Schiffe südwärts sichtbar waren, aber mit Ausnahme des Feuerschiffes keines derselben sich innerhalb einer halben Seemeile von den beiden Dampfern befand, auch nicht an der Steuerbordseite des „Leipzig";

2) dieser Dampfer nahe bei dem Feuerschiffe, nicht aber bei dem Amagerriffe war;

3) wohl Platz genug war, um zwischen dem Feuerschiffe und der „Argo" durchzugehen, was aber immerhin nicht ohne großes Wagniß geschehen konnte, wogegen an der Backbordseite des Feuerschiffes östlich von demselben die Fahrt völlig frei war.

Der Helsingör-Lootse Backe, welcher die „Argo" nach den Drogden geleitete, bestätigt die englischen Angaben dahin, daß die beiden vor der „Argo" mit grüner und rother Laterne liegenden Segelschiffe nicht in belästigender Nähe noch in einer Lage gewesen seien, in welcher „Leipzig" nicht hätte zwischen ihnen gehen können und sei der Amagergrund fast eine — dänische — Viertelmeile = 1 Seemeile zur Rechten gewesen. Fischerboote hat der Zeuge nicht gesehen und erklärt das Fahrwasser für verhältnißmäßig frei, auch den Zwischenraum zwischen Feuerschiff und der „Argo" für hinreichend, um hinter ihr vorbeizugehen. Der Zeuge war bereits von Bord und im Boote in ziemlicher Entfernung nördlich von beiden Schiffen, „Argo" auch schon mit SSW Curs wieder in Fahrt, als der sie einholende „Leipzig", der bis dahin mit ihr gleichlaufend gewesen war, Steuerbordruder gab, um vor der „Argo" vorbeizugehen. Dem Lootsen war es sofort klar, daß ein Zusammenstoß erfolgen mußte, da das britische Schiff, wenn es auch noch nicht seine volle Geschwindigkeit erreicht hatte, doch wahrscheinlich in gleichmäßiger Fahrt vorwärts ging. Gleich darauf wurde denn auch der Krach des Zusammenstoßes gehört und kehrte Backe nach der „Argo" zurück, wo ihm North erzählte, daß er als einzige Möglichkeit des Ausweichens die Maschine gestoppt und mit voller Kraft rückwärts habe gehen lassen. „Leipzig" hatte seine Fahrt fortgesetzt.

Von den beiden Leuten aus Dragör, welche sich mit Backe im Boote befanden, meint der Lootse Jens Svane, daß die „Argo", welche etwa zwei Kabellängen südwestlich vom Feuerschiffe gestoppt, mit dem Vorderende etwas nach Westen schwajte, ohne hierüber etwas Bestimmtes sagen zu können. Ob die „Argo" vor dem Zusammenstoß ihr Ruder Steuerbord gelegt hatte und rückwärts ging, weiß der Zeuge gleichfalls nicht mit Bestimmtheit, nimmt es aber an, weil die „Argo" es thun mußte, um wieder in ihren Curs zu kommen. Der Reservelootse Peter Strömberg weiß hiervon nichts. Seiner Aussage nach hatte die „Argo" 1 bis 2 Kabellängen südlich vom Feuerschiffe gestoppt und lag mit dem Steven nach SW. In einem Abstande von 3 bis 4 Kabellängen von dem Zusammenstoße befand sich eine Bark mit aufgegeiten Segeln, Ost anliegend, im Begriff vor Anker zu gehen oder bereits vor Anker liegend. Andere Fahrzeuge hat Strömberg nicht gesehen, Svane überhaupt keine. Nach seiner Aussage steuerte der „Leipzig" „vermuthlich" SzW, während Strömberg den Curs als beinahe südlich und an der Stelle des etwa eine Viertelmeile östlich von Amager stattfindenden Zusammenstoßes als SzO bezeichnet. Beide Zeugen sind der Meinung, daß die „Argo" den „Leipzig" an der Backbordseite gerammt habe und bezweifeln, ob letzteres Schiff den anderen Dampfer so früh bemerkt habe, um hinter ihm herumzugehen. Von dem Zusammenstoße hörten sie nur das Krachen und setzte „Leipzig", als sie zur „Argo" zurückkamen, seine Fahrt bereits fort.

Dieser Thatbestand ist festgestellt:

I. Durch die auf Antrag des Reichscommissars und Beschluß des Seeamts zum Zweck der Beweisaufnahme erfolgte Verlesung

1) des Zeitungsberichts in No. 489 der Ostsee-Zeitung vom 20. Oktober 1885, betreffend den Zusammenstoß mit der „Argo";
2) der Verklarung des „Leipzig" vom 22. Oktober 1885 über denselben Zusammenstoß;
3) des Schreibens der Direktion der neuen Dampfer-Compagnie vom 7. November 1885 über denselben Zusammenstoß;
4) des Schreibens des Kaiserlich deutschen General-Consulats zu Kopenhagen vom 9. November 1885 gleichen Inhalts;
5) des Schreibens der Rhederei der „Argo" vom 10. November 1885 über denselben Gegenstand;

6) der Verhandlungen vom 27. und 28. November 1885, enthaltend die uneidlichen Aussagen des Schiffers Schramm, Steuermanns Laabs, der Maschinisten Moeck und Fuhrmann und die eidlichen Aussagen des Bootsmanns Lawrenz, der Matrosen Barlach und Engelbrecht über beide Zusammenstöße;

7) des Schreibens des Schiffers North aus Stockholm vom 20. Oktober 1885 über den Zusammenstoß mit der „Argo";

8) der Verhandlungen vom 10. und 30. Dezember 1885, enthaltend die eidlichen Aussagen des Schiffers North, Steuermanns Burgell und Matrosen West über den Zusammenstoß mit der „Argo";

9) des Auszugs aus dem Schiffstagebuche der „Argo";

10) der Verhandlungen vom 2. und 8. Februar und 20. März 1886, enthaltend die eidlichen Aussagen der Lootsen Backe, Svane und Strömberg über den Zusammenstoß mit der „Argo";

11) der Verklarung des „Leipzig" vom 14. November 1885,

12) des Auszugs aus dem Schiffstagebuche des „Leipzig",

13) des Berichts des Kaiserlich deutschen General-Consulats zu London vom 14. November 1885,

14) der Verhandlung vom 9. Dezember 1885, enthaltend die uneidliche Aussage des Schiffers Klöcking,

15) der Verhandlung vom 17. Dezember 1885 und der Nachtragsverhandlung vom 29. März 1886, enthaltend die uneidliche Aussage des Steuermanns Weßmann,

16) der Verklarung der „Medea" vom 12. November 1885 und des Auszugs aus dem Schiffstagebuche dieses Schiffes, verglichen mit dem Schiffstagebuche selbst, in welchem auffallenderweise der Hergang weit kürzer und unvollständiger erzählt ist, als im Auszuge,

über den Zusammenstoß mit der „Medea".

II. Durch Vorlegung und Einsicht der von der Königlichen Navigationsschule zu Grabow a/O übersandten Seekarten des Sundes und des Kattegats.

III. Durch die eidlichen Aussagen des Schiffers Klöcking und Steuermanns Laabs in der mündlichen Verhandlung vom 1. April 1886 und durch die uneidlichen Auslassungen des Schiffers Böttcher, welcher als Vertreter des Schiffers Schramm, Steuermanns Laabs und Maschinisten Moeck vom „Leipzig", durch Vorlegung und Einsicht der Vollmacht vom 22. Februar 1886 und des Schreibens der Direktion der neuen Dampfer-Compagnie vom 24. Februar 1886 legitimirt ist, in den beiden mündlichen Verhandlungen vom 1. und 15. April 1886.

Der Reichscommissar führt den Zusammenstoß mit der „Medea" auf die unvermeidliche Irrung des Gehörs und Gesichts durch den Nebel zurück, wodurch auch die Abweichungen in den Aussagen zu erklären seien. Es sei wohl glaublich, daß von den drei Tönen der unter dem Winde liegenden „Medea" nur ein Ton an Bord des „Leipzig" gehört sei, doch sei auch in diesem Falle mit Rücksicht auf den angegebenen Gehörwinkel von drei Strichen das Backborduder-Commando des Steuermanns Laabs unrichtig und, wenn auch sofort widerrufen, doch jedenfalls wohl soweit wirksam gewesen, daß einige Speichen herumgedreht seien und der Bug des „Leipzig" nach rechts sich zu wenden begonnen habe. Immerhin müsse der „Leipzig" bereits vor dem Zusammenstoß in der Zurückwendung nach links gewesen sein, da sonst der Stoßwinkel nicht zu erklären sei. Die „Medea" hätte ihrerseits nicht nöthig gehabt, die Raaen anzubrassen, und sei ihr Indenwindschießen geradezu unrichtig gewesen, doch komme es darauf nicht an, welches Schiff das andere angerannt habe, da jedenfalls die „Medea" bereits außer Fahrt war, der „Leipzig" aber trotz gestoppter Maschine noch immer etwas Gang hatte. Die Geschwindigkeit des Dampfers sei bereits längere Zeit vorher auf das nöthige Maaß herabgesetzt und komme daher nicht in Betracht. Nach dem Zusammenstoß habe der „Leipzig" der Vorschrift des §. 1 der Verordnung vom 15. August 1876 Genüge geleistet und es sei nicht ihm, sondern dem Weitersegeln der „Medea" zuzuschreiben, daß die Schiffe auseinanderkamen. Dagegen sei von beiden Schiffern der §. 2 der gedachten Verordnung nicht vollständig erfüllt, indem nur der Name des „Leipzig" angegeben sei, Unterscheidungssignale, Heimathshäfen, Abgangshäfen und Bestimmungshafen aber garnicht gegen einander ausgetauscht seien.

Derselbe Vorwurf der Nichtbefolgung gesetzlicher Vorschriften treffe in höherem Maaße das Verhalten des Schiffers Schramm nach dem Zusammenstoß mit der „Argo". Zwar könne nicht mit dem Führer des britischen Schiffes angenommen werden, daß der „Leipzig" habe davonlaufen wollen, doch hätte das deutsche Schiff nicht eher fortgehen dürfen, als bis man sich über die Beschädigungen der „Argo" und die Entbehrlichkeit der Hülfe Gewißheit verschafft und die vorgeschriebenen Mittheilungen gegen einander ausgetauscht hätte. Letzteres sei allerdings später geschehen, aber wiederum nur unvollständig und theilweise unverständlich.

Weit schlimmer sei die Verschuldung des Schiffers Schramm bei dem Zusammenstoß selbst mit der „Argo". Der Reichscommissar schließt sich dem Urtheile des englischen Schiffers an, daß Schramm durch unseemännische Bewegung den Zusammenstoß zwar nicht absichtlich, doch in grober Fahrlässigkeit herbeigeführt habe. Die „Argo" sei sichtbar genug gewesen, um ihre Bewegungen beurtheilen zu können, und hätte der „Leipzig" stoppen oder zwischen der „Argo" und dem Feuerschiffe durchgehen müssen, statt wie im Geschwader mit dem britischen Schiff gleichlaufend zu bleiben und dann gar den Bug desselben zu kreuzen, während er nicht wußte, ob der Fremde noch still lag und in jedem Augenblick das Vorwärtsgehen desselben erwarten mußte. Die vorliegenden Segelschiffe seien bloße Ausflucht, die Aussagen der Lootsen Svane und Strömberg, die mit ihrem Boote beschäftigt waren, unsicher und wenig überzeugend, gewiß aber, daß der „Leipzig" die „Argo" angerannt habe. In dem Gesammtverhalten des Schiffers Schramm sei der Mangel solcher Eigenschaften zu Tage getreten, welche zur Ausübung des Schiffergewerbes erforderlich seien. Der Reichscommissar beantragt daher:

> dem Schiffer Schramm die Befugniß zur Ausübung des Schiffergewerbes zu entziehen, zur Ausübung des Steuermannsgewerbes aber zu belassen.

Schiffer Louis Ferdinand August Schramm aus Stettin ist am 26. Januar 1841 geboren, evangelisch, Schiffer auf großer Fahrt, Führer des „Leipzig" seit seiner Erbauung und vor einem Seeamt noch nicht gewesen. Er schreibt den Zusammenstoß mit der „Argo" dem plötzlichen Angehen dieses Schiffes, seine eigene Bewegung einer Nothlage zu, da er weder rechts habe weiterkommen, noch des Stromes wegen habe stoppen können, wie denn auch Steuermann Laabs sagt: „zum Stoppen war der Strom zu stark!" Sein Verhalten nach den Zusammenstößen entschuldigt Schiffer Schramm damit, daß er die Entbehrlichkeit der Hülfe bei der „Argo" aus ihrem Weiterfahren erkannt habe, die „Medea" ihm fortgesegelt sei und die gegenseitigen Mittheilungen, soweit möglich, ausgetauscht seien. Schramms Vertreter, Schiffer Böttcher, hat in der mündlichen Verhandlung noch angeführt:

1. Nach dem Zusammenstoß mit der „Medea" habe gerade Schramm den Namen seines Schiffes genannt und vergeblich nach dem der „Medea" gefragt.

2. An der „Argo" sei der „Leipzig" mit voller Fahrt vorbeigegangen und habe erst dann stoppen können, um das britische Schiff zu erwarten, das ihn sonst nimmermehr eingeholt haben würde und dessen Schaden sofort als nicht gefährlich und unerheblicher als der

des eigenen Schiffes erkannt sei. Es sei unvermeidlich und komme daher oft vor, daß die Mittheilungen nicht richtig verstanden würden.

3. Schiffer Schramm sei durch unverschuldete Nothlage dahin gebracht worden, zwischen der „Argo" und der Bark durchzugehen. Der gewählte Curs nach SSW sei durchaus richtig, zwischen der „Argo" und dem Feuerschiff aber bedenkliches Fahrwasser gewesen, ein Abweichen bis östlich von dem Drogden-Feuerschiff aber nicht üblich. Durch das Aufkommen des zweiten Segelschiffes in seinem Curse behindert, habe Schramm weder stoppen noch hinter der „Argo" herumgehen können, da er bereits neben ihr aufgekommen sei. Es sei ihm in der That nur der gewählte Curs übrig geblieben, und würde der Zusammenstoß nicht erfolgt sein, wenn der „Argo" nicht beim Rückwärtsgehen nach rechts ausgeschlagen hätte, wobei denn auch der Strom mitgewirkt haben möge.

Das Seeamt schließt sich über den Zusammenstoß mit der „Medea" dem Reichscommissar an. Der dicke und schwere Nebel auf dem Kattegat hemmte nicht nur den Durchgang der Lichtstrahlen, sondern auch die freie Bewegung der Schallwellen und erschwerte dem Ohre sowohl die Aufnahme und sichere Unterscheidung der Töne, als die Bestimmung ihrer Richtung und ihres Ursprungs. Der Wind und vielleicht auch die den Ton hindernden Segel der in Lee befindlichen Bark thaten ein Uebriges. Es ist daher wohl glaublich und leicht erklärlich, daß die drei Töne des Nebelhorns der „Medea" am Bord des „Leipzig" nur als ein Ton gehört wurden und dort die Meinung hervorriefen, daß die Bark, welche mit raumem Winde segelte und dies vorschriftsmäßig angegeben hatte, am Winde mit Steuerbordhalsen liege — nicht mit Backbordhalsen, wie am Rande der Verklarung wohl infolge eines Schreibfehlers vermerkt ist. — Kaiserliche Verordnung vom 7. Januar 1880, Artikel 12, Absatz 2 b. — Hätten beide Schiffe ihre Lage gegen einander klar erkannt, so würde, selbst wenn das Signal so, wie es verstanden wurde, wirklich gegeben wäre, zu einer Aenderung des Curses auf keiner Seite ein Anlaß gewesen sein. Der „Leipzig" lag NNW an und hatte die „Medea" anscheinend drei Striche an Steuerbord, also in NzO. Der Wind war WzS, sodaß die „Medea", wenn sie mit Steuerbordhalsen am Winde lag, SzW steuerte und damit gerade auf die Stelle zusegelte, wo sich der „Leipzig" in dem Augenblick befand, als an seinem Bord das erste Nebelhornsignal der „Medea" gehört wurde. Behielten beide Schiffe ihren Curs, so gingen sie frei von einander, da der Dampfer längst in der Richtung NNW weiter gekommen war, bevor die

„Medea" an seinen Ort gelangte. In der Wirklichkeit lag die Bark SSO an, also mit dem Dampfer gleichlaufend, sodaß mit beibehaltenem Curse die beiden Schiffe um drei Striche von einander blieben und ihr Zusammenstoß durch unrichtige Ruderbewegungen herbeigeführt ist. Die nachfolgende Zeichnung A mag zur Veranschaulichung dieser Darstellung dienen.

A.

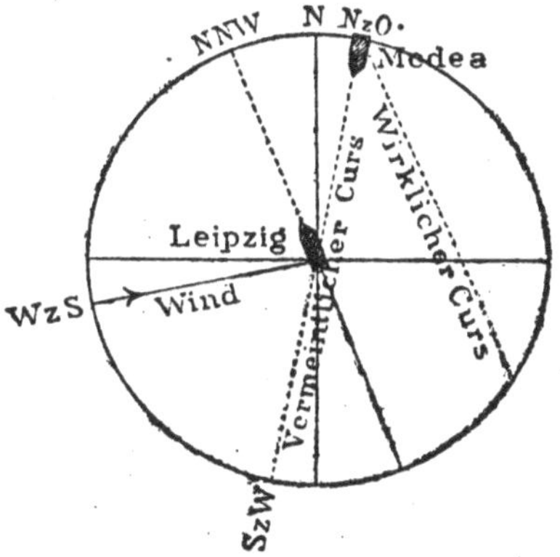

Gleichwohl lassen sich den Führern beider Schiffe die begangenen Fehler nicht als schuldbare Versehen anrechnen, sondern müssen lediglich der durch die Naturverhältnisse hervorgerufenen Ungewißheit über die gegenseitige Stellung zur Last gelegt werden. Die Schätzung, daß die „Medea" drei Striche an Steuerbord vorausliege, war für die Schiffsleitung des „Leipzig" eine sehr unsichere und ungefähre, wie sich daraus ergiebt, daß sie mit der kurz zuvor an Backbord vorgenommenen übereinstimmt. Konnte Steuermann Laabs sich darauf nicht verlassen, so mußte er sich sagen, daß er mit beibehaltenem Curse der Gefahr des Zusammenstoßes unter Nichtachtung des Artikels 17 der Kaiserlichen Verordnung vom 7. Januar 1880 entgegenging, wenn das Segelschiff auch nur ½ bis 1 Strich näher an Steuerbord, also N ½ O oder Nord vom „Leipzig" war. Es entsprach somit dem angeführten Gesetze und kann nicht als unrichtig angesehen werden, daß Steuermann Laabs mit Backbord-Ruder hinter der „Medea" herumzugehen suchte, indem er annahm, daß sie seinen Curs kreuze. Die „Medea" muß sogleich bei dem ersten gehörten Nebelsignal des Dampfers an den Wind gegangen sein, weil nur so in Verbindung mit der Annahme, daß der Dampfer, dem Backbordruder gehorchend, sich nach rechts zu wenden begann, die Wahrnehmungen des Schiffers Klöcking und Steuermanns Weßmann sich erklären und unter Berücksichtigung der Zeitfolge den Aussagen der Zeugen Laabs und Engelbrecht sich anpassen. Beide Schiffe kamen mit Backbordruder auf einander zuwendend nach und nach in die angegebenen Lagen zu einander, zumal wenn die Bark weniger als drei Striche und vielleicht nur zwei Striche, also von Norden her gegen den Steuerbordbug des Dampfers herankam. Dabei brauchte dieser nur ganz wenig nach rechts zu wenden, um sein Toplicht an Backbord der „Medea" zu bringen, sobald dieselbe an den Wind ging, während sie es auf beibehaltenem Curse unbedingt an Steuerbord in Sicht bekommen mußte, solange der Dampfer ihren Curs nicht kreuzte, was seine rothe Laterne sichtbar gemacht, einen ganz andern Verlauf herbeigeführt hätte und bei gestoppter Maschine und sofortigem Gegenbefehle völlig undenkbar ist. Im weiteren Fortschreiten gegen einander konnte die Bark um so eher sechs Strich an Steuerbord des Dampfers erscheinen, je weniger dieser nach rechts herumgekommen war. Daß dies in der That der Fall und der „Leipzig" bereits vor dem Zusammenstoß in der Rückwendung nach links begriffen war, während die „Medea" in den Wind schießend dwars gegen ihn herankam, ergiebt sowohl der Stoßwinkel als das Erscheinen des grünen Dampferlichtes gegen das rothe Licht des Segelschiffes. Die Zeichnung B soll dies verdeutlichen und ergiebt zugleich, daß das Toplicht des „Leipzig" an Bord der „Medea" früher in Sicht kam, als die Bark an Bord des Dampfers. Daß dieser von dem Zeugen Weßmann 2 bis 2½ Strich an Backbord gesehen wurde, ist lediglich dem Aufluven der Bark zuzuschreiben.

B.

1. Das Dampfertoplicht an Backbord der Bark gesehen:

a. wenn diese ihren Curs beibehielt. b. bei dem Anluven der Bark.

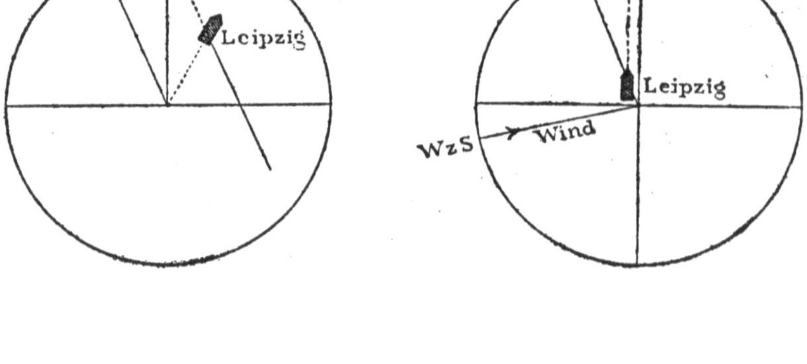

2. Die Bark vom Bord des Dampfers gesehen:
a. Gesichtslinie. b. Richtung des Stoßes.

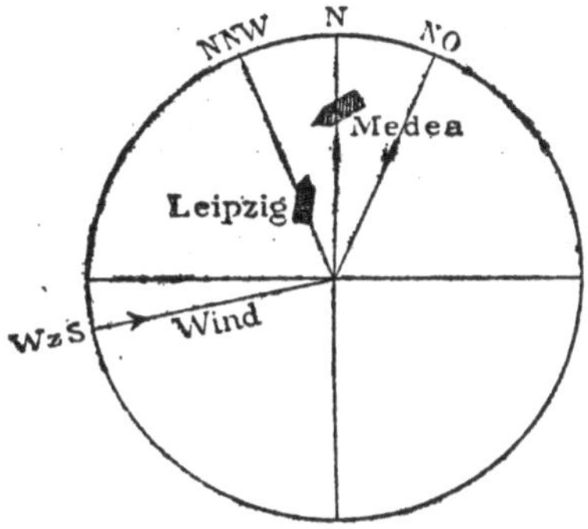

Die Ansicht des Schiffers Schramm, daß der Zusammenstoß garnicht hätte erfolgen können, wenn die Bark ihren Curs beibehielt, läßt sich nicht ganz von der Hand weisen. Hat auch das Backbordruder des Dampfers mitgewirkt, so entsprachen doch die Bewegungen der Bark weder der Sachlage, noch dem Artikel 22 der Kaiserlichen Verordnung vom 7. Januar 1880: „In allen Fällen, wo nach den obigen Vorschriften eines von zwei Schiffen dem andern aus dem Wege zu gehen hat, muß dieses letztere seinen Curs beibehalten.“ Nach Artikel 17 ebenda hatte das Dampfschiff dem Segelschiffe aus dem Wege zu gehen, letzteres also weder die Raaen anzubrassen, noch in den Wind zu schießen, sondern unbekümmert und ohne Aenderung der Richtung weiter zu segeln, wodurch es von aller Verantwortlichkeit frei blieb. Die Meinung des Schiffers Klöcking, daß die „Medea“ mit beibehaltenem Curse von dem Dampfer durchschnitten worden wäre, läßt sich aus dem Hergang nicht rechtfertigen, und sind sowohl die angebraßten Raaen als das Aufluven der von Klöcking ausgesprochenen Besorgniß des Segelschiffers vor Dampfern und daraus hervorgehender übergroßer Vorsicht zuzuschreiben. Der Vorwurf, daß der Dampfer zu schnell gefahren sei, ist für den Zusammenstoß unbegründet, da der Dampfer schon längere Zeit vorher mit langsamer Maschine gefahren war und dieselbe nach dem ersten Signal der „Medea“ ganz gestoppt wurde. Wenn Schiffer Klöcking meint, daß der „Leipzig“ stoppen und rückwärts gehen oder doch mit Backbordruder und langsamer Fahrt an Backbord der Bark vorbeischeeren mußte, statt mit Steuerbordruder und voller Kraft vorwärts ihr vor den Bug zu gehen, so entspricht dies zwar den Artikeln 17 und 18 der Kaiserlichen Verordnung vom 7. Januar 1880, da indeß die Bark an Steuerbord des „Leipzig“ kaum 2 Kabellängen ab und mit sechs Strichen dwars auf ihn zukommend auftauchte, so mußte jedes weitere Rechtswenden des Dampfers, zu welchem seine rückwärtsschlagende Schraube erheblich mitgewirkt hätte, unfehlbar einen weit schlimmeren Zusammenstoß als den wirklich erfolgten herbeiführen, und blieb dem Steuermann Laabs nur übrig, auf Grund des Artikels 23 der mehrgedachten Verordnung und mit Rücksicht auf die besondern Umstände behufs schnellster und kräftigster Linkswendung mit hart Steuerbordruder und voller Kraft vorwärts zu gehen, womit er vielleicht der Bark aus dem Wege gekommen wäre, wenn deren Vorgeschirr sich nicht wie ein Schlagbaum ihm vorgelegt hätte.

Soweit von Verschulden hier zu reden ist, muß das Uebergewicht desselben auf Seiten der Bark gefunden werden, deren Aufluven die ohnehin vorhandenen Irrungen und Wirrungen vermehrte. Es kann aber in den beiderseitigen Fehlern ein schuldbares Versehen überall nicht gefunden werden, da sie auf Naturereignisse und dadurch hervorgerufene Verkettung ungünstiger Umstände zurückzuführen sind und bei der höchsten Anspannung seemännischer Tüchtigkeit nicht zu vermeiden waren. Der erste Grund des Zusammenstoßes liegt in dem völlig unverschuldeten Mißverstehen des Nebelhornsignals der Bark; die fernere Reihenfolge der Bewegungen bis zum Zusammenstoß entschuldigt sich durch die Unsichtigkeit und die Täuschungen des Nebels, die Nähe der Schiffe und Kürze der Zeit — kaum drei Minuten — und schließlich durch die daraus mit Nothwendigkeit hervorgehende Aufregung und hin- und hertappende Unsicherheit, wodurch die eifrigen Bemühungen, dem Zusammenstoß zu entgehen, vereitelt wurden und in ihr Gegentheil umschlugen. Fraglich kann es allein werden, ob nicht der Dampfer, als er sein Ruder Backbord legte, dies gemäß Artikel 19 der Verordnung durch einen kurzen Ton, und ebenso die Gegenbewegung durch zwei kurze Töne anzeigen mußte, doch dient auch hier die Schnelligkeit des Herganges und des Auftauchens der Bark zur Entschuldigung der Unterlassung, welche jedenfalls als mitwirkend für den Zusammenstoß und daher als erheblich nicht angesehen werden kann. Ebensowenig kommt es in Betracht, daß die Commandobrücke des „Leipzig“ einige Minuten unbesetzt war, weil daraus ein Nachtheil nicht entstanden ist.

II. In voller Klarheit des Herganges, aber eben deshalb weit bedenklicher für die Schiffsleitung des „Leipzig“ ist der Zusammenstoß mit der „Argo“ festgestellt. Der deutsche Dampfer scheint dem Gesetze des Ueberholens in Artikel 20 der Kaiserlichen Verordnung vom 7. Januar 1880 verfallen zu müssen: „Ohne Rücksicht auf irgend eine der vorstehenden Vorschriften muß jedes Schiff, einerlei ob Segelschiff oder Dampfschiff, beim Ueberholen eines andern dem letztern aus dem Wege gehen.“

Es ergiebt sich hieraus von selbst und ist in Ortsverordnungen der Revier- und Strom-Polizei für manche Binnenstrecken besonders eingeschärft, daß ein Ueberholen nur da stattfinden darf, wo die Breite oder sonstige Beschaffenheit des Fahrwassers dem Ausweichen nicht hinderlich ist und daß ein Kreuzen des Ueberholenden vor dem Bug des Ueberholten unbedingt ausgeschlossen ist. Zur Zeit des Zusammenstoßes war der „Leipzig“ das überholende Schiff. Es kommt nicht darauf an, daß er früher bei Dragör von dem Engländer überholt war, da ihm hieraus kein Recht des rücksichtslosen Nachjagens erwuchs, sondern den veränderten Umständen Rechnung zu tragen war. Ebensowenig kann Schiffer Schramm sich darauf berufen, daß die „Argo“ still lag, als er neben ihr aufkam. Es wird dadurch der Begriff des Ueberholens nicht beseitigt, noch überhaupt verändert, da der Engländer nicht geankert, sondern nur behufs Absetzung seines Lootsen gestoppt hatte und jeden Augenblick wieder angehen konnte. Das Erscheinen des Lootsenbootes zwischen beiden Dampfern gab nicht die geringste Gewähr dafür, daß der Lootse noch an Bord der „Argo“ sei, da es eben so gut von dieser herkommen, als zu ihr hinfahren konnte und nicht ersichtlich ist, wie Schiffer Schramm sich vom letztern überzeugt hat. Je länger die „Argo“ bereits gelegen hatte, um so eher war ihre Weiterfahrt zu erwarten und ein Ueberholen unstatthaft, wenn das Fahrwasser nach Schramms eigenen Angaben durch andere Fahrzeuge verengt, ein Ausweichen erschwert oder ganz vereitelt wurde. Daß Schiffer Schramm trotzdem an der „Argo“ und sogar quer an ihrem Bug vorbei zwischen diesem und der nächsten Bark hindurchzukommen suchte, scheint den von dem Schiffer North und dem Reichscommissar ihm gemachten Vorwurf muthwilliger Verschuldung des Zusammenstoßes durch Nichtachtung seemännischer Regeln und gesetzlicher Vorschrift unabweisbar zu begründen.

Das Seeamt ist zu einer entgegengesetzten Beurtheilung dadurch gelangt, daß es den Hergang in seinem ganzen Zusammenhange und die dadurch herbeigeführte Lage des „Leipzig“ ins Auge faßte. Der natürliche Curs dieses Dampfers ging südlich, eine Abweichung davon bis Ost vom Feuerschiffe nach der Flintrinne zu ist für den Seemann, der gern den geraden und nächsten Weg zum Ziele beibehält, ohne zwingenden Grund nicht üblich. Zwischen der „Argo“ und dem Feuerschiff durchzugehen, hatte nach der Aussage des englischen

Schiffers selbst seine Bedenken und war für den „Leipzig" um so gefährlicher, als von seinem Bord aus weder die Breite noch die Freiheit des Zwischenraumes in der Dunkelheit sicher zu erkennen war und man dabei erst recht in die Klemme gerathen konnte, wenn die „Argo" im Angehen nach Süden herumdrehte, um auf den Strom und den Curs Falsterboe zu kommen. Es war kein Anlaß, mit Steuerbordruder hinter das britische Schiff herumzugehen oder zu stoppen, so lange die Richtung nach SSW am Amagerriffe vorbei frei blieb. Daß der „Leipzig" dabei mit der „Argo" gleichlaufend kam, war nicht die Nachahmung einer Geschwaderlinie, sondern die Folge des Schwajens des englischen Dampfers, wodurch das vorsichtige Bestreben, von der „Argo" frei zu bleiben, mit dem beabsichtigten Herumgehen hinter der im Süden quer vorliegenden und nach Osten gerichteten Bark zusammentraf. Von einem Ueberholen des englischen Dampfers war keine Rede. Die langsame Fahrt des deutschen Schiffes ergiebt überzeugend, daß ihm die Absicht irgend eines Nachjagens und Ueberholens fern lag, wozu bei der Verschiedenheit der Bestimmungshäfen auch nicht der geringste Anlaß gegeben war. Das rothe Licht des zweiten Segelschiffes, wodurch nach Ansicht des Schiffers Schramm der Weg neben dem Amagersande versperrt wurde, kam hinter der vorliegenden Bark erst dann in Sicht, als der Bug des „Leipzig" bereits über den der „Argo" hinaus und ein Herumgehen hinter letzterem Schiffe völlig unthunlich war. Hierdurch kam der „Leipzig" in eine unverschuldete Nothlage und mußte, um sich herauszufinden, von mehreren Uebeln das kleinste wählen. Es kann zunächst in Frage kommen, ob es nicht am besten war, den SSWCurs entweder vor dem zweiten eben erscheinenden Segelschiffe oder zwischen beiden Segelschiffen hindurch beizubehalten. Die Breite des Fahrwassers zwischen Drogden-Feuerschiff und Amagerriff beträgt 1 2/5 Seemeilen und lagen alle 4 Schiffe nach Backes Aussage mehr östlich nach dem Feuerschiffe zu. Die östliche Briese war flau, der Fortgang des nach Westen anliegenden Schiffes schwach, der Zwischenraum zwischen diesem Schiffe und der Bark dabei im Wachsen, daher denn auch der Lootse Backe ausdrücklich sagt, daß diese Schiffe nicht belästigend und sehr wohl zu passiren gewesen seien. Es kommt aber zunächst in Betracht, daß die Angaben über die Entfernung der Segelschiffe von den Dampfern zwischen einer halben Seemeile und 3 bis 4 Kabellängen auseinandergehen, daß ferner die Bestimmung der Lage und der Bewegungen der Segelschiffe durch die Dunkelheit auf das Stärkste beeinträchtigt wurde und vom grünen Tische aus am wenigsten der Stab darüber gebrochen werden darf, wenn Schiffer

Schramm, der von seiner Commandobrücke aus besser als der Lootse und jeder Andere das Vorliegen der Segelschiffe vor seinem Bug zu beurtheilen vermochte, es nicht für gerathen hielt, sich mit ihnen ins Gemenge zu bringen. Zu stoppen war ebenfalls bedenklich, da der „Leipzig" dadurch seine nur eben noch behaltene Steuerkraft ganz verlor und der Strom nach der Aussage des Steuermanns Laabs immer noch zu stark war, um sich ihm auf die Gefahr hin, dem einen oder dem andern Schiffe auf den Leib zu kommen, ganz und gar zu überlassen. Die Fahrt zwischen der „Argo" und der Bark bot sich deshalb als der beste Ausweg aus der Klemme, weil er klar vor Augen lag und man hoffen konnte, von der „Argo" frei zu bleiben, wenn sie, wie vorauszusetzen war, im etwaigen Angehen nach Süden auf den Strom und Curs kam. Wäre das englische Schiff in dem Augenblick, da es den „Leipzig" auf sich zukommen sah, mit Steuerbordruder vorwärts gegangen, statt mit rückschlagender Maschine noch mehr nach rechts herumzuholen, so hätte der Zusammenstoß vermieden werden können. Er bestand auch jetzt nur in einem Vorbeistreifen, obwohl die Strömung auf dem Backbordbug der „Argo" und dem Steuerbordbug des bis SzO herumgekommenen „Leipzig" die gegenseitige Annäherung beförderte. Daß der „Leipzig", dessen Bug von dem der „Argo" bereits frei war, im letzten Augenblick mit hart Steuerbordruder und voller Kraft vorwärts ging, war sachgemäß, um das Achterende herumzubringen. Daß die „Argo" den „Leipzig" angestoßen hat und nicht umgekehrt, ergiebt sich aus den beiderseitigen Beschädigungen und ist im Uebrigen wenig erheblich. Vergleiche die Zeichnung C.

Zeichnung C.

1. Vor dem Erscheinen des rothen Lichtes. 2. Nach dem Erscheinen des rothen Lichtes.

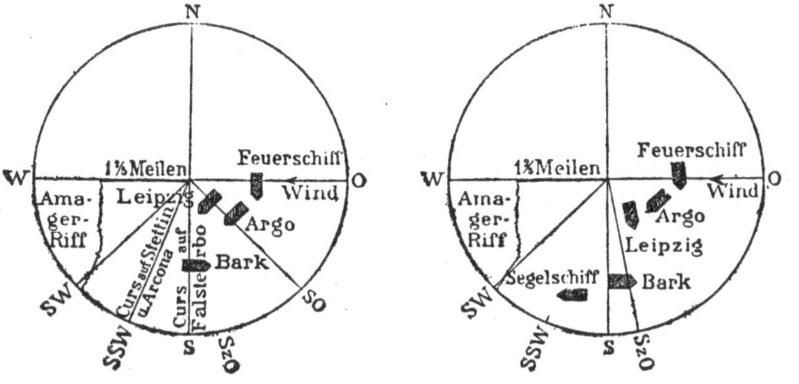

Es läßt sich daraus ersehen, daß die beiden Segelschiffe kein bloßer Vorwand waren und daß der „Leipzig“ frei gegangen wäre, wenn die „Argo“ gegen den Strom aufdrehte. Man wird daher auch bei Annahme eines schuldbaren Mißgriffs doch nicht den Mangel wesentlicher Berufseigenschaften des Schiffers Schramm daraus ableiten wollen. Es war vielleicht ein Wagniß, aber kein blindes und muthwilliges Drauflosgehen. Die Voraussetzungen, auf denen der gewählte Ausweg beruhte, waren keineswegs aus der Luft gegriffen und wohl geeignet, die Bewegung zu gutem Ende zu bringen. Daß sie nicht zutrafen, beruhte auf einer Verkettung von Umständen, die auch den wohl überlegten Plan vereiteln können. Man kann dem Schiffer Schramm seine Kühnheit nicht schlimmer anrechnen, als dem Schiffer Klöcking seine Vorsicht. Es gilt auch hier wieder der mehrfach erwähnte Ausspruch des Seeamts zu Danzig: „Die Grenze zwischen Vorsicht und Unvorsichtigkeit, zwischen Entschlossenheit und Unentschlossenheit ist in vielen Fällen schwer zu bestimmen, und nur zu häufig wird je nach dem Erfolge ein gelungenes Wagniß als eine muthige Handlung gepriesen und ein mißlungenes Wagniß als Unvorsichtigkeit getadelt.“

III. Zu beurtheilen bleibt noch das Verhalten des Schiffers Schramm nach den Zusammenstößen. Daß dabei die Kaiserliche Verordnung vom 15. August 1876 nicht gehörig befolgt ist, liegt auf der Hand; ist ihrem §. 1 der „Medea“ gegenüber durch Nachfrage nach dem Umfange der Beschädigung, Zusage von Beistand, sobald es möglich sei, und Verweilen am Orte des Zusammenstoßes Genüge gethan, so durfte dagegen der „Leipzig“ von der „Argo“, auch wenn sie an ihm vorbeigeschossen war, sich nicht entfernen und unter ganz leichtherziger Annahme geringfügigen Schadens sein Nachkommen abwarten, sondern mußte zurückkehren und so lange bei ihr bleiben, bis die Entbehrlichkeit seines Beistandes durch gegenseitige Mittheilung festgestellt war. Ist auch an ein absichtliches Weglaufen nicht zu denken, da die „Argo“ den „Leipzig“, wenn er nicht auf sie wartete, nach mehr als einer Stunde schwerlich wiedergefunden hätte, so entspricht doch das Vorausgehen des „Leipzig“ dem §. 1 der gedachten Verordnung und in beiden Fällen der unvollständige und unverstandene Austausch der Namen und Häfen nicht dem §. 2. Aber wenngleich hierdurch Schiffer Schramm sowohl als Schiffer Klöcking einer strafrechtlichen Verantwortung aus §. 145 des Reichsstrafgesetzbuchs unterliegen mögen, so sind doch die begangenen Unterlassungen unerheblich und für die Unfälle sowohl als für deren Folgen ohne alle

Wirkung geblieben, weshalb, wie der Reichscommissar selbst anerkennt, von einem Mangel wesentlicher Berufseigenschaften nicht die Rede sein kann.

Das Seeamt war somit auf Grund einheitlicher und eingehender Beurtheilung beider Zusammenstöße nicht in der Lage, dem Antrage des Reichscommissars, dem Schiffer Schramm die Befugniß zur Ausübung des Schiffergewerbes zu entziehen, zu entsprechen.

Die Entscheidung des Ober-Seeamts lautet:

daß der Spruch des Königlich preußischen Seeamts zu Stettin vom 15. April 1886 zu bestätigen und die baaren Auslagen des Verfahrens außer Ansatz zu lassen.

Gründe. Die Beschwerde macht dem Schiffer zum Vorwurf, daß er dem voraus befindlichen Dampfer „Argo“, als der letztere nach Steuerbord ausschor, in dieser Drehung folgte, anstatt entweder mit gemäßigter Fahrt auf dem eigenen Curse zu bleiben, bis „Argo“ ihm denselben frei gemacht haben würde, oder aber mit ein wenig Steuerbordruder hinter diesem Schiffe herumzugehen.

Es ist fraglos, daß der Unfall vermieden worden wäre, wenn Schiffer Schramm eines dieser Manöver ausgeführt hätte. Indessen es waren ernste und nicht ungerechtfertigte Erwägungen, welche den Schiffer zu einem anderen Manöver bestimmten. Von seinem Standpunkte aus glaubte er, daß die „Argo“ in thunlichster Nähe des Feuerschiffs sich befinde und daß daher für ihn nicht Platz zum Passiren zwischen beiden übrig sei. Zu dieser Annahme war er berechtigt, da es in der Natur der Verhältnisse gelegen hätte, wenn die „Argo“ zum Absetzen ihres Lootsen so nahe wie möglich an das als Lootsenstation dienende Feuerschiff herangegangen wäre. Da ein Stillliegen mit gestoppter Maschine — um zu warten, bis die „Argo“ den Weg frei geben würde — wegen des nicht unbedeutenden Stromes und namentlich in Anbetracht der Anwesenheit vieler Fischerfahrzeuge nicht rathsam erschien, so hätte Schiffer Schramm entweder an Steuerbord der „Argo“ passiren oder aber soweit nach Backbord abhalten müssen, daß auch das Feuerschiff in West von ihm blieb. Dem auf nautischen Rücksichten beruhenden seemännischen Brauche folgend, nach welchem das Drogden-Feuerschiff in Ost gelassen wird, wählte er das erstere Manöver und mußte nun nothgedrungen die Drehungen mitmachen, welche „Argo“, stillliegend, von dem Strom beeinflußt, durch ihr Schwajen machte, um von diesem Schiffe frei zu bleiben, und zwar so lange, bis er den Bug derselben passirt hatte. Er hatte hierbei die Vorschriften des §. 20 der Kaiserlichen Verordnung zur Verhütung des Zusammenstoßens von Schiffen auf See vom 7. Januar 1880 zu beobachten. Das Insichtkommen von zwei Segelschiffen voraus machte es jedoch erforderlich, von diesen Vorschriften abzuweichen, als „Leipzig" bereits soweit der „Argo" aufgelaufen war, daß sie deren Bug etwas achterlicher als quer ab peilte. Zwar hätte der Schiffer richtiger gehandelt, wenn er versucht hätte, mit langsamer Fahrt zwischen jenen beiden Segelschiffen hindurchzugehen; die Dunkelheit jedoch gestattete ihm nicht eine so genaue Schätzung der Entfernung dieser beiden Schiffe von einander, wie sie als Basis für ein Manöver erforderlich ist. Es kann ihm daher die Unterlassung dieses Versuches nicht zur Last gelegt werden. Eben sowenig konnte er es wegen der Nähe des Amagerriffes unternehmen, beide Schiffe an seiner Backbordseite zu lassen. Um die unmittelbare Gefahr des Zusammenstoßes mit den genannten beiden Segelschiffen zu vermeiden, war Schiffer Schramm daher befugt, auf Grund des §. 23 der angezogenen Kaiserlichen Verordnung die Festsetzungen des §. 20 daselbst außer Acht zu lassen und mit Steuerbordruder vor der „Argo" vorüber zugehen. Dieses Manöver würde auch ohne Zusammenstoß gelungen sein, wenn Schiffer Schramm sofort seine Maschine mit voller Kraft hätte vorwärts gehen lassen, da alsdann das Heck des „Leipzig" schneller herumgedreht wäre. Daß er dies verabsäumt hat, gereicht ihm zum Vorwurf. Ebenso muß sein Verhalten nach dem Zusammenstoß scharf getadelt werden. Er hätte früher stoppen müssen und seine Reise nicht vor stricter Erfüllung und Befolgung der Vorschriften der Allerhöchsten Verordnung vom 15. August 1876 fortsetzen dürfen. War es auch natürlich und entsprach der Bestimmung im §. 1 der gedachten Kaiserlichen Verordnung, daß man auf dem „Leipzig" zuerst den selbst erlittenen Schaden untersuchte, so hätte Schiffer Schramm die Fahrt nicht eher fortsetzen dürfen, als bis er gemäß §. 2 der Kaiserlichen Verordnung Namen, Unterscheidungssignal, sowie Heimaths-, Abgangs- und Bestimmungshafen seines Schiffes angegeben hätte. Trifft hiernach auch den Schiffer Schramm in zweifacher Beziehung ein Vorwurf, so ist doch nicht anzuerkennen, daß er bei oder nach dem Unfall einen wesentlichen Mangel solcher Eigenschaften an den Tag gelegt habe, welche zur Ausübung des Schiffergewerbes erforderlich sind. Demnach war der in I. Instanz gefällte Spruch zu bestätigen, und es waren die baaren Auslagen des Verfahrens über die von dem Reichscommissar ohne Erfolg eingelegte Beschwerde außer Ansatz zu lassen.

28. Spruch des Seeamts zu Stralsund vom 6. Oktober 1886, betreffend den Seeunfall der Bark „Tiger" von Barth.

Der Spruch des Seeamts lautet:

daß die Bark „Tiger" am 13. August 1886, nachdem sie von der Mannschaft aufgegeben und die Bugpforte geöffnet war, gesunken ist,

daß die Aufgabe der Bark seitens der Mannschaft mit Rücksicht darauf, daß der Sandballast infolge eingetretenen Lecks flüssig geworden war, gerechtfertigt erscheint,

daß auch das Aufstoßen der Bugpforte, um die Bark zum Sinken zu bringen, bei der Unmöglichkeit, einen Hafen zu erreichen, als eine im Interesse der Schiffahrt berechtigte Maßnahme anzuerkennen ist.

Gründe. Die dem Schiffer Heinrich Friedrich Block zu 41/60, im Uebrigen mehreren Rhedern gehörige Bark „Tiger", Unterscheidungssignal JMNW, Heimathshafen Barth, ist von der Besatzung, zu welcher außer dem genannten Schiffer der Steuermann Rubarth, der Zimmermann Knull und noch 8 Mann gehörten, auf der von La Rochelle nach Richmond mit 186 Tons Mauerschutt als Ballast angetretenen Reise am 13. August 1886 auf 48 Grad 47 Fuß Nordbreite und 30 Grad 33 Fuß Westlänge verlassen und gesunken, nachdem der Steuermann der englischen Bark „Bristol", auf welcher die Besatzung Aufnahme gefunden hatte, sie in Brand gesteckt und die Bugpforte geöffnet hatte.

Die Seetüchtigkeit der Bark bei Antritt der Reise unterliegt zunächst keinem Bedenken. Erbaut 1863/64 hatte sie 1882 in Stettin nach erheblicher Ausbesserung die Veritas-Klasse G. 1. 1. für 6 Jahre erhalten, welche ihr nach Besichtigung im Trockendock zu London im September 1885 bestätigt worden ist. Sie hat sich auch nach dem Journal und dem eidlichen Zeugniß des Schiffers, Steuermanns und Zimmermanns sowohl auf den Vorreisen, als auch während der ersten 29 Tage der letzten Reise gut gehalten.

Bei Einnahme des Ballastes ist mit üblicher Vorsicht verfahren worden.

Am 11. August, dem dreißigsten Reisetage, trat orkanartiger Sturm aus West ein, Sturzseen gingen wiederholt über Deck und brachen den Bolzen der Steuerkette auf Backbordseite. Während der Befestigung der Steuerkette ging der noch immer orkanartige Sturm auf NW über. Bei den Versuchen, das mit der Breitseite dem Wind und Seegang ausgesetzte Schiff vor den Wind zu bringen, zerrissen das Stagsegel, das Voruntermarssegel, der Klüver, die Fock, das Vorobermarssegel und zerbrach der Bolzen der Steuerkette auf Steuerbordseite. Schließlich gelang es mit dem Vorstängestagsegel SOzS glatt vor dem Winde zu halten. Die Pumpen wurden in Bewegung gehalten, um das inzwischen angesammelte Wasser abzupumpen. Der flüssig gewordene Ballast verstopfte aber fortgesetzt die Pumpen, so daß dazu geschritten werden mußte, das inzwischen schon auf 5 Fuß gestiegene Wasser mit Pützen auszuschöpfen. Am 12. gegen Abend, bei inzwischen etwas ruhigerem Wetter konnten dann die Pumpen, obschon sie öfter geklart werden mußten, wieder gebraucht werden, und es gelang, den Wasserstand bis auf 2 Fuß zu mindern. Auf dieser Höhe blieb der Wasserstand stehen; bei der Besichtigung am 13. Morgens wurde ein Leck am Vordersteven, jedoch an einer nicht zugänglichen Stelle ermittelt. Da die Speigaten augenscheinlich verstopft waren, wurde zur Reinigung der Füllung geschritten, welche aber nur vorn bis zum Fockmast gelang, während der übrige Theil des Schiffsraumes in dem Maße vom Ballast verwaschen war, daß von einer weiteren Reinigung abgesehen werden mußte. Etwa den dritten Theil des Ballastes hatte man ausgepumpt bezw. geschöpft und man befürchtete, daß das Schiff infolge des größtentheils flüssigen Ballastes kentern würde. Die Nothflagge wurde deshalb gesetzt und, wie erwähnt, Nachmittags die Bark „Bristol" bestiegen. Der Schiffer der letzteren hat durch seinen Steuermann die Bark „Tiger" im Interesse der Schiffahrt zum Sinken bringen lassen.

Nach diesem auf dem Journal, der Verklarung und dem eidlichen Zeugniß des Schiffers, Steuer- und Zimmermanns beruhenden Thatbestand ist die Bark augenscheinlich erst auf der Reise infolge Einwirkung der hochgehenden See leck geworden. Die Abdichtung des Lecks war unausführbar und der Zustand der Bark, nachdem der Ballast theils ausgeschifft, theils flüssig geworden war, in Rücksicht auf die Unmöglichkeit, die verstopften Zugänge zu den Pumpen zu klaren, ein derartiger, daß sie nach ihrem Standort in einen Hafen nicht einzubringen war und bei längerem Verweilen Gefahr für das Leben der Mannschaft vorlag. Die Aufgabe der Bark hat demnach für berechtigt erachtet werden müssen.

Für die Oeffnung der Bugpforte, um die Bark zum Sinken zu bringen, ist die deutsche Mannschaft nicht verantwortlich. Unter den obwaltenden Umständen war aber auch diese Maßnahme als berechtigt anzuerkennen.

29. Spruch des Seeamts zu Hamburg vom 8. Oktober 1886, betreffend den Zusammenstoß des Evers „Hinrich" von Cranz mit dem britischen Dampfer „Edward Eccles".

Der Spruch des Seeamts lautet:

Der Zusammenstoß des britischen Schraubendampfers „Edward Eccles" mit dem deutschen Ever „Hinrich" auf der Unterelbe am 19. September 1886 ist dem Umstande zuzuschreiben, daß der Lootse des Dampfers, Peter Rohde, in seinen Entschließungen unsicher war und nicht rechtzeitig die zur Vermeidung der Collision erforderlichen Maßregeln traf.

Den Schiffer des Evers, Hinrich Wölken, trifft kein Verschulden.

Thatbestand. Der in Cranz (Amt York) beheimathete, von Eichenholz im Jahre 1865 erbaute Besahnever „Hinrich", Unterscheidungssignal KLCW, welcher einen Netto-Raumgehalt von 107,7 cbm gleich 38,03 britischen Register-Tons besitzt, wurde am 19. September 1886, Morgens zwischen 2 und 3 Uhr auf der Unterelbe unweit Brockdorf von dem seewärts gehenden, 524 Register-Tons Netto-Raumgehalt messenden britischen Schraubendampfer „Edward Eccles" aus Newcastle angerannt und erheblich beschädigt.

Die über diesen Unfall eingeleitete Untersuchung hat auf Seiten des Evers „Hinrich" folgende Darstellung ergeben:

Während der Nacht von dem 18. auf den 19. September hatte der „Hinrich" bei St. Margarethen vor Anker gelegen und war mit Eintritt der Fluth Anker auf gegangen, die Elbe aufkreuzend. Es war hell, sternenklare Witterung, leichte Briese aus SO. Der Ever führte alle Segel. Seine Seitenlichter brannten hell, doch waren sie nicht in den Wanten oder sonst außenbords, sondern am Roof, welches etwa 1½ Fuß vom Bord steht, angebracht, und ersetzten die Seitenwände des Roofs die Laternenbretter. Schiffer Wölken stand am Ruder. Ungefähr um 2 Uhr 30 Minuten in der Nähe des Nordufers war über Stag gegangen und lag der Ever über Steuerbordbug nach der Südseite hinüber, etwa bis SzW anliegend. Man befand sich etwa Freiburg gegenüber. Auf diesem Bug lag der Ever ziemlich gut stromaufwärts und will der Schiffer Wölken auch bereits eine geraume Zeit so gelegen haben, als er das Toplicht und das grüne Licht eines elbabwärts kommenden Dampfers über Backbord erblickte. Schiffer Wölken machte seine Leute darauf aufmerksam, doch sahen diese dann nur das rothe Licht, gleich darauf auch zusammen mit demselben das grüne Licht recht auf den Ever zukommend. Schiffer Wölken behielt immer seinen Curs bei, als indeß die Collision unvermeidlich schien, hielt er etwas voller, während der Bestmann das Ruder in Lee legen wollte und seiner Behauptung nach im Augenblick der Collision zur Abschwächung derselben auch in Lee gelegt hat. Der Dampfer traf den Ever ziemlich weit nach hinten, gerade bei der Backbordlaterne. Um nicht getroffen zu werden, flüchtete sich die Mannschaft im letzten Augenblick nach vorne. Der Ever erhielt einen starken Stoß, neigte sich nach Steuerbord über und trieb dann längs der Backbordseite des Dampfers frei. Im Vorbeitreiben rief Schiffer Wölken, ob man denn seine rothe Laterne nicht gesehen habe, worauf der Lootse erwiderte, daß er sie allerdings gesehen habe. Nachdem der Ever wieder frei war, besichtigte Wölken sofort im Raum seinen Schaden. Als er nach etwa 10 Minuten festgestellt hatte, daß der Ever nicht sinken würde, hielt er hinter den Dampfer her, doch fuhr dieser davon, ohne sich weiter um das Fahrzeug zu bekümmern, und setzte dann auch der Ever seine Reise fort. Der dem Letzteren zugefügte Schaden erwies sich später als bedeutend und wurde von Sachverständigen auf 1841,50 M. taxirt.

Nach der Darstellung der Mannschaft des „Edward Eccles" und des Lootsen Peter Rohde, welche vor dem Seeamt vernommen wurden, hatte der von dem Schiffer John Stratford geführte Dampfer am Abend des 18. September den Hamburger Hafen in Ballast verlassen. Nachts gegen 3 Uhr befand sich der Dampfer in der Nähe von Brockdorf, ungefähr N½W bis NzW anliegend, nach Maßgabe des Fahrwassers steuernd, in Sicht des Bösch-Feuers. Der Patentlootse Rohde befand sich mit dem ersten Steuermann Thornton auf der Brücke, der Ausguck war auf der Back durch einen Mann besetzt, das Ruder wurde von zwei Leuten der Besatzung bedient, als nach Lootse Rohdes Aussage voraus zwei grüne Lichter in Sicht kamen, von denen das eine etwa 5 Strich an Steuerbord von dem Dampfer peilte, während das andere etwa 3 Strich an Steuerbord über dem Bug zu sehen war. Rohde will dann von dem Fahrzeug, welches in der knappen Peilung war, für einen Augenblick das rothe Licht gesehen und infolge hiervon Backbordruder gegeben haben. Dann sei von jenem Fahrzeug das grüne Licht in Sicht gekommen, was ihn veranlaßt habe, Steuerbordruder zu geben, worauf dann wieder das vorhin gesehene rothe Licht erschienen sei. Nun habe er die Maschine auf volle Kraft rückwärts gestellt, die Collision sei indeß nicht mehr zu vermeiden gewesen. Steuermann Thornton und der Ausguckmann Jackson haben zuerst nur ein rothes Licht bemerkt, in einer Peilung von 2 bis 2½ Strich über Steuerbord, nach dessen Erscheinen der Lootse Backbordruder habe geben lassen. Hierauf sei das grüne Licht jenes Fahrzeuges erschienen, nach Aussage des Jackson nahezu gerade voraus an Steuerbord; letzterer will dann dies grüne Licht vielleicht 2 Minuten in Sicht gehabt haben, während Steuermann Thornton in bestimmter Weise bezeugt, daß das Insichtsein jenes grünen Lichtes nur für die kurze Zeit gedauert habe, während welcher das Ruder von „Backbord" auf „stützt" und „hart Steuerbord" gelegt worden sei; dann sei wieder das rothe Licht erschienen und alsbald die Maschine auf „volle Kraft rückwärts" gestellt. Der Dampfer habe indeß noch Fahrt voraus behalten und habe jenes Fahrzeug getroffen. Lootse Rohde giebt die Zeit des Insichtseins des rothen Lichts für das zweite Mal auf 2 bis 3 Minuten an. Auf das von dem Lootsen gegebene Maschinensignal eilte Schiffer Stratford auf Deck und war gerade bis zur unteren Brücke gelangt, als der Zusammenstoß erfolgte. Gleich nachher gab der Schiffer den Befehl, ein Boot auszusetzen, während Lootse Rohde den Ever anrief, ob sein Boot verloren sei und ob er Hülfe beanspruche. Da die erste Frage verneint wurde, auf die letztere aber keine Antwort erfolgte und man auch von der Brücke aus den Ever ruhig weiter segeln sah, so setzte der „Edward Eccles" nach Verlauf von zehn Minuten seine Reise fort. Der Befehl zum Fertigmachen des Bootes war sofort von dem Schiffer Stratford gegeben, man wartete mit dem Zuwasserlassen desselben nur auf Signale des Evers, welche indeß nicht erfolgten.

Gründe. Das Seeamt hat die Ueberzeugung gewonnen, daß an dem Zusammenstoß des „Hinrich" mit dem „Edward Eccles" das letztere Schiff allein die Schuld trage und daß die Schuld lediglich in der Unschlüssigkeit des Lootsen bei den zu treffenden Ausweiche-manövern begründet sei.

Nach den gesetzlichen Bestimmungen der Kaiserlichen Verordnung Artikel 17 und 22 hatte das Dampfschiff dem Segelschiff aus dem Wege zu gehen, letzteres aber seinen Curs beizubehalten. Daß man an Bord des Evers „Hinrich" der ihm obliegenden Verpflichtung des Curshaltens nachgekommen ist, muß nach den unzweideutigen Aussagen der gesammten Mannschaft desselben als erwiesen angesehen werden und spricht hiergegen auch nicht das von dem Schiffer bezeugte Abhalten unmittelbar vor der Collision und das von dem Bestmann Nagel im Augenblick der Collision vorgenommene Inleelegen des Ruders. Beide Manöver involviren nach Ansicht des Seeamts keine Cursänderung im Sinne des gesetzlichen Verbots, sondern waren lediglich erlaubte Maßregeln zur Vermeidung der drohenden äußersten Collisionsgefahr.

Die Wahrnehmungen, welche man auf dem Ever bezüglich der Lichter des Dampfers gemacht hat, sind im Wesentlichen übereinstimmend und führen auch darauf hin, daß man auf dem Ever an sich den Curs unverändert beibehielt, da man die Lichter, und zwar das rothe und gleich darauf beide Lichter bis unmittelbar vor der Collision stets etwas über Backbord sah. Nur scheint es, daß Schiffer Wölken den Dampfer früher gesehen hat, als die beiden übrigen Leute und daher auch möglicherweise zunächst das grüne Licht des Dampfers in Sicht hatte. Bestmann Nagel bezeugt denn auch, daß der Schiffer die Mannschaft auf den Dampfer aufmerksam gemacht habe. Daß nun aber zuerst das grüne Licht desselben in Sicht gewesen sei, erscheint durchaus erklärlich, wenn man die Curse beider Schiffe und deren Lage in Betracht zieht und erwägt, daß der Ever sich bei dem Ansichtigwerden des Dampfers noch gut auf dessen Steuerbordseite befunden haben wird und erst bei der weiteren Annäherung mehr vor den Steven des Dampfers kam, wodurch dann im Zusammenhalt mit dem bekundeten Backbord- und Steuerbordruder am Bord des Dampfers auf dem Ever zunächst das rothe und dann wieder beide Lichter in Sicht kommen mußten.

Die Curse beider Schiffe schnitten sich namentlich bei dem Ansichtigwerden in einem ziemlich spitzen Winkel, der Dampfer N½W bis NzW, der Ever SzW anliegend. Beide Schiffe mußten sich einander daher etwas über Steuerbord respektive Backbord sichten.

Mit dieser Lage der Schiffe zu einander stimmen auch die Aussagen der Besatzung des Dampfers überein, welche die Lichter des „Hinrich" 2 bis 3 Striche über Steuerbord sichtete. Nur weicht Lootse Rohde darin von den übrigen Zeugen ab, daß er zuerst zwei grüne Lichter gesehen haben will, während jene von dem vorausbefindlichen Ever zuerst nur das rothe Licht sahen. Das zweite grüne Licht, welches etwa 5 Strich an Steuerbord war, gehörte unbestrittenermaßen einem an der Nordseite des Fahrwassers mit Backbordhalsen segelnden Fahrzeuge an. Ob nun das Erblicken jenes grünen Lichtes, welches sich nach Lootse Rohde in ziemlicher Entfernung, 2½ Strich über Steuerbord befand, auf ein früheres Stadium des Aufkreuzens des Evers, als er noch über Backbordhalsen segelte, oder etwa auf das vorausbefindliche grüne Höftfeuer bei Scheelenkuhlen zurückzuführen ist, hat sich nicht feststellen lassen. Uebereinstimmend gaben sämmtliche Zeugen an, daß andere Fahrzeuge zur Zeit dort nicht fuhren. Jedenfalls ist auch das erste Erblicken dieses grünen Lichtes nicht von Einfluß auf die Steuerung des Schiffes gewesen. Die Darstellung in dem zu den Akten gelangten schriftlichen Bericht des Lootsen, welcher hierzu führen könnte, bezeichnet er selbst als ungenau.

Erst nach dem Erscheinen des rothen Lichtes ist, wie dies von sämmtlichen Zeugen des Dampfers bekundet worden, das erste Commando des Lootsen zum Ausweichen gegeben und das Ruder Backbord gelegt. Nach Lootse Rohde ist dies rothe Licht nur eine kurze Zeit in Sicht gewesen und dann das grüne Licht erschienen, infolge dessen er wieder Steuerbordruder gab. Auch die übrigen Zeugen stimmen mit dem Erscheinen des grünen Lichtes überein, doch ist auch jenes Licht nur ganz kurze Zeit in Sicht gewesen, wie mit Steuermann Thornton anzunehmen ist, welcher die Zeit des Insichtseins durch die während dieser Zeit vorgenommenen Rudermanöver genau präcisirt. Ausguckmann Jackson giebt überdies die Peilung jenes Lichtes auf nahezu voraus, eben über Steuerbord an. Gleich darauf erschien dann wieder das rothe Licht. Jetzt lag der Dampfer aber unter Hartsteuerbordruder und war mittlerweile so nahe herangekommen, daß der Zusammenstoß trotz des Rückwärtsarbeitens der Schraube nicht mehr zu vermeiden war.

Daß dieser wiederholte Ruderwechsel wesentlich zur Herbeiführung der Collision beigetragen hat, unterliegt keinem Zweifel. Das erste Backbordruder war vollauf berechtigt und hätte unter allen Umständen freigeführt, wenn der Lootse hierbei geblieben wäre. Daß der Lootse, nachdem er eben erst Backbordruder gegeben, nun sofort auf das gerade voraus erscheinende grüne Licht hin Hartsteuerbordruder gab, war bei Berücksichtigung der ganzen Sachlage nicht richtig; denn ohne Weiteres anzunehmen, daß der Ever über Stag gegangen sei, dazu lag kein Grund vor, da man sich mitten im Fahrwasser befand und ein solches Manöver an jenem Platze von einem aufkreuzenden Fahrzeuge, dem der Dampfer auszuweichen hatte, kaum zu erwarten war. Bestmann Nagel ist zwar der Ansicht, die Collision habe sich mehr am Südufer zugetragen, doch schließt er dies lediglich aus dem Umstande, daß der Ever schon längere Zeit über denselben Bug lag. Schiffer Wölken giebt indeß für das längere Liegen über denselben Bug die Erklärung, daß der Ever gut im Fahrwasser aufliegen konnte und ist der Meinung, daß der Ever sich mitten im Fahrwasser befand. Die Beweisaufnahme hat auch nichts dafür ergeben, daß der Dampfer sich an der Südseite befand. Sein Curs führte nach der Nordseite auf das Böschfeuer zu. Lootse Rohde hätte daher richtiger gehandelt, wenn er vorerst bei dem Erscheinen des grünen Lichtes das Ruder gestützt und die Maschine gestoppt hätte. Bei dem Erscheinen des rothen Lichtes, welches, wie erwiesen, ganz kurze Zeit nachher erfolgte, wäre der Dampfer dann immer noch frei gegangen, wie schon dem Umstande zu entnehmen ist, daß der Ever trotz des Hartsteuerbordruders des Dampfers immer noch hinten bei der Backbordlaterne getroffen worden ist. Die Unschlüssigkeit des Lootsen, bald an Backbord, bald an Steuerbord passiren zu wollen, führte den Dampfer gerade auf das Fahrzeug los. Es ist immer bedenklich, bei dem Versuche, einem Schiffe auf so geringe Entfernung auszuweichen, das Ruder von der einen Seite nach der andern zu legen, besonders in Fällen, wo man die genaue Lage des anderen Schiffes noch nicht erkannt hat, es ist vielmehr in solchen Fällen eine abwartende Haltung geboten.

Wie man nun auf dem Dampfer nach dem Erscheinen des rothen Lichtes des Evers, unter der Wirkung des Backbordruders das grüne Licht hat in Sicht bekommen können, ist durch die Beweisaufnahme nicht völlig aufgeklärt worden. Seitens der Besatzung des Dampfers wird nun zwar angenommen, daß der Ever entweder stark gegiert habe oder habe über Stag gehen wollen. Die Beweisaufnahme hat namentlich hinsichtlich des letzteren Punktes, wie vorhin schon erwähnt, nicht den geringsten Anhalt hierfür gewährt und glaubt auch das Seeamt bestimmt, daß dies Manöver des Evers nicht versucht worden ist; daß ein etwaiges Gieren oder Aufdrehen stattgefunden hat, mag nicht ausgeschlossen sein, namentlich während man gespannt den herankommenden Dampfer beobachtete.

Die Beweisaufnahme hat noch ergeben, daß auf dem Ever die Seitenlaternen am Roof befestigt gewesen sind. Wenn auch das Gesetz über die Lichterführung es in das Ermessen des Schiffers stellt, wo er seine Lichter anbringen will, so ist jene Befestigung am Roof jedoch als unzweckmäßig zu bezeichnen, da dieselben dadurch zu weit innenbords kommen und durch die verschiedensten Gegenstände an Bord, als Wanttaue, Blöcke und Schooten, sowie durch die Vorsegel leicht verdeckt werden können. Gesetzliche Vorschriften sind indeß in dieser Beziehung seitens des Schiffers Wölken nicht verletzt.

Wenn von dem Schiffer Wölken dem Führer des englischen Dampfers schließlich der Vorwurf gemacht worden ist, daß er sich nach dem Zusammenstoß nicht um ihn gekümmert habe, so erscheint dieser Vorwurf nicht begründet. Schiffer Wölken hat seiner eigenen Angabe nach sich gleich nach der Collision während 10 Minuten in den Raum begeben, um den erlittenen Schaden zu besichtigen und während dieser Zeit sein Fahrzeug ruhig weiter segeln lassen, ohne irgend welche Noth- oder Hülfesignale zu zeigen. Es kann daher dem Führer des Dampfers nicht zum Vorwurf gereichen, wenn er aus dem Weitersegeln des Evers schloß, dieser bedürfe keiner Hülfe.

Der Befehl zum Aussetzen des Bootes war gegeben und wartete man nur auf die von dem Ever zu zeigenden Signale oder das Beidrehen desselben. Als weder das eine noch das andere erfolgte, war jene Annahme, daß weiterer Beistand nicht verlangt würde, berechtigt.

30. Spruch des Seeamts zu Bremerhaven vom 9. Oktober 1886, betreffend den Seeunfall des Schooners „Caroline" von Stralsund.

Der Spruch des Seeamts lautet:

Die seeamtliche Untersuchung hat keine bestimmten Anhaltspunkte dafür ergeben, auf welche Weise der in der Nacht vom 9. bis 10. September 1886 auf dem Schooner „Caroline" ausgebrochene Brand entstanden ist. Daß das Feuer durch Entzündung von Petroleumdämpfen an der Ankerlaterne entstanden sei, wie der Sachverständige dies als möglich bezeichnet hat, hält das Seeamt unter Berücksichtigung aller Umstände für höchst unwahrscheinlich.

Gründe. Der in der Nacht vom 9. bis 10. September 1886 auf der Rhede von Bremerhaven verbrannte Schooner „Caroline", Unterscheidungssignal JNDG, Heimathshafen Stralsund, war im Jahre 1868 erbaut, hatte einen Netto-Raumgehalt von 445,3 cbm oder 157,19 britischen Register-Tons und führte seit seiner Erbauung im Büreau Veritas die Klasse 3/3 G. 1. 1. Diese Klasse war vor etwa 1½ Jahren in Stralsund, wo das Schiff damals gekielholt, nachgesehen, kalfatert und sodann von einem Vertreter des Büreau Veritas besichtigt war, bis Dezember 1887 bestätigt. Versichert war dies Schiff bei dem Neu-Vorpommerschen Schiffsversicherungsverein in Stralsund zum Betrage von 14470 M. Nach Angabe des Schiffers bildet diese Summe ¾ des von einem Vertreter des Versicherungsvereins festgesetzten Taxwerthes. Führer und alleiniger Eigenthümer des Schooners war der Schiffer Hermann David Albert Behn aus Breege a/Rügen. Derselbe ist seiner Angabe zufolge auf Grund einer von der Regierung in Königsberg ausgestellten, jedoch mit dem Schiffe verbrannten Patents im Besitze der Berechtigung als Schiffer auf großer Fahrt. Einschließlich des Schiffers bestand die Besatzung aus sechs Mann. Im Handbuch für die deutsche Handelsmarine ist die regelmäßige Besatzung auf sieben Mann angegeben.

Das Schiff hatte nur einen Laderaum, der von vorn bis hinten durch das Schiff ging. Die Wand, welche sonst vorn einen kleinen Raum (Kabelgat) abtrennte, war entfernt, um mehr Laderaum zu gewinnen. Die Kajüte lag ganz hinten und war ein Paar Fuß in das Deck eingelassen, während das Logis auf Deck hinter dem Großmast, die Combüse auf Deck dicht hinter dem Fockmast lag. Andere Gelasse waren auf Deck nicht vorhanden.

Es waren drei Luken, welche in den Raum führten, vorhanden, nämlich die Kabelgatsluke in der Back, die Vorluke vor dem Fockmast und die Großluke zwischen beiden Masten. Außerdem befand sich hinten in der Kajüte eine kleine Luke, welche zu einem, zur Aufbewahrung von Kohlen dienenden Raum führte. Dieser Raum lag ganz hinten und stand mit dem Laderaum nicht in Verbindung.

Das Schiff hatte im Kaiserhafen 945 Fässer Petroleum, welche nach Memel bestimmt waren, eingenommen. Das zur Verladung gebrachte Petroleum war von dem Bremerhavener Testbüreau untersucht, als den Anforderungen der Reichsgesetzgebung entsprechend befunden und mit dem Reichsstempel versehen. Die Ladung war zum Betrage von 20000 M. versichert.

Beim Beginn des Ladens befand sich etwas Sand und das

nöthige Stauholz, welches sodann zum Verstauen gebraucht wurde, im Raum. Die Beladung wurde durch die Bremerhavener Stauer Barghorn und v. Aspern unter Mitwirkung der Schiffsmannschaft vorgenommen, dauerte etwa 4 Tage und wurde am 9. September beendigt. Es wurde nur bei Tage geladen, ohne daß dabei Licht benutzt wurde. Der Laderaum war nahezu ganz voll, nur vorn, gerade vor der Vorderluke blieb ein kleiner freier Platz, auf welchem wohl noch 15 bis 20 Barrel hätten verstaut werden können. Der zwischen Ladung und Deck verbliebene freie Raum war sehr gering, so daß es nicht möglich gewesen wäre, über die Ladung hinzukriechen. Das geladene Petroleum hatte wenig Leckage. Das Pumpenwasser war ganz frei von Petroleum.

Nachdem am 9. September zwischen 4 und 5 Uhr Nachmittags die Beladung beendet war, wurde die Großluke verschalkt und das große Boot auf dieselbe gesetzt, während die beiden anderen Luken nur aufgelegt wurden.

Abends zwischen 8 und 9 Uhr wurde das Schiff durch einen Dampfer nach den Anweisungen eines Lootsen aus dem Hafen und auf der Rhede zu Anker gebracht. Es geschah dies, da der Wind günstig war und das Schiff deshalb am andern Morgen in See gehen wollte. An Bord war dazu alles seeklar. Das kleine Boot wurde die Nacht über zu Wasser gelassen, weil es schon spät war. Beim Auslaufen aus dem Hafen brannten die Seitenlaternen, später wurde die Ankerlaterne aufgehängt, und zwar im Fockwant an Steuerbord. Dieselbe hing etwa 15 Fuß über Deck. Die beiden vorderen Luken wurden, nachdem das Schiff zu Anker gebracht war, wieder geöffnet. Der Lootse fuhr mit dem Schleppdampfer zurück an Land.

Bis 10 Uhr hatte der Steuermann, von 10 bis 12 Uhr der Matrose Gau und nach 12 Uhr der Schiffsjunge Nordmann die Ankerwache. Der Schiffer blieb bis 11½ Uhr an Deck. Der Schiffer, der Steuermann und Gau haben auf Deck geraucht, ihrer Versicherung zufolge jedoch nicht auf dem Vorderdeck, namentlich nicht in der Nähe der Luken. In der Combüse ist am fraglichen Abend kein Feuer angemacht, auch kein Licht gebraucht, dagegen haben in der Kajüte und im Logis Lampen gebrannt.

Der Schiffer blieb so lange auf Deck, weil in der Kajüte viel Hitze und Dunst war, und er deshalb das Herumschwojen des Schiffes abwarten wollte. Der Wind war südlich. Nachdem Ebbe eingetreten war, das Schiff geschwojt und Hitze und Dunst sich sodann verzogen hatten, begab der Schiffer sich zur angegebenen Zeit in die Kajüte und legte sich schlafen, nachdem er sich zuvor seiner Kleider entledigt hatte.

Der Steuermann und der Matrose Gau haben während ihrer Wache nichts Verdächtiges bemerkt. Der von 12 Uhr Nachts auf Wache gewesene Schiffsjunge Nordmann hat folgende Aussage gemacht:

> „Als ich auf Wache kam, war die Vorluke offen. Ich bin dann fortwährend an Deck und zwar an Backbordseite hin und her gegangen, bin auch häufig bei diesem Umhergehen an die Vorluke gekommen, habe aber weder Feuer noch Rauch gesehen noch irgend ein verdächtiges Geräusch gehört. Geraucht habe ich auf Wache nicht, ich rauche überhaupt nicht. Nachts 1½ Uhr bemerkte ich plötzlich, daß in der Vorluke Feuer war. Ich stürzte in das Volkslogis, purrte die Mannschaft durch meinen Feuerruf und weckte dann auch den Schiffer."

Die infolge des Rufs von Nordmann auf Deck geeilte Schiffsbesatzung begab sich, da die Flammen bereits aus der Vorluke herausschlugen und eine Explosion gefürchtet wurde, sofort in das zu Wasser liegende Boot, blieb noch eine kleine Weile beim Schiffe und fuhr dann zu dem etwa zwei Schiffslängen entfernt vor Anker liegenden Lootsenschooner „Nordsee". Die Ankerlaterne brannte noch zur Zeit des Verlassens des Schiffes. Als in der Folgezeit eine Explosion nicht erfolgte, fuhr die Schiffsbesatzung mit Ausnahme des Schiffers und des Schiffsjungen Nordmann mit dem Boote nach dem Schiffe zurück, barg noch etwas von ihren Sachen und begab sich darauf wieder nach dem Lootsenschooner. Bald darauf wurde die „Caroline" von den Schleppdampfern „Vegesack" und „Bremerhaven" nach der Westseite der Weser bugsirt und dort oberhalb des Blexener Anlegers an Strand gesetzt. Dort ist der Schooner fast ganz aufgebrannt. Die Reste sind für 100 M. verkauft.

Der Lootsenknecht Schröder, welcher zur betreffenden Zeit auf dem Lootsenschooner „Nordsee" die Wache gehabt hat, hat ausgesagt, daß er, als er auf einen Augenblick nach unten gewesen sei, Rufe von der „Caroline" gehört habe, sofort auf Deck geeilt sei und bemerkt habe, daß auf diesem Schiffe vorn in der Gegend des Ankerspills Flammen in die Höhe geschlagen seien, welche vermuthlich aus der Vorderluke gekommen wären, daß damals schon Versuche, das Feuer zu löschen, ganz nutzlos gewesen sein würden und daß das Feuer sich rasch bis hinter den Fockmast ausgedehnt, auch den letzteren ergriffen habe. Die Lootsenknechte Stelljes und Pecht, welche sofort geweckt waren, haben sich ähnlich ausgesprochen.

Zu bemerken ist noch, daß nach Aussage der hierüber befragten

Zeugen von der „Caroline" nach Beendigung der Beladung Niemand mehr im Raum gewesen ist.

Erkundigungen, welche bei der Polizeidirektion in Stralsund und bei dem Landrathsamt in Bergen a/R. nach dem Ruf und den Vermögensverhältnissen des Schiffers Behn eingezogen sind, sind dahin beantwortet, daß Behn sich eines guten Rufs erfreue und, soweit bekannt, in guter, geordneter Vermögenslage befinde, insbesondere auch in Breege ein eigenes Haus nebst Acker besitze.

Keiner der vernommenen Zeugen hat eine Erklärung für die Entstehung des Feuers anzugeben vermocht.

Der als Sachverständiger vernommene Direktor des Testbüreaus der Bremer Petroleumbörse, Oberstlieutenant a. D. Junker, hat sich folgendermaßen ausgesprochen:

„An dem hier in Rede stehenden Tage betrug die mittlere Temperatur 16½ ° Celsius, woraus zu schließen ist, daß die Tagestemperatur jedenfalls eine erheblich höhere, vielleicht höher als der Entflammungspunkt des Petroleums gewesen ist. Dieser letztere tritt bei 35 ° Celsius ein und ist 15 ° höher als derjenige von Petroleumdämpfen. Im vorliegenden Falle könnte eine Entzündung des Petroleums nur dann möglich gewesen sein, wenn im Schiffsraum eine Temperatur von 35 ° Celsius vorhanden gewesen wäre. Es ist anzunehmen, daß sich im Schiffsraum 30 bis 32 °, vielleicht gar 35 ° Celsius befunden haben.

Möglich ist es nun, daß in der Wendung des Schiffes oder bei einer Drehung des Windes letzterer die der offenen Luke entströmenden Dämpfe der Ankerlaterne zugeführt, diese Dämpfe sich hier entzündet und die Entzündung den Dämpfen im Raum des Schiffes mitgetheilt, letztere darauf das außerhalb an den Fässern befindliche Petroleum entzündet haben, und dann auch das Stauholz, sowie die Ladung in Brand gerathen ist. Eine Explosion brauchte damit nicht verknüpft zu sein, da die Luken offen waren.

Die Petroleumdämpfe sind geeignet, die erfolgte Entzündung auf den Ort ihrer Entweichung zurückzuführen. Daß die Dämpfe durch die Ankerlaterne entzündet sind, ist trotz der nicht unerheblichen Entfernung möglich. Aus einer Abhandlung ist mir ein Fall bekannt, in welchem eine Entzündung von Petroleumdämpfen durch eine 30 Fuß von ihrem Entweichungspunkte befindliche Gaslaterne erfolgt ist.

Abgesehen von der angegebenen Möglichkeit würde vielleicht noch in Frage kommen, ob etwa seitens der Mannschaft beim Rauchen unvorsichtig verfahren und dadurch der Brand hervorgerufen ist."

Das Seeamt hat sich eine bestimmte Ansicht über die Entstehung des Feuers nicht zu bilden vermocht.

Als ausgeschlossen muß es betrachtet werden, daß das Feuer schon in das Schiff gekommen ist, als letzteres noch im Hafen lag. Wäre dies geschehen, so hätte das Feuer mit Rücksicht auf die aus Petroleum bestehende Ladung früher zum Ausbruch kommen müssen. Ferner liegt nichts dafür vor, daß das Feuer durch das in der Kajüte oder im Logis benutzte Licht verursacht oder aber in der Combüse entstanden ist, zumal es in Bezug auf letztere völlig glaubhaft erscheint, daß in derselben am fraglichen Abend weder Licht noch Feuer gebraucht ist. Nicht ganz ausgeschlossen dürfte es sein, daß einer der Leute beim Rauchen unvorsichtig gewesen ist und dadurch das Feuer verursacht hat, irgendwelche bestimmte Anhaltspunkte liegen jedoch auch hierfür nicht vor. Daß das Feuer durch Selbstentzündung entstanden sei, ist nicht wohl möglich, da Petroleum sich nicht von selbst entzündet, andere Gegenstände, welche der Selbstentzündung unterworfen sind, sich aber, soweit ermittelt, nicht im Schiffe befunden haben.

Eine Entstehung des Feuers durch die Ankerlaterne in der vom Sachverständigen als möglich bezeichneten Weise erscheint höchst unwahrscheinlich. Daß die Tagestemperatur sowohl am 9. September als auch an den vorhergehenden Tagen sehr hoch gewesen ist und zeitweilig in der Sonne 35 ° Celsius erreicht hat, ist dem Seeamt aus eigener Erinnerung bekannt. Die Temperatur im Laderaum der „Caroline" wird deshalb recht hoch gewesen sein, dieselbe wird jedoch, da zu jener Zeit die Temperatur Nachts erheblich niedriger zu werden pflegte und auf dem Schiffe die Vorderluken offen standen, um die Zeit der Entstehung des Feuers 35 ° nicht betragen haben. Es würde deshalb für eine Entzündung des Petroleums erforderlich gewesen sein, daß die Temperatur desselben vorher durch entzündete Dämpfe bis zum Entflammungspunkt erhöht worden wäre. Die Petroleumdämpfe anlangend, so erscheint es schon unwahrscheinlich, daß dieselben im Raum sehr intensiv gewesen sind, und zwar deshalb, weil die Ladung noch nicht sehr lange im Schiff war, das Petroleum wenig Leckage hatte und die vorderen Luken offen standen. Noch geringere Wahrscheinlichkeit spricht aber dafür, daß die Dämpfe so intensiv nach der etwa 15 Fuß über Deck hängenden Ankerlaterne gedrungen sind, daß dort noch eine Entzündung hat stattfinden können. Da der Wind südlich war und das Schiff mithin nach Eintritt der Ebbe den Wind etwa von vorn hatte, so erscheint es überhaupt zweifelhaft, ob die Dämpfe die Richtung nach der an Steuerbord mehrere Fuß seitwärts von der Luke hängenden Laterne haben nehmen können. Es kommt hinzu, daß die gebräuchlichen Ankerlaternen nur verhältnißmäßig geringe Oeffnungen haben, sodaß zur Zeit nur Dämpfe in geringer Quantität in dieselben eindringen können. Zweifel gegen eine Entstehung des Feuers in der vom Sachverständigen als möglich bezeichneten Weise sind auch daraus zu entnehmen, daß bislang ähnliche Fälle so gut wie gar nicht bekannt geworden sind, während angenommen werden darf, daß sowohl an Land wie auf Schiffen häufiger Feuer durch Entzündung von Petroleumdämpfen entstanden sein müßte, wenn die Entzündung der Dämpfe so leicht möglich wäre.

Umstände, aus welchen auf eine vorsätzliche Brandstiftung geschlossen werden könnte, sind aus dem vorliegenden Beweismaterial nicht zu entnehmen. Daß das Boot während der Nacht zu Wasser geblieben ist, erscheint unverdächtig. Auch aus dem außerordentlich raschen Verlassen des Schiffes kann, wenngleich es durch die Umstände nicht gerade geboten war, ein Verdacht gegen die Schiffsbesatzung nicht hergeleitet werden. Ueberhaupt kann ihr dasselbe nicht zum Vorwurf gemacht werden, weil das Feuer sich bereits so weit ausgebreitet hatte, daß Versuche zur Rettung des Schiffes nutzlos gewesen sein würden.

Wenn das Seeamt nach dem oben Bemerkten nicht in der Lage ist, einen Verdacht auszusprechen, so ist dem Reichscommissar doch darin zuzustimmen, daß es höchst auffallend erscheinen muß, daß innerhalb einer Frist von nicht 2 Jahren drei Stralsunder Schiffe, nämlich am 15. November 1884 die Galeasse „Minna", am 18. Dezember 1885 die Brigg „Fortuna" und am 10. September 1886 der Schooner „Caroline", nachdem dieselben kurz vorher mit einer Ladung Petroleum den Hafen verlassen hatten, auf der hiesigen Rhede auf völlig unaufgeklärte Weise in Brand gerathen sind, während andere Fälle, in welchen auf Schiffen mit Petroleumladung Brand entstanden ist, bei dem hiesigen Seeamt gar nicht und ausweislich der „Entscheidungen des Ober-Seeamts und der Seeämter" bei anderen Seeämtern nur ganz vereinzelt zur Verhandlung gelangt sind. Es ist hierbei zu berücksichtigen, daß insbesondere auch in den Weserhäfen die Zahl sowohl der Schiffe, welche mit Petroleum einlaufen, als auch derjenigen, welche mit Petroleum beladen werden, eine recht erhebliche ist.

31. Spruch des Seeamts zu Emden vom 9. Oktober 1886, betreffend den Seeunfall der Tjalk „Triumpf" von Leer.

Der Spruch des Seeamts lautet:

Der Unfall der Tjalk „Triumpf" ist auf die stattgehabte Ueberladung zurückzuführen, und wird dem Schiffer R. W. Straatmann zu Ostrhauderfehn die Befugniß zur ferneren Ausübung des Schiffergewerbes entzogen, dagegen diejenige zur Ausübung des Steuermannsgewerbes belassen.

Gründe. 1. Die zu Leer beheimathete Tjalk „Triumpf", erbaut im Jahre 1873 zu Oude Pekela in Holland, welche früher als „Trientje Zelling" unter holländischer Flagge fuhr, am 16. Juni 1886 aber mit dem Unterscheidungssignal KHCQ in das Schiffsregister zu Emden eingetragen wurde und zuletzt im Allein-Eigenthum der Ehefrau Wopke Straatmann geb. Stumpe zu Ostrhauderfehn stand, ist am Morgen des 27. September 1886 unweit Norderney von der Mannschaft in sinkendem Zustande verlassen und unmittelbar nachher gesunken.

2. Das Schiff ist laut Meßbrief d. d. Aurich den 29. April 1885 nach dem vollständigen Verfahren vermessen und ist dabei dessen Netto-Raumgehalt zu 86,8 cbm = 30,64 britischen Register-Tons, seine Tiefe aber insbesondere auf 1,63 m festgestellt. Es hatte Klasse A. 1. des Germanischen Lloyd, war bei der zweiten Assekuranz-Compagnie in Emden für 2250 M. versichert und wurde von dem Ehemann der Eigenthümerin, Schiffer Rösken Wilhelm Straatmann zu Ostrhauderfehn geführt, welcher sein angeblich über die Befähigung zum Schiffer auf großer Fahrt lautendes Zeugniß bei dem Untergang des Schiffes verloren haben will. Die Besatzung bestand aus im Ganzen 3 Personen.

3. Am 12. und 13. September 1886 nahm der Schiffer in Ruhrort eine nach Harburg bestimmte Ladung Kohlen ein, deren Gewicht sich ausweislich des Journals auf 68750 kg stellte. Mit dieser Ladung betrug der Tiefgang des mit einem Kiel nicht ver-

sehenen Schiffes nach Angabe des Schiffers Straatmann $5^{3}/_{4}$ Fuß vorn und $5^{1}/_{2}$ Fuß hinten, die Auswässerung dagegen reichlich 5 Zoll; übrigens beruhen diese Angaben, wie der Schiffer selbst zugiebt, nicht sowohl auf Messung, als vielmehr auf ungefährer Schätzung und haben sich über die Richtigkeit derselben weder der Bestmann noch der Koch zu äußern vermocht.

4. Nachdem die Reise am 14. September 1886 angetreten war, erreichte man am 17. September die Yssel, wo das Schiff am Morgen des folgenden Tages auf Grund gerieth und erst am 20. September, nachdem die entbehrlichen Ketten und ein Theil der Ladung in ein Leichterfahrzeug gelöscht waren, wieder flott gemacht werden konnte. Gestoßen hat es übrigens nach den übereinstimmenden Aussagen der Besatzung während des Festsitzens am Grunde, der auch aus weichem Sande bestanden haben soll, nicht und, soweit ermittelt, durch diesen Unfall Beschädigungen überhaupt nicht erlitten.

5. Am 21. September wurde bei Zwolle der gelöschte Theil der Ladung mit den Ketten wieder übergenommen und gelangte man, nachdem vom 23. bis 25. September wegen stürmischen Wetters bei Urk geankert war, am 26. September Vormittags bei Ameland in See. Nach den Aussagen des Schiffers und Bestmanns war damals das Schiff noch völlig dicht, auch bis zum Abend hin überhaupt kein Wasser bei der Pumpe, die in See etwa jede Viertelstunde angeschlagen sein soll. Damit stimmen freilich die Aussagen des Kochs nicht völlig überein, indessen läßt sich auch nach diesen nicht bezweifeln, daß bis Mitternacht in der That von einem Lecken des Schiffes nicht wohl hat die Rede sein können.

6. Als man am 26. September Vormittags in See kam, wehte eine mäßige Briese aus SW, gegen Abend nahm jedoch der Wind zu und wurden zwei Reffe ins Großsegel genommen, demnächst aber, als um Mitternacht das Schiff soviel Wasser zu machen begann, daß die Pumpe nicht mehr lenz gehalten werden konnte, das Großsegel vollständig niedergeholt und mit OzNCurs vor der Stagfock gelenzt, weil der Schiffer annahm, daß das Wassermachen des „Triumpf" lediglich eine Folge des schweren Segeldrucks sei.

7. Gleichwohl hörte das Wassermachen nicht auf, das Wasser wuchs vielmehr trotz beständigen Pumpens fort und fort, und hielt nun der Schiffer ganz vor dem Winde ab, um sich der Küste zu nähern. Auch wurde, als bei Tagesanbruch ein Dampfer in Sicht kam, die Nothflagge gesetzt und gab man Signale durch Flintenschüsse,

indessen ging der Dampfer, ohne sich um den „Triumpf“ zu kümmern, vorüber.

8. Inzwischen war das Wasser in der Kajüte bereits so hoch gestiegen, daß es dem Schiffer bis an die Hüften reichte, und wurde nunmehr beschlossen, das Boot zu Wasser zu bringen, um das Schiff zu verlassen. Während man noch dabei beschäftigt war, kam ein zweiter, östlich steuernder Dampfer in Sicht und wurde durch diesen die Mannschaft des „Triumpf“, welche sich bereits ins Boot gerettet hatte, aufgenommen.

9. Der fragliche Dampfer erwies sich als der „Reiher“ von Bremen, Schiffer Putscher, befand sich auf der Reise nach Bremerhaven und wurde hier die Besatzung des „Triumpf“ noch an demselben Tage gelandet, während der „Triumpf“ mit seiner Ladung völlig verloren gegangen und insbesondere so schnell gesunken ist, daß bereits bei der Ankunft seiner Besatzung auf dem „Reiher“ nichts mehr von ihm zu sehen war.

10. Nach den Feststellungen unter 3 ist als erwiesen anzunehmen, daß der „Triumpf“ mit seiner in Ruhrort eingenommenen Ladung in der That überladen gewesen ist. Zwar hat das Verhältniß seines Tiefganges zu seiner Auswässerung mit Zuverlässigkeit nicht festgestellt werden können und wird auf eine volle Zuverlässigkeit in solcher Beziehung auch überhaupt wohl nur dann zu rechnen sein, wenn etwa jedes Schiff außenbords mit einer festen Ladelinie versehen würde. Insbesondere sind im vorliegenden Falle die desfallsigen Aeußerungen des Schiffers, die sich nicht etwa auf Messung, sondern lediglich auf ungefähre Schätzung gründen, selbst wenn man annehmen wollte, daß für Schiffe von der Größe des „Triumpf“ eine Auswässerung von einem Zoll auf jeden Fuß Tiefgang genüge, nicht geeignet, für die Bestimmung des Verhältnisses zwischen Tiefgang und Auswässerung einen ausreichenden Anhaltspunkt zu gewähren, und bleibt somit nur übrig, auf das Verhältniß zwischen der Zahl der geladenen Gewichts-Tonnen und derjenigen der gemessenen Register-Tonnen zurückzugreifen. Dabei stellt sich nun aber heraus, daß die erstere Zahl die letztere noch um mehr als das Doppelte, also die als Regel angenommene Grenze des Anderthalbfachen sehr erheblich überschreitet, und war danach die wirkliche Ueberladung nicht zu bezweifeln.

11. In dieser stattgehabten Ueberladung hat nun aber die Ursache des Leckspringens des Schiffes und des dadurch herbeigeführten Untergangs desselben umsomehr befunden werden müssen, als der Schiffer selbst angiebt, daß sein Schiff nur bei gutem Wetter seefähig

gewesen sei, und er daher, falls er stürmisches Wetter habe voraussetzen können, mit demselben überhaupt nicht in See gegangen sein würde, dies auch ursprünglich nicht seine Absicht gewesen und erst dann geschehen sei, als er in Kampen erfahren habe, daß er mit seinem Schiffe den Kanal nicht passiren könne.

12. Somit hat der Schiffer nicht blos durch die Ueberladung seines Schiffes die ihm obliegenden Pflichten vernachlässigt, sondern auch noch dadurch, daß er mit seinem überladenen Schiffe in See ging, obgleich er sich selbst überzeugt hielt, daß dasselbe bei schlechtem Wetter den Gefahren der See zu widerstehen nicht im Stande sein werde, einen hohen Grad von Leichtfertigkeit bewiesen, und war daher dem Antrage des Reichscommissars, dem Schiffer Straatmann die Befugniß zur ferneren Ausübung des Schiffergewerbes zu entziehen, stattzugeben.

32. Spruch des Seeamts zu Emden vom 20. Oktober 1886, betreffend den Seeunfall der Tjalk „Elisabeth" von Ostrhauderfehn.

Der Spruch des Seeamts lautet:

Der Verlust der Tjalk „Elisabeth" von Ostrhauderfehn ist auf mangelhafte Verstauung der Ladung und fehlenden Lukenverschluß zurückzuführen, übrigens aber dem Schiffer Grüssing die Befugniß zur ferneren Ausübung des Schiffergewerbes zu belassen.

Gründe. 1. Die zu Ostrhauderfehn heimathliche, vom Schiffer D. Grüssing daselbst geführte und demselben gehörige Tjalk „Elisabeth", welche nach Angabe des Schiffers zu etwa 12 britischen Register-Tons vermessen und für 990 M. versichert war, ist am Abend des 27. September 1886 auf Bant-Sand gestrandet und am folgenden Morgen von der aus dem Schiffer und seinem Schiffsknecht bestehenden Besatzung verlassen.

2. Die „Elisabeth" befand sich damals mit einer Ladung Torf auf der Reise von Westkanal nach Norderney, war am 25. September ausgefahren und traf am 27. September Nachmittags, etwa um 3 Uhr vor der Bantsbalge ein. Wiederholte Versuche, dieselbe einzusegeln,

waren bei dem hohen Seegang und der harten Briese aus SzW erfolglos und ging der Schiffer, nachdem ihm etwa die halbe Decklast weggeschlagen und das Wasser durch die nicht geschlossenen Luken, über welche die Decklast verstaut worden, bis auf 2 Fuß eingedrungen war, vor Anker.

3. Es gelang dann zwar, die Pumpen noch wieder schlingerlenz zu bringen, da die See jedoch beständig über das Schiff weglief, so ging nicht blos die Decklast mehr und mehr verloren, sondern drang auch bald wieder so viel Wasser in das Schiff ein, daß der Schiffer sich zur Rettung des Lebens entschloß, auf den Strand abzuhalten.

4. Etwa eine halbe Stunde später lief die „Elisabeth", welche bis dahin nach Aussage des Schiffsmannes de Buhr noch nicht gestoßen hatte, auf, stieß darauf mehrere Male durch und wurde dann schwer leck. Nachdem der Schiffer nun beide Anker hatte fallen lassen, versuchte man zunächst zwar das Wasser mit den Pumpen zu bewältigen, mußte sich jedoch nach kurzer Zeit in die Takelage flüchten und verließ am folgenden Morgen die „Elisabeth", indem man bei niedrigem Wasser nach der in der Nähe liegenden Tjalk „Margaretha" hindurchwatete. Auf dieser verblieb die Besatzung bis zum Morgen des 29. September und watete alsdann wieder bei niedrigem Wasser nach dem Deiche der Westermarsch.

5. Beim Verlassen der „Elisabeth" war letztere nach Meinung der Besatzung völlig wrack, übrigens ist dieselbe am 30. September von dem Schiffer Onnen aus Juist auf dem Hamburger Sande mit herausgeschlagenem Deck treibend gefunden und sind von Onnen noch verschiedene Gegenstände, nämlich eine Krahnleine, zwei Wanten, ein Fockstag, ein Anker mit Kette, sowie ein gebrochener Anker geborgen.

6. Nach diesen Feststellungen, welche sich der Hauptsache nach auf die vom Schiffer und seinem Schiffsmann bei der heutigen Hauptverhandlung gemachten Aussagen bezw. auf den Inhalt der beim Königlichen Amtsgericht Leer belegten Verklarung gründen, läßt sich freilich nicht wohl bezweifeln, daß das notorisch am 27. September 1886 an der Küste herrschende stürmische Wetter von wesentlichem Einfluße auf den Unfall der „Elisabeth" gewesen ist, daneben war aber, wenn schon vorher, ehe nach der bestimmten Aussage des Schiffsmanns de Buhr die „Elisabeth" überhaupt einmal gestoßen hatte, zu wiederholten Malen und zwar nachdem sie einmal schon wieder schlingerlenz gewesen war, zwei Fuß Wasser im Schiffe vorgefunden wurden, als erwiesen anzunehmen, daß dieses Wasser in solcher Menge aber nur durch die nicht geschlossenen Luken eingedrungen sein konnte, und

ist letzteres denn auch von der Besatzung in der beim Königlichen Amtsgericht Leer belegten Verklarung ausdrücklich anerkannt.

7. In Bezug darauf ist nun vom Schiffer geltend gemacht, und ist das auch bereits in verschiedenen, früher beim hiesigen Seeamt verhandelten Seeunfällen zur Sprache gekommen, daß ein Verschließen der Luken bei Torfladungen überhaupt nicht gebräuchlich, auch um deswillen nicht angängig sei, weil es der Deckladung auf dem glatten Deck an genügendem Halt fehle. Dieser Gebrauch, der auf Binnengewässern passiren mag, kann jedoch für diejenigen Schiffe, welche auf See oder über Watt gehen, umsoweniger für berechtigt anerkannt werden, als, wie auch wieder der vorliegende Fall ersehen läßt, die über den offenen Luken verstaute Deckladung bei unruhiger See gegen das Eindringen des Wassers überall keinen genügenden Schutz gewährt.

8. Ist aber der Umstand, daß das Wasser in bedenklicher Weise von oben in das Schiff eindrang, die alleinige Veranlassung gewesen, welche den Schiffer bestimmte, nach dem Strande abzuhalten, so läßt sich vernünftigerweise nicht wohl bezweifeln, daß die „Elisabeth" bei gehörig verschlossenen Luken das am 27. September herrschende schwere Wetter überstanden haben würde und hat daher nicht sowohl in dem letzteren, als vielmehr in der mangelhaften Verstauung der Ladung und dem fehlenden Lukenverschlusse die alleinige Ursache des Verlustes des Schiffes befunden werden müssen.

9. Der Schiffer Grüssing ist somit von einem Verschulden an diesem Verluste nicht freizusprechen; wenn gleichwohl jedoch dem Antrage des Reichscommissars, ihm die Befugniß zur ferneren Ausübung des Schiffergewerbes zu entziehen, nicht stattgegeben worden ist, so ist dabei zur Erwägung gekommen, daß der Schiffer bei der Verstauung seiner Ladung einem seither allgemein üblichen Gebrauche folgte und eben durch diesen Umstand, wenn auch jener Gebrauch als ein unberechtigter erscheint, das Verfahren des Schiffers nichtsdestoweniger eine gewisse Entschuldigung findet.

33. Spruch des Seeamts zu Rostock vom 5. November 1886, betreffend den Seeunfall der Bark „Antonie von Cleve" von Rostock.

Der Spruch des Seeamts lautet:

1. Der Brand in der Kohlenladung, mit welcher die

Bark am 5. September 1885 in Demarara einkam, ist durch Selbstentzündung verursacht.

2. Die mit dem Verlust des Schiffes verbundene Strandung am 4. Januar 1886 bei Chimilico in der Honduras-Bay ist auf den stürmischen auflandigen Wind und hohe See, welche das Brechen der Ankerketten bewirkten, zurückzuführen.

3. Ein Verschulden an den vorstehenden beiden Unfällen wird Niemandem der Besatzung beigemessen.

Gründe. I. In heutiger Hauptverhandlung ist auf Grund der Aussagen des Schiffers Carl Allwardt aus Warnemünde und des Schiffszimmermanns Wilh. Dreyer von Rostock, des Verklarungs-Protokolls d. d. Demarara 15. Oktober 1885, des Protestes d. d. Puerto-Cortes 8. Januar 1886, zweier Besichtigungs-Protokolle vom 23. September 1885 und 15. Januar 1886 und endlich einer amtlichen Erklärung des hiesigen Inspektors des Büreau Veritas Folgendes thatsächlich festgestellt.

1. Die in Rostock beheimathete Bark „Antonie von Cleve", Unterscheidungssignal MBNC, ist in den Jahren 1857/58 zu Greifswald aus Eichenholz erbaut und im Jahre 1874 zu 1344,4 cbm = 474,57 britischen Register-Tons Netto-Raumgehalt vermessen und seit dem Jahre 1883 von dem Schiffer Carl Allwardt geführt worden. Nach einer gründlichen Reparatur hat die Bark in jenem Jahre bei dem Büreau Veritas die Klasse 5/6 A. 1. 1. bis Ende 1886 erhalten. Schiffer Allwardt war mit 34/60 als Rheder an derselben betheiligt.

2. Am 25. Juni 1885 versegelte die Bark mit einer aus 604 Tonnen bestehenden, nach Demarara bestimmten Ladung Kohlen aus Grangemouth. Die Kohlen waren in gewöhnlicher Weise verstaut, erreichten unter der Großluke die Höhe der Decksbalken und dachten sich nach dem Hinter- und Vorderschiffe zu ab. Die Großluke war dicht verschalkt, während die Hinter- und Vorderluke meistens offen gehalten wurden, um eine gute Ventilation herbeizuführen. Ende August traf die Bark vor dem Hafen von Georgetown ein, da aber der Wasserstand zu niedrig war, um über die Barre gehen zu können, so mußte die Einsegelung bis zum 5. September unterbleiben. Tags vorher war der Steuermann noch mit mehreren der zur Mannschaft gehörigen Leute im Vorderraum gewesen, um alles für das Löschen der Ladung bereit zu machen, und hatte damals keiner etwas von Hitze, Rauch oder Gas wahrgenommen. Aber bereits am Morgen des 5. September, als man eben unter Segel gegangen war, machten sich auf dem Deck Hitze und ein eigenthümlicher Dunst bemerkbar,

welcher in der Nähe der Großluke und der Hinterluke am stärksten war. Bald nach Mittag gelangte die Bark in den Hafen und ging vor einer Werft, bei welcher die Kohlen gelöscht werden sollten, vor Anker. Trotzdem man Wasser durch die Luken auf die Kohlen goß, nahmen in der Nacht zum 6. September Rauch und Hitze zu. Schiffer Allwardt, welcher jetzt nicht mehr daran zweifelte, daß die Ladung brenne, ließ alle Luken schließen und machte am Morgen des 6. September beim Hafenmeister Meldung. Dieser ließ die Bark zunächst an das andere Ufer ziehen, dann durch einen längsseits gelegten Dampfer Wasser in die Luken einpumpen und, als damit das Feuer nicht zu bewältigen war, die Bark auf eine Bank bringen, dort anbohren und auf Grund setzen. Nachdem darauf die Bohrlöcher wieder gedichtet waren, wurde das Schiff lenz gepumpt und an die Werft zurückgebracht, wo die Ladung gelöscht ward. Dabei ergab sich, daß die Kohlen unterhalb der Großluke im Zwischendeck, etwas an Steuerbordseite, gebrannt hatten. Durch den Brand waren die Leibhölzer des Zwischendecks, 2 Zwischendecksbalken, diverse Garnirungsplanken, 3 Inhölzer und 4 Tragkniee total zerstört und verschiedene sonstige Beschädigungen verursacht worden. Die der Rhederei durch die Löscharbeiten und die demnächstige Reparatur des Schiffes erwachsenen Kosten haben sich auf 6 bis 7000 M. belaufen.

3. Nach beendeter Reparatur verließ die Bark am 17. Oktober 1885 Georgetown, um in Ballast nach Puerto Cortes zu gehen, wo sie Mahagoni- und Cedernholz für Europa laden sollte. Die Besatzung bestand aus 12 Personen, von denen indeß 4 Mann am Fieber erkrankt waren. Außer einer englischen Generalkarte von Westindien aus dem Jahre 1883 befand sich eine Spezialkarte von der Honduras-Bay an Bord. Am 14. November traf die Bark in Puerto Cortes ein. Dort nahm sie etwa die halbe Ladung über und setzte, nachdem Schiffer Allwardt zur Ergänzung seiner Mannschaft noch 4 Leute angemustert hatte, am 30. Dezember unter Lootsen-Assistenz ihre Reise nach der Mündung des Flusses Chimlico an der Nordküste von Honduras fort, wo sie den Rest der Ladung empfangen sollte. Am 2. Januar 1886 ging sie auf der Barre von Chimlico in 7½ Faden Wasser vor Anker. Das Wetter war gut und der Wind wehte schwach aus NW. So blieb der letztere auch am 3. Januar, am folgenden Tage aber sprang er Nachmittags nach NNW um und begann stark aufzufrischen. Da infolge dessen die See unruhiger wurde, so ließ Schiffer Allwardt außer dem Backbordanker, vor welchem die Bark bereits mit 30 Faden Kette lag, auch den Steuer-

bordanker fallen und vor diesem 60 Faden Kette ausstechen, sodaß sich nunmehr vor dem Backbordanker 90 und vor dem Steuerbordanker 60 Faden Kette befanden. Die Entfernung vom Ufer betrug Anfangs noch fast 1 Seemeile, aber nachdem man auch den Steuerbordanker hatte fallen lassen, ergab das Loth am Heck nur noch 3 Faden Wasser und setzte die Bark hinten bereits zuweilen durch. Im weiteren Verlaufe des Nachmittags zog sich der Wind ganz nach Norden und begann sturmartig zu wehen, wobei sich bald eine colossale Brandung entwickelte. Trotzdem man das Spill nach Möglichkeit verstärkt hatte, brach Abends etwa 10 Uhr die Steuerbordkette und gleich nachher auch die Backbordkette, worauf die Bark mit dem Heck Grund faßte, nach Steuerbordseite abschlug, sich mit dem Bug der Küste zuwandte und festkam. Da sie heftig auf dem aus Wellsand bestehenden Grunde stieß, so zeigte sich bald Wasser im Raum, welches schnell zunahm. Hülfe war von der mit Urwald bedeckten und unbewohnten Küste nicht zu erwarten, eine Abbergung mittelst des eigenen Bootes aber bei der furchtbaren Brandung, welche das Schiff umtobte, vor der Hand unmöglich. Die Besatzung blieb daher einstweilen an Bord, und erst nachdem das Wetter besser geworden, verließ sie am 6. Januar die Bark, welche total leck war, sodaß das Wasser im Raum mit der See stieg und fiel. Von dem Versuch einer Abbringung des Schiffes, welches sich tief in den Sand eingebettet, dessen Deck auch hinten bereits aufzubrechen begonnen hatte, nahm man Abstand, zumal sich keine Dampfer in der Nähe befanden. Eine Sachverständigen-Commission, welche auf Antrag des Schiffers Allwardt von dem englischen Konsul zu Puerto Cortes abgeordnet wurde und welche bei einer Besichtigung der Bark befand, daß diese schwer leck sei und hinten 6 Fuß, vorne 10 Fuß tief im Sande liege, erachtete unter solchen Umständen eine Abbringung für unmöglich. Es ward daher das Wrack mit dem Inventar und der Ladung öffentlich meistbietend verkauft, wofür ungefähr 2400 Dollar aufkamen.

4. Bei Klassifizirung des Schiffes im Jahre 1883 waren nach Bericht des hiesigen Inspektors des Büreau Veritas vorhanden:

90	Faden	1 3/8 zöllige	Ankerketten,
75	„	1 1/4 „	„
45	„	7/8 „	Vertäuketten,

sämmtlich, wie alle alten Ketten, bereits etwas oxydirt. Schiffer Allwardt verpflichtete sich damals mittelst Reverses, behufs Aufrechterhaltung der ihm für die Bark zuertheilten Klasse, fernere 30 Faden

$1^3/_8$ zöllige Ankerkette anzuschaffen, und will er denn auch im Jahre 1884 in England ein Ende einer ungefähr $1^3/_8$ zölligen Ankerkette angekauft haben. Wie er behauptet, befanden sich zur Zeit des Unfalles am 4. Januar 1886 für jeden der beiden Hauptanker mindestens 90 Faden Kette an Bord.

5. Das Schiffsjournal ist zwar bei dem letzten Unfall geborgen, jedoch später dem Schiffer in Puerto Cortes mit einer Kiste, in welcher sich dessen Bücher und Kleidungsstücke befanden, gestohlen worden.

II. Was nun

A. den Unfall vom 5. September 1885 anlangt, so nimmt das Seeamt an, daß der Brand der Kohlenladung durch Selbstentzündung entstanden ist. Denn dafür, daß derselbe von Jemandem der Besatzung vorsätzlich oder durch Fahrlässigkeit erregt worden sei, liegt keinerlei Anhalt vor, auch konnte an den unter der Großluke befindlichen Heerd des Feuers während der Reise Niemand gelangen. Worauf die Selbstentzündung zurückzuführen ist, ob auf eine Gasentwicklung oder darauf, daß die Kohlen sich infolge von Näße erhitzt haben, hat mit einiger Sicherheit nicht festgestellt werden können. Für die letztere Annahme spricht indeß der Umstand, daß die Bark bei dem in dem durchsegelten Erdtheile herrschenden Ost-Passat meist nach Steuerbord übergelegen, und daß sich der Hauptheerd des Brandes an Steuerbordseite befunden hat.

Schiffer Allwardt hat erst am Morgen des 6. September dem Hafenmeister von dem Brande seiner Ladung Anzeige gemacht. Hätte er das gleich bei seinem Eintreffen im Hafen von Demarara gethan, so würden voraussichtlich gleich damals diejenigen energischen Vorkehrungen zum Löschen des Feuers getroffen sein, welche der Hafenmeister demnächst anordnete, und es würde wahrscheinlich der dem Schiffe und der Ladung zugefügte Schaden ein geringerer gewesen sein. Wenn aber der Schiffer zu seiner Entschuldigung behauptet hat, daß er die Ueberzeugung von dem wirklichen Vorhandensein des Brandes erst in der Nacht zum 6. September gewonnen habe, so hat das Seeamt diese seine Behauptung für glaublich erachtet. Denn bei Kohlenladungen entwickelt sich, namentlich wenn die Temperatur längere Zeit eine höhere gewesen ist, erfahrungsmäßig öfter ein Qualm oder Dunst, und wenn Schiffer Allwardt bis zur Nacht vom 5. auf den 6. September irrthümlich annahm, daß der auf dem Deck wahrgenommene Dunst nur ein vorübergehender sei, so ist dieser Irrthum entschuldbar.

B. Die Strandung der Bark am 4. Januar 1886 auf der Barre von Chimlico war, wie keiner weiteren Ausführung bedarf, eine Folge

des Brechens beider Ankerketten, und letzteres ist auf die durch den sturmartig wehenden auflandigen Wind erzeugte starke Brandung zurückzuführen. Das Seeamt nimmt an, daß sich die Ankerketten in noch brauchbarem Stande befunden haben und daß dieselben insbesondere von ausreichender, der Größe des Schiffes entsprechenden Stärke gewesen sind. Denn bei der im Jahre 1883 stattgefundenen Revision durch den Experten des Büreau Veritas sind sie bis auf ein Ende von 30 Faden für tauglich befunden, und dieses Ende hat der Schiffer, wie er unwiderlegt behauptet, demnächst in der vorgeschriebenen Stärke von 1 3/8 Zoll angekauft. Die bloße Thatsache aber, daß die Ketten gebrochen sind, berechtigt noch nicht zu dem Schlusse, daß sie von ungenügender Stärke oder schlechter Beschaffenheit gewesen sind, da es nicht selten vorkommt, daß auch neue und verhältnißmäßig starke Ankerketten dem Ansturm der Seen nicht widerstehen können. Jedenfalls ist dem Schiffer im Hinblick auf die stattgehabte Revision zu glauben, daß er seine Ketten für gut und ausreichend widerstandsfähig gehalten hat.

Der Ankerplatz der Bark befand sich allerdings in ziemlicher Nähe der Küste, und als beim Umspringen des Windes nach Norden der zweite Anker geworfen wurde, kam dieselbe der Küste noch näher. Für die Wahl der Ankerstelle trifft jedoch den Schiffer, da ihm dieselbe vom Lootsen angewiesen wurde keine Verantwortung. Auch kommt hier in Betracht, daß, wie die Karte ausweist, das Wasser an der Nordküste von Honduras bis unweit der Küste eine Tiefe behält, welche das Ankern nicht gestattet. Eine Veränderung der Ankerstelle nach dem Umspringen des Windes, um die Bark in eine größere Entfernung von der Küste zu bringen, war aber nicht möglich, da man bei der starken Brandung keinen Anker ausbringen konnte und ein Dampfer zum Bugsiren der Bark nicht zu haben war.

Wenn nun bei beiden Unfällen nach deren Eintritt Alles geschehen ist, um die nachtheiligen Folgen derselben für das Schiff und die Ladung nach Möglichkeit abzumindern, so hat

Niemandem von der Besatzung ein Verschulden zur Last gelegt werden können.

34. Spruch des Seeamts zu Hamburg vom 2. Juni 1886 und Entscheidung des Kaiserlichen Ober-Seeamts vom 10. November 1886, betreffend den Seeunfall der Schoonerbrigg „Hermann" von Hamburg.

Der Spruch des Seeamts lautet:

Die am 14. November 1885 bei Cap Grisnez an der französischen Küste im Kanal erfolgte Strandung der Schoonerbrigg „Hermann" ist in erster Linie dem zur Zeit der Strandung herrschenden Nebelwetter und einer dem Schiffe zu Theil gewordenen südlichen Stromversetzung zuzuschreiben, sowie höchstwahrscheinlich auch ferner den Umständen, daß man sich bei der letzten Peilung der englischen Küste in dem Abstande von South Foreland täuschte und die durchlaufene Distanz unterschätzte.

Die Strandung wäre bei größerer Aufmerksamkeit und durch den Gebrauch des Lothes vermieden worden.

Verdient auch das Verhalten des Schiffers Kruse und des Steuermanns Lehmann in mehrfacher Beziehung getadelt zu werden, so war dem ersteren jedoch die Befugniß zur Betreibung des Schiffergewerbes, letzterem diejenige des Steuermanngewerbes zu belassen.

Thatbestand. Die am Morgen des 14. November 1885 bei Cap Grisnez im Kanal auf den Strand gerathene und später zertrümmerte Schoonerbrigg „Hermann", Unterscheidungssignal LDBJ, Heimathshafen Hamburg, war im Jahre 1867 erbaut, zu 540,9 cbm gleich 190,93 britischen Register-Tons Netto-Raumgehalt vermessen, bei dem Büreau Veritas klassifizirt mit der Klasse + 3/3 A. 1. 1. und stand im Eigenthum einer Partenrhederei zu Hamburg, deren Korrespondentrheder Matthias Heinrich Schlichting war. Das Casco des Schiffes war zu 25000 M. taxirt und hierauf 20000 M. versichert. Den Rest des Werthes lief die Rhederei selbst. Das Schiff stand seit

1884 unter Führung des Schiffers Heinrich Kruse aus Sonnendeich und war dies dessen zweite Reise nach der Ostküste Südamerikas. Bestimmt war der „Hermann" auf dieser Reise nach Santos mit Stückgütern. Schiffer Kruse besitzt ein in Hamburg ausgestelltes Befähigungszeugniß zum Schiffer auf großer Fahrt vom 31. Oktober 1871. Der für diese Reise als Steuermann angemusterte Ernst Richard Lehmann besaß die Berechtigung zum Steuermann auf großer Fahrt, ausgestellt in Schleswig den 20. Juni 1885, und war dies dessen erste Reise als Steuermann. Einschließlich jener beiden bestand die Besatzung aus 8 Mann. Außer dem Matrosen Hallberg, welcher im 40. Lebensjahre stand, hatte die übrige Mannschaft das jugendliche Alter von 19, 18, 16, 15 und 14 Jahren.

Die hier in Betracht kommende Reise wurde am 5. November 1885 von Hamburg aus angetreten und am 9. November Nachmittags 4 Uhr das äußerste Elbfeuerschiff passirt. Die Reise durch die Nordsee wurde zunächst mit östlichen Winden fortgesetzt, später traf man westliche Winde, die in der Nähe des Kanals südlich liefen und theilweise völlig einschliefen. Die Luft war dick und bezogen. Am 13. November peilte man 4 Uhr Nachmittags East Goodwin-Feuerschiff in N½O per Compaß in 4 Seemeilen Abstand, 8 Uhr Abends wurde South Foreland in WNW und East Goodwin in NNO gepeilt. Man kreuzte zu jener Zeit gegen SWWind. Die leichten Segel, Außenklüver, Bramstagsegel und Ober-Bramsegel wurden festgemacht. Um Mitternacht wurde bei South Foreland südwärts gewendet und peilte man jenes Feuer NNO in 5 Seemeilen Abstand. Die Luft war bedeckt, der Wind WSW, doch war es feuersichtig. Um 12 Uhr trat der Steuermann die Wache an und erhielt die Ordre, am Winde weiter zu steuern und den Schiffer um 2 Uhr zu wecken. Der Curs, den das Schiff anlag, war zunächst Süd und sind nach der Schätzung des Steuermanns in dieser Richtung 5 Seemeilen gemacht. Später ging der Wind südlicher und lag das Schiff dann SSO an. In dieser Richtung will Steuermann Lehmann noch 3 Seemeilen gesegelt sein. Der Wind war flau; gegen 1 Uhr ist geloggt worden und lief das Schiff damals 2½ bis 2¾ Knoten Fahrt. Zwischen 1 Uhr 30 Minuten und 2 Uhr wurde es dick von Nebel. Dem erhaltenen Befehl gemäß weckte der Steuermann den Schiffer um 2 Uhr, theilte ihm mit, daß die Briese sehr flau sei, die Luft dick von Nebel wäre und daß das Schiff seit seinem Vondeckgehen höchstens 5 Seemeilen gemacht habe. Auf Grund dieser Mittheilung erhielt der Steuermann Befehl, um nicht zu viel Fahrt zu machen, das Gaffeltopsegel einzunehmen und dicht am Winde zu liegen. Der Steuermann überzeugte sich noch, daß der auf Ausguck befindliche Zimmermann Kubitz, welcher seine erste Seereise machte, wachsam sei, und blieb dann bei demselben Curse. Um 2 Uhr kam der Koch Möller an das Ruder und wurde das Steuern auch ferner von dem Steuermann controlirt. Von dem Loth ist während der Steuermanns-wache kein Gebrauch gemacht worden. Man passirte dann ein Fischerfahrzeug, dem man seitens des „Hermann" auszuweichen hatte. Bald nach 2 Uhr wurde es völlig dick von Nebel, so daß man kaum eine Schiffslänge weit sehen konnte. Um 2 Uhr 20 Minuten stieß das Schiff dann plötzlich auf Grund und gewahrte man hohe Felsen vor sich. Erst einige Zeit nach der Strandung bemerkte man einen hellen Schein in der Nähe, welcher von einem Landfeuer herzurühren schien. Als es dann wieder mehr aufklarte, erkannte man Grisnez-Feuer. Inzwischen waren die Raaen backgebraßt worden, um zu versuchen, mit Hülfe der Segel abzukommen, doch blieb dies ohne Erfolg. Alsdann wurde ein Boot ausgesetzt und mit demselben ein Warpanker mit 120 Faden Trosse ausgebracht. Man hievte die Trosse steif, doch rührte sich das Schiff nicht. Anscheinend war man gerade zur Zeit des Hochwassers aufgelaufen und fiel das Wasser bald. Das Schiff saß auf steinigem Grunde und lief bei der Ebbe ganz trocken. Sobald man mit dem Lande verkehren konnte, gingen der Schiffer und der Steuermann, welcher letztere etwas französisch spricht, an Land, trafen dort anscheinend einen Grenzwächter und ersuchten ihn, wegen Hülfeleistung an den nächsten deutschen Konsul zu telegraphiren. Nach Aussage von Kruse und Lehmann ist jener Grenzwächter auch sofort zum Feuerthurm hinaufgestiegen, um dies auszuführen, wenigstens ist er nicht wieder zurückgekommen. In einer durch das Seeamt veranlaßten näheren Feststellung dieser Vorfälle, welche indeß erst 4 Monate nach jenem Unfall erfolgen konnte, erklärt ein gewisser François Bigeault, Seewächter zu Andressellës, daß ihm von einem Zollwächter die erfolgte Strandung des „Hermann" mitgetheilt sei. Er habe sich sofort an Ort und Stelle begeben und dem Schiffer und Steuermann gerathen, einen Schleppdampfer von Boulogne kommen zu lassen, um das Schiff abzubringen. Der Steuermann, welcher ein wenig französisch gesprochen, habe ihm indeß zu verstehen gegeben, daß sein Schiffer die Absicht habe, sich ganz allein aus der Lage zu ziehen. Dreimal habe er ihn von diesem Entschluß vergeblich abzubringen versucht. Dies bestreiten indeß Kruse sowohl wie Lehmann auf das Entschiedenste und führen an, daß sie im

Gegentheil um Hülfe gebeten hätten und nur deshalb nicht selbst nach der nächsten Telegraphenstation gegangen seien, weil sie nicht genügend der französischen Sprache mächtig gewesen und überdies die Mannschaft dann sich selbst überlassen gewesen sei. Schiffer und Steuermann sind hierauf an Bord des „Hermann" zurückgekehrt. Zwischen 12 und 1 Uhr Mittags sah man auch zwei Schleppdampfer sich nähern, von welchen einer zunächst bis in Rufweite dampfte und dem dann vom Steuermann zugerufen wurde, sie möchten den Versuch machen, das Schiff abzuschleppen. Vom Schlepper aus wurde angefragt, ob das Schiff noch dicht sei. Hierauf dampften dieselben weiter und blieben in einer guten Kabellänge Entfernung liegen. Bald darauf verließen die Leute in dem längsseits liegenden Schiffsboot den „Hermann", ruderten nach einem der Schlepper und gingen dort an Bord, während der Schiffer und der Steuermann zunächst auf dem Schiff zurückblieben. Das fortgesetzte heftige Stoßen des Schiffes auf den felsigen Boden ließ den Steuermann fürchten, daß die Masten von oben kommen würden, und ohne weiter mit dem Schiffer Rücksprache genommen zu haben, sprang derselbe mit den Worten: „Kapitän, jetzt geh' ich an Land" über Bord und schwamm dem Ufer zu. In fast vollständig erschöpftem Zustande wurde derselbe von den Strandbewohnern aus dem Wasser geholt.

Nach der Darstellung des Schiffers Kruse kamen dann bald nachher drei Mann der Besatzung des Schleppdampfers in dem Boot des „Hermann", mit welchem die Schiffsmannschaft an Bord des Schleppers gefahren war, bis auf etwa 7 Faden Entfernung heran und fragten in englischer Sprache, ob der Schiffer das Schiff verlassen wolle. Kruse, welcher gänzlich heiser war, lehnte dies durch Zeichen ab, suchte den Insassen jenes Bootes indeß durch Hinhalten der Großschote begreiflich zu machen, daß er abgeschleppt zu werden wünsche. Hierzu wurden indeß keine weiteren Anstalten getroffen und dampften die Schleppdampfer einige Zeit nachher mit der Mannschaft nach Boulogne zurück. Bis Abends 7 Uhr blieb das Schiff noch dicht, später fand Schiffer Kruse Wasser bei den Pumpen. Der Wind wurde Abends östlich, infolge dessen auch der Seegang zunahm und das Schiff wieder schwer zu stoßen anfing. Die über Deck rollenden Seen nöthigten den Schiffer, sich in das Fockwant zu flüchten und sich dort während der Nacht festzubinden. Am Morgen war das Schiff vollständig wrack, das Wasser lief mit der Tide ein und aus, auf Steuerbord war die Verschanzung weggeschlagen, auch war die Decklast verloren. Da Kruse einsah, daß das Schiff nicht mehr zu retten war, stellte er mittelst eines nach dem Lande ausgebrachten Taues eine Verbindung mit dem Ufer her und gelangte auf diese Weise an das Land.

Mit Hülfe der Strandbewohner wurde bis zum 26. November der größte Theil der Ladung unter mancherlei Schwierigkeiten in beschädigtem Zustande geborgen; in der Nacht vom 26. auf den 27. November trat dann ein heftiger Sturm ein, in welchem der „Hermann" vollständig zertrümmerte.

Nach der zu den Akten gelangten Darstellung der Führer der beiden französischen Schlepper, des „Faidherbe" und des „Ajax", sind zunächst der Rheder des „Faidherbe", Pichon, und zwei Mann der Besatzung zu dem „Hermann" hingefahren, und will ersterer den Schiffer und den Steuermann aufgefordert haben, die Hülfe des Dampfers anzunehmen, um den „Hermann" abzuschleppen. Dies Anerbieten sei indeß abgelehnt, und da Pichon wahrzunehmen glaubte, daß Schiffer Kruse sich in einem offenbar trunkenen Zustande befand, habe er geglaubt, daß es besser wäre, wenn derselbe an Bord des „Faidherbe" käme, und habe er in diesem Sinne Vorschläge gemacht. Allein Schiffer Kruse habe sich geweigert, von Bord zu gehen, und sei er, Pichon, infolge dessen, ohne zu einer Verständigung gelangt zu sein, wieder an Bord des „Faidherbe" zurückgekehrt; während dieser Zeit habe man den Steuermann des „Hermann" sich in das Wasser stürzen und an das Land schwimmen sehen. Dem „Faidherbe" sei inzwischen der Schlepper „Ajax" aus Boulogne nachgekommen und habe sich neben demselben vor Anker gelegt. Schiffer Hesdin vom „Ajax" habe die früheren Versuche bei dem deutschen Schiffe erneuert, sei in einem stärkeren Boote mit 4 Mann der Besatzungen beider Schlepper und Rheder Pichon zum „Hermann" hingefahren, man habe auch starke Trossen zum Abschleppen im Boot gehabt, allein von Schiffer Kruse sei nichts zu erreichen gewesen. Derselbe habe Geberden gemacht, aus denen zu entnehmen gewesen, daß er ihnen verbiete, noch ferner an den „Hermann" heranzukommen. Schließlich habe man den „Hermann" seinem Schicksal überlassen müssen. Hätten jene Führer der Schlepper es weniger gewissenhaft mit ihren Pflichten genommen und hätten Gewalt angewandt, so wäre es ein Leichtes gewesen, das Schiff gegen den Willen des Schiffers Kruse von dem Strande abzubringen. Die nach Boulogne beförderte Mannschaft des „Hermann" soll an Bord des „Faidherbe" erzählt haben, daß Schiffer Kruse sie mißhandelt und seit seiner Abfahrt von Hamburg nicht aufgehört habe, sich zu betrinken.

Eine ähnliche Erklärung soll nach Aussage der Führer der Schlepper vor dem deutschen Konsul zu Boulogne abgegeben sein. Diesen Aussagen tritt Schiffer Kruse und auch Steuermann Lehmann energisch entgegen und behauptet besonders letzterer, daß, so lange er an Bord des „Hermann" gewesen, kein Boot des Schleppers herangekommen sei, trotz seines Winkens ihn abzuholen. Gerade infolge des Ausbleibens der Hülfe sei er schließlich über Bord gesprungen. Schiffer Kruse bestätigt diese Angaben und erklärt die Behauptung, daß die Mannschaft der Schlepper zweimal herangekommen sei, für entschieden unwahr. Nur einmal seien drei Personen in dem Schiffsboot des „Hermann" herangekommen und hätten diese keine Trossen bei sich gehabt. In Boulogne habe man sogar später das Gerücht verbreitet, er, Kruse, habe mit einem Revolver gedroht, während er nur ein Tauende hingehalten habe, um jenen Leuten begreiflich zu machen, daß er abgeschleppt sein wolle. Die Beiboote der Schlepper hätten auf Deck gelegen und seien nicht zu Wasser gebracht worden.

Nach Aussage der Mannschaft des „Herrmann" ist von einem der Schlepper die mit dem Warpanker ausgebrachte Trosse gefischt; nachdem dieselbe aber gerissen, sind weitere Versuche, das Schiff abzubringen, nicht gemacht worden.

Bezüglich der angeblich beobachteten Trunkenheit des Kruse enthalten die angeführten, aus Frankreich eingegangenen Zeugenprotokolle die Angabe, daß man auch am Lande aus den von dem Schiffer Kruse gemachten Gesten angenommen habe, derselbe sei betrunken gewesen.

Dem gegenüber bestreitet dies die Mannschaft des „Hermann" ebenso entschieden und will keiner der Zeugen weder zur Zeit der Strandung noch während der Reise von Trunkenheit bei Schiffer Kruse das Geringste bemerkt haben. In der Verhandlung vor dem Seeamt sind in dieser Richtung verschiedene Leumundszeugen vernommen und erklären auch diese sämmtlich, daß sie bei dem Schiffer Kruse, auf den mit ihm gemachten Reisen, nie eine Neigung zum Trinken wahrgenommen hätten.

Aus den Verhandlungen haben sich noch über das Verlassen des Schiffes seitens der Mannschaft folgende nähere Umstände ergeben:

Nachdem es am Morgen des Strandungstages nicht gelungen war, das Schiff mittelst des Warpankers abzuhieven, begann die Mannschaft ihre Sachen zu packen, um das Schiff zu verlassen.

Schiffer Kruse will dann die Leute zur Rede gestellt haben, da zu jener Zeit durchaus keine Gefahr für Schiff und Menschen vorhanden war. Darüber, ob überall der Mannschaft am Nachmittage, als das Schiff wieder auf die Felsen zu stoßen anfing, die Erlaubniß zum Verlassen desselben ertheilt sei, gehen die Aussagen auseinander. Der Schiffer behauptet, daß er die Erlaubniß nicht ertheilt, daß er auch überall nicht einmal das Vonbordgehen bemerkt habe. Er sei zu jener Zeit in der Kajüte gewesen und als er zufällig aus derselben herausgekommen wäre, habe er gesehen, daß die Leute schon im Boot gewesen und der Steuermann ihnen noch Korkjacken nachgeworfen habe. Steuermann Lehmann will gleichfalls das Verlassen des Schiffes seitens der Mannschaft erst bemerkt haben, als dieselbe bereits im Boot war, er habe derselben des herrschenden Seeganges wegen Korkjacken zugeworfen, sie hätten es indeß mit dem Verlassen des Schiffes so eilig gehabt, daß sie nicht einmal eine in das Wasser gefallene Korkjacke mitgenommen hätten. Zurückgerufen habe er sie freilich nicht. Im Widerspruch hierzu geben verschiedene Leute an, daß sie aus den Aeußerungen des Schiffers hätten annehmen müssen, es sei ihnen gestattet von Bord zu gehen. Matrose Hallberg will von dem Schiffer den Bescheid erhalten haben, daß, wenn das Schiff am Nachmittag nicht flott werde, dasselbe verlassen werden sollte. Als dann die übrige Mannschaft am Nachmittag sich zum Verlassen anschickte, sei er mitgegangen. Der Koch Möller ist von Bord gegangen, weil die übrigen Leute gingen. Schiffsjunge Später will ausdrücklich gehört haben, daß die Mannschaft das Schiff verlassen könne. Die Leute haben ihre Effecten nicht mitgenommen, sondern dieselben erst am nächsten Tage vom Schiffe geholt.

In der Verhandlung vor dem Seeamt haben Schiffer Kruse und Steuermann Lehmann das Stranden des „Hermann" auf eine an jener Stelle des Kanals sehr stark südlich setzende Strömung, die ihnen unbekannt gewesen, und auf den Nebel zurückzuführen gesucht. Ueber das Vorhandensein solcher südlichen Strömung bei Cap Grisnez ist von der Kaiserlichen Seewarte ein Gutachten eingezogen worden, welches unter Hinweis auf die vom Hydrographischen Amt der Kaiserlichen Admiralität herausgegebenen Gezeitentafeln ausführt, daß der Strom in der Straße von Dover während der Zeit von Niedrigwasser bis etwa 2 Stunden vor Hochwasser bei Dover ziemlich stark nach der französischen Küste hinübersetze. Es habe dies seine Ursache in dem Zusammentreffen der beiden Fluthströmungen, von denen die eine von Westen her durch den Kanal aus dem Atlantischen Ocean, die andere von Nordosten um Schottland und durch die Nordsee kommt. Zur Zeit von Niedrigwasser bei Dover liege die Linie, wo der südwestliche Strom aus der Nordsee und der östliche Strom durch den Kanal zusammentreffen, etwa in der Länge von Beachy Head. In der Folge bewege sie sich mit vordringendem Oststrom und zurückweichendem Südweststrom allmählig ostwärts, bis sie gegen die Zeit von Hochwasser bei Dover die Höhe von North Foreland erreiche. In dem Striche zwischen South Foreland und Cap Grisnez und in der Umgebung des letzteren Punktes setze jenen Verhältnissen entsprechend der Strom in der ersten Zeit der Fluth vorwiegend nach SW bis SzW, später aber nach SO bis Ost. Am 14. November sei nun Morgens um 3 Uhr 20 Minuten bei Dover Hochwasser gewesen. Der Schlag nach Süden, welcher das Schiff auf die französische Küste führte, sei also in die Zeit des wachsenden Wassers bei Dover gefallen. Nach Ansicht der Seewarte ist es daher wahrscheinlich, daß der „Hermann" während dieser Zeit unter dem Einfluß einer südlich setzenden Strömung bis etwa 1 Uhr nach SW bis SSW, später nach SO bis Ost gestanden hat.

Der Reichscommissar führt die Strandung auf eine fehlerhafte und nachlässige Navigirung des Schiffes zurück und ist der Ansicht, daß ernstliche Versuche zum Abbringen des Schiffes nicht gemacht worden seien. Dem Schiffer fehle es an Muth, Willenskraft und Entschlossenheit. In gleicher Weise habe sich Steuermann Lehmann seiner Aufgabe nicht gewachsen gezeigt; anstatt dem Schiffer eine Stütze zu sein, habe er denselben verlassen. Gegen beide wurden Anträge auf Entziehung der Befugniß zur ferneren Betreibung des Schiffer- bezw. des Steuermanngewerbes gestellt.

Gründe. Bei Prüfung des mitgetheilten Sachverhalts sieht das Seeamt sich veranlaßt, Folgendes hervorzuheben:

Vom Standpunkt des „Hermann" um 12 Uhr Nachts in Sicht von South Foreland-Feuer bis zur Strandungsstelle bei Cap Grisnez beträgt die Entfernung nach den gesteuerten Cursen 14 Seemeilen, welche das Schiff in 2 Stunden 20 Minuten zurückgelegt haben muß, während nach dem Journal die geloggte Distanz 8 Seemeilen beträgt. Das Schiff würde sonach eine Versetzung von 6 Seemeilen in süd- und südöstlicher Richtung erlitten haben. Ob nun die Versetzung allein auf die nach dem Gutachten der Seewarte unzweifelhaft eingewirkt habende Strömung zurückzuführen ist, läßt sich mit völliger Sicherheit nicht aussprechen, da über die Geschwindigkeit der zu jener Zeit laufenden Strömung Feststellungen nicht vorliegen. Eine Einwirkung von 6 Seemeilen in der beregten Zeit erscheint indeß reichlich groß und will es daher dem Seeamt nicht unwahrscheinlich erscheinen, daß das Schiff schon zur Zeit der Wendung weiter in den Kanal hinein gestanden hat, als angenommen worden ist. Hierfür spricht einmal, daß bei der außerordentlich großen Lichtstärke, welche das elektrische Feuer von South Foreland besitzt, namentlich bei dunstiger, bedeckter Luft, wie solche in der fraglichen Nacht dort herrschte, eine Täuschung in dem Abstand vom Lande gar wohl möglich ist und ferner, daß das Schiff auf der letzten Wache lediglich nach Landfeuern gesteuert wurde, deren Entfernung durch Kreuzpeilungen nicht festgestellt worden ist. Kommt dann ferner noch hinzu, daß bei dem unbeständigen Winde die geloggte Distanz nicht ganz der gelaufenen Fahrt entsprechen dürfte, sondern diese vermuthlich zeitweilig größer gewesen ist, so erklärt es sich, wie der „Hermann" in der kurzen Zeit bis zur Strandungsstelle gelangt ist.

Haben einmal diese Faktoren direkt zur Herbeiführung der Strandung mitgewirkt, so hat andererseits wiederum der eingetretene Nebel die Navigirung des Schiffes dadurch sehr erschwert, daß man die Annäherung an die französiche Küste nicht ohne Weiteres wahrnehmen konnte, was bei hellerem Wetter unzweifelhaft geschehen wäre.

Unter Berücksichtigung dieser Gesichtspunkte ist auch die Navigirung des Schiffes an dem fraglichen Abend zu beurtheilen und es fragt sich nun, in wie weit den Schiffer und den Steuermann ein Verschulden trifft, die ihnen zu Gebote stehenden Mittel zur genauen Feststellung ihrer Lage außer Acht gelassen zu haben.

Der Reichscommissar hat es dem Schiffer als schweres Verschulden angerechnet, daß derselbe auf jene südliche Strömung überall nicht Bedacht genommen und dieselbe nicht genügend in Rechnung gezogen habe. Das Seeamt ist nicht der Ansicht, daß gerade in diesem Punkt denselben ein so schwer wiegender Vorwurf trifft, denn wenn auch dem Schiffer vor seiner Abfahrt von Hamburg Gelegenheit genug geboten war, sich über die Strömungen im Kanal zu orientiren und das Unterlassen solcher Orientirung immerhin zu rügen ist, so darf andrerseits das Vorhandensein solcher südlich setzenden Strömung doch nicht als eine jedem Schiffer unbedingt bekannte Thatsache vorausgesetzt werden, haben doch die hierüber in Frankreich eingezogenen Erkundigungen ergeben, daß selbst dem Hafenmeister von Boulogne solche auf Cap Grisnez führende Strömungen unbekannt waren. Auch die bezüglichen Seekarten, von denen Schiffer Kruse eine englische Kanalkarte vom Jahre 1881 benutzte, enthalten lediglich die Angaben über die in nordöstlicher bezw. südwestlicher Richtung setzenden Gezeitenströmungen.

Nicht gut verständlich ist indeß das Fortliegen auf dem südlichen Curse gegenüber der bekundeten Absicht des Schiffers, zwischen dem Varne-Feuerschiff und der englischen Küste durchgehen zu wollen.

Hätte der Schiffer wirklich diese Absicht gehabt, so durfte er das Schiff nicht bis 2 Uhr südlich anliegen lassen, da er dann unzweifelhaft Varne passirt haben mußte. Es scheint indeß, daß Schiffer Kruse sich hierüber zunächst selbst nicht recht klar gewesen ist, da er weder selbst einmal nach Varne-Feuerschiff, durch welches er seine Position hätte kontroliren können, ausschaute, noch seinen Steuermann für seine Wache hierauf aufmerksam machte. Ob er dasselbe indeß auf seinem Curs überall an dem fraglichen Abend zu Gesicht bekommen hätte, kann fraglich erscheinen, da jenes Licht bei nicht völlig klarer Luft seiner dunkelrothen Farbe wegen schwer auf 7 bis 8 Seemeilen Entfernung — und so weit lag der gesteuerte Curs noch von jenem Licht entfernt — auszumachen ist. Immerhin war der verfolgte Curs kein vorsichtig gewählter, da er sich den Varne-Untiefen reichlich näherte, wenngleich eine Gefahr des Auflaufens auf dieselben bei dem südwestlichen Winde und der entgegenstehenden Tide nicht gerade bestand.

Daß Schiffer Kruse später, als ihm der Eintritt des Nebels gemeldet wurde, sich entschloß, mitten im Kanal zu bleiben, war nicht unrichtig, da er unter der englischen Küste weit mehr in den gefährlichen Bereich der durch den Kanal passirenden Dampfer gerathen sein würde.

Sehr scharfen Tadel verdient es indeß, daß unter solchen Umständen weder von dem Steuermann gelothet, noch hierzu von dem Schiffer Auftrag ertheilt worden ist. Der Gebrauch des Lothes hätte denselben vollkommen über seine Lage orientirt, denn er segelte seinen gesteuerten Cursen nach vom flachen Wasser in tieferes und von letzterem wieder in flaches Wasser. Die Annäherung an die französische Küste würde er schon auf 2½ Seemeilen durch Lothwurf haben bemerken können, denn die tiefe Fahrrinne verflacht sich dort schon bis auf 19 Faden.

Ingleichen ist es nicht zu billigen, daß Schiffer Kruse dem unerfahrenen Steuermann bei Nacht und Nebel in einem so schwierigen Fahrwasser die Führung des Schiffes vollständig allein überließ. Kruse führt zu seiner Entschuldigung freilich an, daß er durch die langen Wachen in der Nordsee überaus ermüdet gewesen sei und der Ruhe bedurft hätte. Bei Eintritt des Nebels hätte derselbe aber an Deck kommen müssen, und wenn auch nicht ohne Weiteres anzunehmen ist, daß hierdurch die Strandung vermieden wäre, so spricht doch die Wahrscheinlichkeit dafür, daß Kruse bei dem dichten Nebel Maßnahmen getroffen haben würde, um sich besser über die Position seines Schiffes zu vergewissern.

Bei der Begründung seiner Anträge hat der Reichscommissar auf die von den französischen Zeugen behauptete Trunkenheit des Schiffers Kruse weniger Gewicht gelegt. Auch das Seeamt sieht diese Behauptung durchaus nicht als erwiesen an, da einestheils die sämmtlichen französischen Zeugen sich stets in erheblicher Entfernung von Kruse befunden haben, von welcher aus sie mit Sicherheit derartige Wahrnehmungen zu machen nicht im Stande waren, andererseits dem gegenüber die Mannschaft des „Hermann" mit völliger Uebereinstimmung den ihrem Schiffer gemachten Vorwurf zurückweist. Auch der Umstand, daß das deutsche Konsulat zu Boulogne keine Veranlassung genommen hat, hierüber Erhebungen anzustellen, spricht gegen die Begründung einer derartigen Annahme, denn bei einem wirklich begründeten Verdacht in dieser Hinsicht wäre ein Vorgehen gegen den Schiffer dort sicherlich nicht unterblieben. Daß bei dem Schiffer Kruse der Hang zum Trinken überall nicht vorhanden, ist durch die Aussagen der Leumundszeugen hinreichend erwiesen. Die begreifliche Aufregung des Schiffers und die für ihn bei seiner Heiserkeit und seiner Unkenntniß der französischen Sprache sich ergebende Nothwendigkeit, durch Geberden sich verständlich machen zu müssen, mag bei der leicht erregbaren Phantasie jener Bevölkerung den Glauben erweckt haben, Kruse sei betrunken. Irgend positive Anhalte hierfür hat das Seeamt aus dem vorliegenden Beweismaterial nicht zu entnehmen vermocht.

Auch bezüglich der nach der Strandung getroffenen Maßnahmen zur Abbringung des Schiffes hat das Seeamt nicht die Ueberzeugung zu gewinnen vermocht, daß die Vereitlung derselben lediglich dem Schiffer zur Last zu legen sei.

Zwar trifft ihn in erster Linie die Schuld, daß die Disciplin an Bord des „Hermann" eine so lockere war, daß es jenen, kaum dem Knabenalter entwachsenen Leuten gelingen konnte, sich eigenmächtig von Bord zu entfernen. Nachdem aber einmal die Leute fort waren und auch der Steuermann über Bord gesprungen, war dem Schiffer jede Möglichkeit benommen, sich mit der Mannschaft des französischen Schleppers in Verbindung zu setzen. Jenes Mißverständniß, welches auf Seiten der Franzosen herrschte, daß es dem Schiffer Kruse nicht ernst sei, das Schiff abzubringen und welches zu der Annahme seiner Trunkenheit führte, hat ganz wesentlich mit jene Bergung vereitelt. Das Seeamt kann trotz der theilweise gerade entgegenstehenden Aussagen der französischen Zeugen auch nicht umhin, den Aussagen des Schiffers über das nur einmal erfolgte Anerbieten der Hülfe seitens der Dampfer Glauben zu schenken, da in der That kein Grund erfindlich ist, weshalb der Schiffer nicht wünschen sollte, das damals nur wenig beschädigte Schiff abgebracht zu sehen. Bedenkt man überdies, daß die Depositionen der französischen Zeugen erst monatelang nach dem Unfall gemacht sind, so ist es begreiflich, daß die Einzelheiten nicht mit allzustrengem Maaßstab gemessen werden können. Ueberdies läßt sich das angeblich behauptete zweimalige Anbieten von Hülfe dadurch erklären, daß zunächst der Rheder Pichon sich, wie feststeht, dem „Hermann" in Rufweite genähert und den Schiffer Kruse zum Verlassen des Schiffes aufgefordert hat, während der angebliche zweite Versuch in dem Auffischen der Warpankertrosse bestanden haben mag, nach deren Brechen eben weitere Versuche der bestehenden Mißverständnisse wegen unterblieben sind. Vielleicht ist auch der vom Schiffer Kruse ausgesprochenen Vermuthung Raum zu geben, daß jene Schleppdampfer, als Kruse sich weigerte sein Schiff zu verlassen, die Bergung, weil sie nicht von dem Schiffe Besitz ergreifen konnten, als nicht lohnend genug betrachteten und deshalb schließlich wieder umkehrten. Daß jene Schiffe nicht behördlicherseits angewiesen worden, Hülfe zu leisten, wird durch das Schreiben des französischen Marinekommissars Malmanche erwiesen.

Es kann auch dahin gestellt bleiben, ob jene Schiffe etwa von dem deutschen Konsul in Boulogne gesandt oder ob dieselben aus eigenem Antrieb lediglich auf die sich über die Strandung verbreitet habende Nachricht hingekommen sind. Hätten jene Dampfer ihrerseits nur Alles aufgeboten, Hülfe zu leisten, so glaubt auch das Seeamt, daß die Bergung gelungen wäre.

Daß man von Seiten des „Hermann" ohne Weiteres in dem Glauben sich befunden hat, daß jene Dampfer von dem deutschen Konsul gesandt seien, hatte nach dem Vorgefallenen seine volle Berechtigung.

Tadelnd hervorgehoben zu werden verdient noch die Zusammensetzung einer so jugendlichen und infolge dessen so schwachen Besatzung, wenngleich die Strandung und die Erfolglosigkeit der Bergung des Schiffes nicht gerade diesem Umstande zuzuschreiben ist. Auch eine stärkere Besatzung würde ohne fremde Hülfe das Schiff nicht abgebracht haben.

Im entscheidenden Augenblick waren aber jene jungen, unerfahrenen Leute der Situation nicht gewachsen. Es erscheint auch glaublich, daß Schiffer Kruse dies selbst später eingesehen und von einer Beschwerde bei dem deutschen Konsul in Boulogne Abstand genommen hat. Daß die Mannschaft aber mit ausdrücklicher Erlaubniß des Schiffers das Schiff verlassen, kann nicht als erwiesen angesehen werden, wie schon der Umstand ergiebt, daß jene Leute ihre Effecten zurückgelassen haben, wozu im anderen Falle keine Veranlassung gewesen wäre.

Ist nach den vorstehenden Ausführungen das Verhalten des Schiffers auch in mehrfacher Beziehung ernstlich zu rügen, so war demselben doch die Befugniß zur Ausübung des Schiffergewerbes zu belassen, da der Verlust des Schiffes nicht allein auf die seitens des Schiffers gezeigte Nachlässigkeit, sondern gleichzeitig auch auf elementare Einwirkungen und eine verhängnißvolle Verkettung von Umständen zurückzuführen ist.

Gelten diese Umstände aber dem Schiffer zur Entschuldigung, so waren sie auch dem Steuermann zu Gute zu rechnen, der namentlich bezüglich der Navigirung wesentlich den Instruktionen des Schiffers gefolgt ist. Freilich ist auch sein Verhalten nicht tadelfrei und trifft ihn besonders der Vorwurf nicht gelothet zu haben, wozu es einer ausdrücklichen Instruktion des Schiffers nicht erst bedurft hätte. Ferner ist auch sein Verhalten nach der Strandung zu rügen, wo er sich der Situation nicht gewachsen gezeigt hat. Ihm hätte es besonders obgelegen, zu verhindern, daß die Mannschaft das Schiff verließ, denn deren vorbedachte Absicht konnte ihm nicht verborgen sein. Zieht man mildernd in Betracht, daß es seine erste Reise als Steuermann war und daß er seit kaum acht Tagen diese Funktionen versah, so wird es gerechtfertigt erscheinen, unter besonderer Ermahnung an denselben, in Zukunft überlegter zu handeln, ihm das so kürzlich erst erworbene Befähigungszeugniß noch zu belassen.

Die Entscheidung des Ober-Seeamts lautet:

Auf die Beschwerde des Reichscommissars gegen den Spruch des Seeamts zu Hamburg vom 2. Juni 1886 hat das Kaiserliche Ober-Seeamt nach mündlicher Verhandlung der Sache entschieden,

„daß der Spruch des Seeamts zu Hamburg vom 2. Juni 1886 dahin abzuändern, daß dem Schiffer Kruse die Befugniß zur Ausübung des Schiffergewerbes und dem Steuermann Lehmann die Befugniß zur Ausübung des Steuermanngewerbes zu entziehen, die baaren Auslagen des Verfahrens aber außer Ansatz zu lassen."

Gründe. Das Seeamt hat den Grund der Strandung des „Hermann" in dem Nebelwetter, in einer südlichen Stromversetzung, sowie in einer möglicherweise ungenauen Schätzung des Abstandes von South Foreland zu der Zeit, als dieses Feuer zum letzten Male gepeilt worden ist, erkannt, das Verhalten des Schiffers und des Steuermanns zwar in mehrfacher Beziehung getadelt, auch anerkannt, daß die Strandung bei größerer Vorsicht und durch den Gebrauch des Lothes hätte vermieden werden können, jedoch entschieden, daß dem Schiffer und dem Steuermann die Befugniß zur Ausübung des Gewerbes zu belassen sei. Dagegen führt der Reichscommissar die Strandung auf grobe Versehen in der Navigirung und Pflichtverletzung des Schiffers und des Steuermanns als Wachthabenden zurück.

I. Der Beschwerde ist darin beizutreten, daß Schiffer Kruse sich unverzeihlicher Pflichtvergessenheit schuldig gemacht hat, indem er die Führung des Schiffes in dem von ihm selbst als „schwierigstes Fahrwasser" bezeichneten englischen Kanal seinem noch unerprobten und ganz unerfahrenen Steuermann — derselbe machte seine erste Reise als Steuermann — überließ, ohne ihm für den Eintritt wahrscheinlicher Eventualitäten, von welchen Nebel als eine im Kanal gewöhnliche Erscheinung in erster Linie anzuführen gewesen wäre, oder sonst geeignete Verhaltungsmaßregeln zu ertheilen, namentlich demselben den Gebrauch des Lothes, als sicheren Führers bei Nebel im Kanal, ferner häufige Fahrtbestimmung durch das Logg, sowie gewissenhafte Ortsbestimmung durch Peilen der in Sicht befindlichen Feuer zur Ermittelung der Stromesrichtung und Stärke vorzuschreiben.

Als in gleichem Maße leichtsinnig muß es bezeichnet werden, daß der Schiffer dem Steuermann in diesem schwierigsten Theile des Kanals die Wache übergab, ohne vorher den Ort des Schiffes genau durch eine Kreuzpeilung oder sonst auch nur annähernd festgestellt zu haben, wie denn überhaupt bezüglich der Ortsbestimmung die Navigirung auch schon vorher eine sehr mangelhafte gewesen ist, da ausweislich des Schiffsjournals nur ein einziges Mal, und zwar Abends 8 Uhr, der Schiffsort durch eine Kreuzpeilung festgestellt worden ist, obgleich man nach Peilungen steuerte. Die Möglichkeit einer Strombeeinflussung hat der Schiffer überhaupt nicht in Betracht gezogen; ja derselbe hat sich nicht einmal über die derzeitige Gezeitenströmung unterrichtet, obschon er einen Kalender und Gezeitentafeln an Bord hatte. Ebenso ist die an Bord befindlich gewesene Segelanweisung für den Kanal gänzlich unberücksichtigt geblieben, in welcher für den derzeitigen Schiffsort des „Hermann" ein stark nach Süd auf die französische Küste setzender Strom verzeichnet ist, der besonders stark zwischen den Ridges und Cap Griznez und während der letzten beiden Stunden der Fluth mit 4 Seemeilen Geschwindigkeit unter gewöhnlichen Verhältnissen aufzutreten pflegt. Diese Versäumniß des Schiffers ist für den „Hermann" verhängnißvoll geworden.

Unverantwortlich hat der Schiffer weiterhin insofern gehandelt, als er bei der von ihm angeordneten und durch den Steuermann um 2 Uhr Nachts erstatteten Meldung, daß seit 12 Uhr eine Distance von 5 Seemeilen abgelaufen, weder aufgestanden ist, noch die Karte eingesehen, ja nicht einmal nach dem gesteuerten Curse gefragt hat, obgleich er den letzteren nicht mit Bestimmtheit wissen konnte, da er nur befohlen hatte, beim Winde zu segeln und dieser bereits auf seiner Wache umspringend und unbeständig gewesen war. Anderenfalls hätte er die Gefahr, der er entgegenlief, sofort erkennen müssen und dann sein Schiff sicher über den anderen Bug gelegt, über welchen man bei dem Süd-West Winde beinahe Curs in den Kanal hätte hineinlegen können. Es ist überhaupt schwer verständlich, was den Schiffer veranlaßt haben mag, entgegen dem Herkommen und den Angaben der Segelanweisung, so weit von der englischen Küste sich zu entfernen, deren vorzügliche Befeuerung und Betonnung eine möglichst genaue Ortsbestimmung gestattete, und an welcher die Stromverhältnisse genau bekannt und viel beständiger sind, als in der Mitte des Kanals oder näher der französischen Küste. Seine Entschuldigung, daß er des dicken Wetters halber und um Zusammenstöße zu vermeiden, die Mitte des Kanals habe halten wollen, kann als zutreffend nicht anerkannt werden; denn unter der englischen Küste hätte es seinerseits keiner erhöhten Anstrengung und Aufmerksamkeit bedurft, da alle aus dem Kanal in die Nordsee segelnden oder dampfenden Schiffe, weil diese mit raumem Winde fuhren, seinem beim Winde liegenden Schiffe hätten ausweichen müssen.

Was das Verhalten des Schiffers nach der Strandung anbelangt, so muß dasselbe als eines deutschen Schiffers unwürdig bezeichnet werden. Kruse hätte sich nicht damit begnügen dürfen, durch Backbrassen der Segel und Ausfahren eines Warpankers den Versuch zu machen, sein Schiff los zu bringen, sondern an letzterem auch so lange hieven müssen, bis entweder die Trosse brach, oder der Anker durch den Grund geholt wurde, umsomehr, als das Schiff in Anbetracht des flauen Windes den Grund nur eben berührt haben konnte. Daß

Schiffer Kruse außerdem nicht verstanden hat, Disziplin bei seiner meist kaum den Kinderjahren entwachsenen Mannschaft zu erhalten, beweist die Thatsache, daß die Mannschaft das Schiff eigenmächtig und zu einer Zeit verlassen hat, als solches noch in keiner Weise durch die Umstände geboten war. Sein Einwand, daß er die Entweichung nicht bemerkt habe, verdient umsoweniger Beachtung, als er erklärt hat, daß er auch im entgegengesetzten Falle die Entfernung seiner Leute nicht verhindert haben würde, weil Gefahr für deren Leben zu befürchten gewesen sei. Daß solche Gefahr nicht wirklich bestanden hat, beweist einmal die Thatsache, daß der „Hermann" erst 7 Stunden nach dem Weggange der Mannschaft überhaupt begonnen hat undicht zu werden und Wasser zu machen, sodann auch das Verbleiben des Schiffers selbst an Bord des „Hermann" noch während der ganzen folgenden Nacht.

Der Schiffer ist sich demnach seiner Aufgabe, das Haupt seiner Besatzung zu sein, welche nur nach seinen Befehlen zu handeln hatte, nicht bewußt gewesen, und hat wie in jenen anderen, so auch in dieser Beziehung bewiesen, daß es ihm an den für sein Gewerbe erforderlichen Berufseigenschaften mangelt. Es war ihm daher die Befugniß zur ferneren Ausübung des Schiffergewerbes zu entziehen, diejenige zur Ausübung des Steuermanngewerbes jedoch zu belassen.

II. Die Pflichtversäumniß des Steuermanns Lehmann, welche sich in dem Unterlassen des Lothens, auch der Abgabe von vorschriftsmäßigen Nebelsignalen während des Nebels, ferner in der unzureichenden Art, die Fahrt des Schiffes zu kontroliren, endlich in der mangelhaften Meldung an den Schiffer, als er denselben um 2 Uhr Nachts weckte, offenbart hat, läßt sich auf große Unerfahrenheit zurückführen, so daß, wenn es sich um diese Versäumnisse allein handelte, vielleicht eine scharfe Rüge und Mahnung eine genügende Ahndung gewesen sein würde. Es kommt aber hinzu, daß Steuermann Lehmann das eigenmächtige Weggehen der Besatzung nicht nur hat geschehen lassen, sondern durch Verabfolgung von Korkjacken sogar unterstützt hat, und daß er schließlich selbst eigenmächtig das Schiff verlassen und seinen Schiffer treulos im Stich gelassen hat. Hieraus geht überzeugend hervor, daß es dem Steuermann Lehmann auch an der für seinen Beruf vor Allem erforderlichen sittlichen Kraft und Reife durchaus gebricht.

Demselben hat daher die Befugniß zur Ausübung des Steuermanngewerbes entzogen werden müssen.

Die baaren Auslagen des Verfahrens waren außer Ansatz zu lassen, weil die Beschwerde von Reichscommissar eingelegt worden.

35. Spruch des Seeamts zu Emden vom 31. Juli 1886 und Entscheidung des Kaiserlichen Ober-Seeamts vom 11. November 1886, betreffend den Seeunfall der Tjalk „Gesina" von West-Rhauderfehn.

Der Spruch des Seeamts lautet:

Der der Tjalk „Gesina" am 25. Mai 1886 zugestoßene Unfall ist darauf zurückzuführen, daß das Wasser bei der rothen Tonne beim Einsegeln in die Otzumer Balge nicht die vom Schiffer vorausgesetzte Tiefe hatte und der Peilstock ihm über Bord geschlagen war, wodurch der Schiffer an der rechtzeitigen Ermittelung der Wassertiefe verhindert wurde.

Gründe. Die Tjalk „Gesina", Unterscheidungssignal KGMW, Heimathshafen West-Rhauderfehn, 1879 erbaut, zu 79,9 cbm gleich 28,20 britischen Register-Tons Netto-Raumgehalt vermessen, segelte mit einer Besatzung von 3 Mann — Schiffer, Bestmann und Koch — am 24. Mai 1886 mit einer Ladung von 45 Tonnen Roggen von Brake mit der Bestimmung nach Weener und ankerte Abends 10 Uhr im „Wremer Loch." Am 25. Mai 1886 lichtete man 5 Uhr Morgens die Anker und segelte mit harter Briese aus SWzS in See bis vor das NW Gat der Otzumer Balge. Das Schiff hatte einen Tiefgang von 5 Fuß vorn und von 4¾ Fuß hinten und eine Auswässerung von 12 Zoll. Der Wind lief nun westlicher und nahm an Stärke zu. Der Schiffer beschloß bei halber Fluth, in die Otzumer Balge einzulaufen, um über das Watt seine Reise fortzusetzen. In der Nähe der rothen Einsegelungstonne, etwas nördlich davon, stieß das Schiff zunächst mit dem Hintertheil auf den Grund und wurde, ehe dasselbe durch die steigende Fluth und den immer härter werdenden Wind über die Sandplatte in die Balge getrieben wurde, noch mehrere Male auf den Grund gestoßen. Hierdurch gerieth Wasser ins Schiff, sodaß letzteres nur durch angestrengtes Pumpen über Wasser gehalten werden konnte. Durch die aufgesteckte Nothflagge wurden Schiffer von Neuharlingersiel zur Hülfe herbeigerufen und brachten die Tjalk mit vieler Mühe in den Hafen zu Neuharlingersiel, wo die Ladung in beschädigtem Zustande gelöscht wurde.

Das Schiff war Eigenthum des Schiffers de Buhr, war kurz vor der Reise noch auf dem Helling gewesen, dicht und seetüchtig, und hatte Klasse bei dem Büreau Veritas.

Der Schiffer war von Jugend auf mit dem betreffenden Fahrwasser vertraut, hatte seiner Aussage nach zu wiederholten Malen diese Reise unter gleichen Verhältnissen ohne Unfall gemacht und glaubte annehmen zu dürfen, daß der Wasserstand bei der rothen Tonne ihm das Einsegeln in die Otzumer Balge gestatten würde. Gepeilt hat er nicht, da ihm der Peilstock bei dem stürmischen Wetter über Bord gespült war.

Nach dem Urtheil des Sachverständigen ist der Wasserstand bei der rothen Einsegelungstonne gewöhnlich bei halber Fluth ein solcher, daß man mit einem Schiffe von 5 Fuß Tiefgang ohne Gefahr dort fahren kann, da der Sachverständige mit einem Schiffe von 6 Fuß Tiefgang diese Stelle schon bei halber Fluth ohne Unfall passirt hat. Der Nichtgebrauch der Peilstange war unvorsichtig. Der Schiffer konnte dieselbe aber nicht gebrauchen, da sie über Bord geschlagen war. Den Gebrauch des Lothes erklärte er bei dem harten Winde für unthunlich.

Das Seeamt hat dem Schiffer de Buhr für die Zukunft den fleißigen Gebrauch des Peilstocks in ähnlicher Lage zur Pflicht gemacht und bei Verkündung des Spruches ihm anheimgegeben, Vorkehrungen gegen das Ueberbordspülen des Peilstocks zu treffen, unter diesen Umständen aber die beantragte Entziehung des Patents als Schiffer gegen den p. Buhr nicht aussprechen zu müssen geglaubt.

Die Entscheidung des Ober-Seeamts lautet:

Auf die Beschwerde des Reichscommissars hat das Kaiserliche Ober-Seeamt nach mündlicher Verhandlung der Sache entschieden:

daß der Spruch des Königlich preußischen Seeamts zu Emden vom 31. Juli 1886 zu bestätigen und die baaren Auslagen des Verfahrens außer Ansatz zu lassen.

Gründe. Der von dem Reichscommissar angefochtene Spruch des Königlich preußischen Seeamts zu Emden vom 31. Juli 1886 erscheint in formaler Hinsicht unvollkommen und vorschriftswidrig, insofern der Tenor dieses Spruches über den bereits in erster Instanz gestellten Antrag des Reichscommissars, dem Schiffer de Buhr die Befugniß zur Ausübung des Gewerbes zu entziehen, eine Entscheidung nicht enthält. Nur die Schlußworte in den Gründen des Spruchs deuten auf einen bezüglichen Antrag, ohne jedoch auch nur einmal erkennen zu lassen, daß der Antrag von dem zur Stellung allein befugten Reichscommissar ausgegangen ist. Jenen Mangel hervorzuheben liegt umsomehr Veranlassung vor, als der Reichscommissar laut der Beschwerdeschrift die Vernehmung des Matrosen Ulpt als Zeugen über den von dem Schiffer behaupteten Verlust der Peilstange in der Hauptverhandlung erster Instanz beantragt hat, während das über die letztere aufgenommene Protokoll weder einen solchen Antrag, noch eine Beschlußfassung des Seeamts über denselben erkennen läßt, obgleich nach Vorschrift des §. 24 des Gesetzes, betreffend die Untersuchung von Seeunfällen, vom 27. Juli 1877 (Reichs-Gesetzbl. S. 549) das Protokoll über die mündliche Verhandlung die wesentlichen Momente der letzteren zu enthalten hat und die seeamtlichen Behörden, wie in den Motiven jenes Gesetzes hervorgehoben worden, verpflichtet sind, über jeden Antrag des Reichscommissars förmlich zu befinden.

Die Beschwerde macht dem Schiffer zum Vorwurf, den Seeunfall, welchen die „Gesina" am 25. Mai 1886 bei der rothen Tonne in der Otzumer Balge erlitten, dadurch verschuldet zu haben, daß er

1. unvorsichtigerweise zur Zeit der halben Fluth es unternommen habe, mit seinem 5 Fuß tief gehenden Schiffe in die Otzumer Balge einzulaufen,

2. hierbei nicht zur Ermittelung der Wassertiefen Gebrauch von der Peilstange gemacht habe.

Das Ober-Seeamt kann eine Unvorsichtigkeit in dem Einsegeln der „Gesina" in die Otzumer Balge bei halber Fluth nicht erblicken. Allerdings pflegt bei südwestlichen Winden weniger Wasser in die Otzumer Balge einzulaufen als bei anderen Windrichtungen, auch besagt die Segelanweisung für die ostfriesischen Gewässer, daß jene Balge ein schmales, nur flaches, sehr veränderliches Seegat ist, welches in der Richtung SOzO durch Untiefen nach Innen führt; indessen ist nirgends ausgesprochen, daß diese Balge zur Zeit halber Fluth für Schiffe von dem geringen Tiefgang der „Gesina" unpassirbar sei. Nach den amtlichen Angaben des Königlichen Lootsen-Commandeurs zu Emden soll die rothe Ansegelungstonne vor der Otzumer Balge in einer Wassertiefe von 1,7 m bei niedriger Ebbe mitten im Fahrwasser liegen, und da das Wasser während der Fluth 2 bis 3 m zu steigen pflegt, so kann daselbst zur Zeit der halben Fluth auf eine Wassertiefe von 2,7 m gerechnet werden; der genannte Lootsen-Commandeur selbst hat die Otzumer Balge zur Zeit der halben Fluth mit dem 6 Fuß tief gehenden Regierungsdampfer bereits wiederholt passirt.

Die Seezeichen in den ostfriesischen Seegaten haben zwar im Allgemeinen mehr die Bestimmung, die Richtung, als die Tiefe des Fahrwassers anzugeben; doch macht die Otzumer Balge hiervon insofern eine Ausnahme, als dieses Fahrwasser seit 30 Jahren unverändert geblieben.

Ist nun auch anzuerkennen, daß der Unfall voraussichtlich vermieden worden wäre, wenn der Schiffer noch eine Zeit lang auf freiem Wasser das Anwachsen des Wassers in der Otzumer Balge abgewartet hätte, bevor er die Einfahrt unternahm, so lag doch umsoweniger eine besondere Veranlassung hierzu für ihn vor, als er auf seinen wiederholten Fahrten durch dieses Fahrwasser unter gleichen Verhältnissen stets genügende Wassertiefe vorgefunden hatte, und als zur kritischen Zeit das Wetter bereits so stürmisch geworden war, daß er seine Reise unterbrochen hatte und zurückgekehrt war, um Schutz gegen die Unbilden der See zu suchen. Zudem hatte der Schiffer nicht mehr viel Zeit zum Warten übrig, da er die Otzumer Balge, nur so lange Fluth lief, passiren konnte.

Scharf zu tadeln wäre allerdings an und für sich das Unterlassen des Gebrauchs des Peilstocks in einem Seegat, da die zuständige Königliche Bezirksregierung die ostfriesischen Watt- und Küstenschiffer durch öffentliche Erlasse ausdrücklich gemahnt hat, auf die richtige Lage der Seezeichen in den Seegaten sich nicht zu verlassen. Auf die Otzumer Balge findet dies jedoch nicht Anwendung, da — wie erwähnt — dieses Seegat seit 30 Jahren unverändert geblieben ist. Hierzu kommt, daß die dort ausliegenden Seezeichen dem in dieser Gegend heimischen Schiffer als zuverlässige Wegweiser wohl bekannt waren, ferner auch, daß die See erregt war und daher die Ermittelung der Wassertiefen durch die Peilstange nicht zuverlässig gewesen wäre. Denn so werthvoll und unentbehrlich die Peilstange bei der Watt- und Küstenfahrt sonst ist, bleibt der Gebrauch derselben bei bewegter See für so flache Fahrwasser, wie die Otzumer Balge, in denen es auf Fuße und halbe Fuße ankommt, nur ein schwacher Nothbehelf.

Unter diesen Umständen kann jedenfalls dem Schiffer de Buhr aus dem Nichtgebrauch des Peilstocks oder eines anderen geeigneten Hülfsmittels nicht ein so erheblicher Vorwurf gemacht werden, daß es gerechtfertigt sein würde, aus der Versäumniß die Untauglichkeit des Schiffers zur ferneren Ausübung des Gewerbes zu folgern.

Es war hiernach der Spruch erster Instanz lediglich zu bestätigen. Die baaren Auslagen des Verfahrens bleiben außer Ansatz, weil die Beschwerde vom Reichscommissar eingelegt worden ist.

36. Spruch des Seeamts zu Bremerhaven vom 20. November 1886, betreffend den Seeunfall des Schraubendampfers „Wuotan“ von Bremen.

Der Spruch des Seeamts lautet:

Die am 29. März 1886 auf dem Schraubendampfer „Wuotan“ stattgehabte Explosion, welche die Verletzung von drei Personen der Schiffsbesatzung und in Betreff einer derselben später den Tod zur Folge gehabt hat, ist auf die Entzündung von dem großen Kohlenbunker entströmtem Kohlengase durch eine am Bunkerschot hängende brennende Oellampe zurückzuführen.

Den Schiffer, den Maschinisten oder eine andere Person der Schiffsbesatzung trifft kein Verschulden an dem Unfall, dagegen sind die Ventilationsvorrichtungen insofern nicht ausreichend und dies wahrscheinlich nicht ohne Einfluß auf die Herbeiführung des Unfalls gewesen, als die Kohlenbunker allein durch die Bunkerschachte ventilirt werden, während nach Ansicht des Seeamts die Einrichtung einer von den Schachten unabhängigen Ventilation vermittelst besonderer Ventilatoren erforderlich wäre.

Gründe. Der eiserne Schraubendampfer „Wuotan“, Unterscheidungssignal QDLS, Heimathshafen Bremen, ist im Jahre 1881 bei der Aktiengesellschaft Weser in Bremen erbaut, hat einen Netto-Raumgehalt von 3403,3 cbm = 1201,36 britischen Register-Tons und eine Maschine von 700 indicirten Pferdestärken. Derselbe gehört zur Rhederei von Köper, Docke & Co. in Bremen und steht seit seiner Erbauung unter Führung des Schiffers W. Pfeiffer aus Bremerhaven.

Als der hier fragliche Unfall sich ereignete, hatte der Dampfer in Penarth Kohlen als Ladung und zum eigenen Gebrauch eingenommen. Die zur Ladung gehörenden Kohlen waren aus Kippwagen direkt in das Schiff gestürzt, während die Kohlen zum Schiffsbedarf aus den Kippwagen auf Deck gestürzt und dann mittelst Schaufeln oder Karren durch die vorhandenen Schachte in die Kohlenbunker geworfen waren. Etwa 400 Tons von den Kohlen zum eigenen Bedarf waren im vorderen Laderaum, von welchem ein Tunnel nach dem Kesselraum führt, untergebracht. Die letzten der zur Ladung gehörenden Kohlen waren am 29. März 1886 Morgens in das Schiff gekommen, während sich die Kohlen für den Schiffsbedarf bereits seit dem 27. März vollständig an Bord befanden. Die Bunker waren ganz, die Laderäume etwa $^2/_3$ voll. Die Kohlen machten während des Einnehmens wenig Staub und schienen frisch zu sein. Die Witterung war während der Zeit der Beladung feucht und nebelig. Am 29. März Vormittags legte das Schiff in den Vorhafen von Penarth, und war es die Absicht, in der folgenden Nacht in See zu gehen.

Der „Wuotan" ist ein sogenanntes Spardeckschiff, hat ein Zwischendeck und ist eingetheilt in vorderen Laderaum, Maschinenraum nebst Bunkern und hinteren Laderaum. Die einzelnen Räume sind durch wasserdichte Schotten abgetheilt. Der vom Kesselraum nach dem vorderen Laderaum führende Tunnel ist an beiden Seiten durch angeblich wasserdichte Schotte verschließbar, von welchen zur Zeit der Explosion dasjenige im vorderen Laderaum offen, dasjenige im Kesselraum hingegen fest verschlossen war.

Bunker sind drei vorhanden, ein etwa 200 Tons großer sich quer durch das ganze Schiff erstreckender Bunker unmittelbar hinter dem vorderen Laderaum und zwei Seitenbunker von 60 bezw. 40 Tons Raumgehalt. Der Querbunker reicht bis an das Zwischendeck und ist etwa 16 Fuß hoch; über ihm liegt die Kajüte. Er hat zwei 4 Fuß hohe Thüren, die eine an Backbord, die andere an Steuerbord, welche zur Zeit der Explosion offen gewesen sind.

Jeder Laderaum hat zwei Luken. Am Tage der Explosion ist ein Stück von jeder Luke geöffnet gewesen. Die Ventilation der Laderäume wird im Uebrigen durch Ventilatoren bewirkt, von denen sich auf jeder Luke zwei befinden. Außerdem ist für jeden Laderaum ein großer Extraventilator vorhanden. Die Ventilatoren gehen nur bis in das Zwischendeck. Die Ventilation des Unterraums findet durch den zwischen Bord und Zwischendeck gelassenen freien Raum statt.

Die Ventilation der Bunker erfolgt durch die Kohlenschachte, deren der Querbunker zwei, jeder Seitenbunker einen hat. Dieselben gehen bis auf das Zwischendeck und werden oben auf Deck, falls das Wetter dies erforderlich macht, durch Luken verschlossen. Am Explosionstage waren sie sämmtlich offen. Nach Angabe des ersten Maschinisten Winkler haben unten in den Bunkerschachten wohl noch einige Kohlen gelegen, jedoch nicht so viel, daß nicht noch genügender Luftzug vorhanden gewesen wäre. Der zweite Maschinist Grasse hat ausgesagt, daß die Schachte ganz frei von Kohlen gewesen seien.

Sowohl die für den eigenen Bedarf bestimmten, als auch die

zur Ladung gehörigen Kohlen waren Wales=Kohlen. Ueber die Bezeichnung derselben im Handel bezw. über die Gruben, aus welchen sie stammten, sind bestimmte Angaben nicht gemacht, Schiffer Pfeiffer glaubt jedoch, daß erstere Cymmers=, letztere Ferndal=Kohlen gewesen seien. Ueber die Gasentwickelung, welche diesen Kohlensorten zugeschrieben wird, hat er Angaben nicht machen können.

Das Schiff lag im Vorhafen mit dem Bug nach Süden. Der aus Westen quer von Steuerbord kommende Wind war am Explosionstage zwar ziemlich stark, auf dem Schiffe wurde jedoch wenig davon verspürt, weil der unweit Penarth Dock belegene Berg Schutz gewährte. Die Feuer waren am Morgen, als das Schiff in den Vorhafen gelegt wurde, angesteckt, dann aber bedeckt und Abends zurückgeschoben worden.

Eine Eintheilung der Wachen hatte noch nicht stattgefunden, jedoch war am Abend die Deckwache dem Matrosen Walter und die Maschinenwache dem Maschinisten Normann übertragen. Der Schiffer Pfeiffer und der zweite Steuermann Weiss befanden sich im Navigationszimmer. Normann hatte sich, da er in der Maschine keine Beschäftigung hatte, in seine, dicht neben dem Maschinenraum belegene Kammer gesetzt. Die Heizer H. Nielsen und H. Reckhardt und der Kohlenzieher Rosengoist befanden sich im Heizraum und waren mit Waschen ihrer Kleider beschäftigt. Zur Beleuchtung des Heizraumes wurden offene Oellampen verwendet.

Etwa um 10¼ Uhr Abends erfolgte plötzlich ein dumpfer, von einer Erschütterung des Schiffes begleiteter Knall. Von dem Matrosen Walter wurde gleich darauf von Deck aus im Kesselraum eine Flamme gesehen und auch das Schreien der unten befindlichen Leute gehört. Das Aufsteigen von Rauch oder Flamme aus den Bunkerschachten ist von keinem der vernommenen Zeugen bemerkt. Gleich nach der Explosion stürzten die genannten, im Heizraum beschäftigt gewesenen Leute mit brennenden Kleidern nach oben. Einer von ihnen sprang über Bord und wurde durch ein ihm zugeworfenes Tauende wieder heraufgeholt; den anderen Beiden wurden die brennenden Kleider vom Leibe gerissen. Sodann wurde den Leuten durch Bestreichen der Brandwunden mit Oel die erste Hülfe geleistet und wegen Ueberführung derselben nach dem Krankenhause in Cardiff das Erforderliche angeordnet.

Im Heizraum, welcher einer Untersuchung unterzogen wurde, waren sämmtliche Lampen erloschen und ein gasartiger Geruch vorhanden. An der an Backbord befindlichen Thür zum Querbunker, welche halb geöffnet war, hing eine Lampe und dicht daneben stand eine Balge mit Wäsche, sodaß es nicht zweifelhaft sein konnte, daß die unten beschäftigt gewesenen Leute die Lampe an die Thür gehängt hatten, um beim Waschen besser sehen zu können. Der der Thür gegenüberliegende Kessel war ganz schwarz. Einige im Kesselraum hängende Kleidungsstücke waren verbrannt, dagegen hatte das Schiff Beschädigungen nicht erlitten. Letzteres wurde durch eine am 30. März vom Civilingenieur Strong im Auftrage des Schiffers und des Vertreters des Büreau Veritas vorgenommene Untersuchung bestätigt. Auf Anrathen von Strong wurde, um die Ansammlung von Gasen zu verhindern, in die Scheerwand des Bunkers dicht bei dem Heizraum und dicht unter Deck ein achtzölliges Loch geschnitten und in dasselbe ein kurzes Ventilationsrohr eingesetzt.

Der Heizer Nielsen ist am 8. April seinen Wunden erlegen. Der Heizer Reckhardt befindet sich zur Zeit noch im Hospital zu Cardiff; seine Vernehmung, um welche das Consulat in Cardiff ersucht worden ist, hat bislang nicht stattgefunden. Dagegen ist der Kohlenzieher Rosengoist am 21. Juli seitens des genannten Consulats eidlich über den Unfall vernommen und hat Folgendes ausgesagt:

„Am Montag den 29. März 1886 wurde die Beladung des Dampfers „Wuotan" gegen Mittag beendet, die Bunkerräume waren voll Kohlen, die bereits einige Tage früher an Bord gebracht waren. Abends hatte ich Wache und befand mich mit den Heizern Nielsen und Reckhardt im Heizraum in meiner Funktion als Kohlenzieher. Da der Dampfer zum Ausgehen fertig war, brannten sämmtliche Feuer unter den Kesseln. Die Luke zum Backbordbunker, aus welcher kurz vorher Kohlen genommen und auf die Feuer gelegt waren, war theilweise offen. Im Heizraum brannte eine offene Lampe. Die Ventilation war in üblicher Weise bewirkt und der Heizraum oben wie immer offen. Um ungefähr 10 Uhr Abends erfolgte im Heizraum eine Explosion und waren wir sofort von Flammen umgeben. Ich stürzte auf Deck, sprang über Bord, wurde gerettet und mit schweren Brandwunden an den Armen, Rücken und Gesicht zum Hospital befördert. Ueber die Ursache der Explosion vermag ich nichts zu sagen und weiß auch nicht, daß irgend Jemand Schuld beigemessen werden kann."

Der Matrose Walter hat angegeben, daß er gelegentlich einer späteren Anwesenheit des Dampfers in Cardiff mit Rosengoist zusammengetroffen sei und dieser ihm erzählt habe, daß bei der

Explosion an Backbord aus dem Kohlenbunker Feuer herausgekommen sei.

Auf Grund des vorstehend mitgetheilten Sachverhalts kann es einem Zweifel nicht wohl unterliegen, daß den Bunkerkohlen entströmte Kohlengase sich an der brennenden Oellampe, welche am Bunkerschott aufgehängt war, entzündet und dadurch die Explosion herbeigeführt haben. Daß die in Kohlen sich entwickelnden Gase bei entsprechender Mischung mit atmosphärischer Luft bei der Berührung mit einer Flamme explodiren, ist bekannt. Wales-Kohlen haben nach den bisherigen Erfahrungen einen verhältnißmäßig starken Gasgehalt. Es ist in dieser Beziehung, namentlich auf das im Spruch des Seeamts Hamburg, betreffend den Seeunfall des Dampfers „Astronom", Ausgeführte zu verweisen (Entscheidungen des Ober-Seeamts und der Seeämter, Bd. II, S. 492, ff.). Die Aehnlichkeit des Namens läßt es sogar möglich erscheinen, daß die vom Schiffer Pfeiffer als Cymmers bezeichneten Kohlen in Wirklichkeit Cwmamans-Kohlen, eine Sorte, welche ganz außerordentlich viel Gas entwickelt (siehe den erwähnten Spruch des Seeamts Hamburg) gewesen sind. Die Kohlen waren außerdem nach Angabe des ersten Maschinisten entweder frisch oder feucht, beides Eigenschaften, welche für die Gasentwicklung förderlich sind. Die den Bunkerkohlen entströmten Gase werden nun zwar, da Kohlengase vermöge ihrer Leichtigkeit nach oben ziehen, vorzugsweise durch die unverschlossenen Bunkerschachte entwichen sein, denselben war aber eine weitere Möglichkeit des Entweichens durch das Oeffnen der Bunkerthür gegeben, und da in dieser Thür eine brennende Lampe hing, lagen die Vorbedingungen für eine Kohlengasexplosion vor. Es ist dabei zu bemerken, daß schon eine verhältnißmäßig geringe Quantität Gas zur Herbeiführung einer Explosion genügt, und hat es den Anschein, als ob auch im vorliegenden Falle die Gasmenge nicht bedeutend gewesen ist, da Beschädigungen des Schiffes nicht entstanden sind.

Die den Schiffen, welche Kohlen an Bord führen, durch die Ansammlung und Entzündung von Kohlengasen drohenden Gefahren lassen es durchaus erforderlich erscheinen, daß dieselben mit ausreichenden Ventilationsvorrichtungen versehen werden, und zwar wird mit Rücksicht auf das Emporsteigen der Gase nach der Oberfläche eine Oberflächenventilation am geeignetsten sein. Eine solche ist auch, soweit es sich ohne Besichtigung des Schiffes beurtheilen läßt, in Betreff der Laderäume des „Wuotan" in zweckentsprechender Weise vorhanden gewesen, dagegen hält das Seeamt eine Ventilation der Bunker allein durch die Kohlenschachte für ungenügend, namentlich schon deshalb, weil die Schachte bei schlechtem Wetter durch Luken verschlossen werden müssen und es dann an einer Ventilation vollständig fehlt. Aber auch abgesehen hiervon ist eine Ventilation durch die Schachte nicht ausreichend. Sie ist dies umsoweniger, wenn, wie es im vorliegenden Falle nach Aussage des ersten Maschinisten der Fall gewesen zu sein scheint, die Schachte nicht ganz frei von Kohlen sind. Nach Ansicht des Seeamts ist für alle Räume, in welchen Kohlen untergebracht werden, die Einrichtung einer Ventilation durch besondere Ventilatoren, welche bei jedem Wetter offen gehalten werden können, erforderlich.

Gegen den Schiffer oder eine andere Person der Schiffsbesatzung einen Vorwurf zu erheben, sieht sich das Seeamt nicht veranlaßt, da die auf dem Schiffe vorhandenen Ventilationsvorrichtungen benutzt sind und der Schiffer überhaupt — wie von mehreren Zeugen bekundet wird — stets dafür Sorge getragen hat, daß die Ventilatoren und, sofern das Wetter dies gestattete, auch die Luken und Kohlenschachte offen gehalten wurden. Außerdem darf angenommen werden, daß er sowohl, wie die Maschinisten die mit Kohlentransporten verbundene Gefahr nicht in vollem Maße gekannt und infolge dessen Schritte behufs Erlangung besserer Ventilationsvorrichtungen für die Bunker unterlassen haben.

Als Beweis dafür, wie leicht bei Kohlenladungen Explosionen vorkommen können, mag noch angeführt werden, daß, abgesehen von dem vorliegenden Falle, binnen kurzem noch in drei weiteren Fällen, in welchen es sich um Explosionen auf Dampfern mit Kohlenladungen handelt, eine Verhandlung vor dem Seeamt Bremerhaven stattfinden wird.

37. Spruch des Seeamts zu Brake vom 25. November 1886, betreffend den Seeunfall der Bark „Freiheit" von Brake.

Der Spruch des Seeamts lautet:

Die Strandung der Bark „Freiheit" in der Mündung des Guayaquil-Flusses am 3. Februar 1886, welche deren gänzlichen Verlust zur Folge hatte, ist auf die ungünstigen Fahrwasser-

und Stromverhältnisse des genannten Reviers, sowie auf das Fehlen einer Betonnung zurückzuführen und trifft den Schiffer Spieske dabei keinerlei Verschulden.

Gründe. Die Bark „Freiheit", Unterscheidungssignal NFSW, Heimathshafen Brake, vermessen zu einem Netto-Raumgehalt von 1456 cbm = 513,96 britischen Register-Tons, gelangte unter Führung des Schiffers H. Spieske aus Oldenburg auf der Reise von New-York nach Guayaquil am 1. Februar 1886 in die Mündung des Guayaquil-Flusses und kam nach wiederholtem Ankern am 2. Februar Mittags in die Nähe von Punta Arenas, von wo der Schiffer Spieske nach Angabe eines an Bord befindlichen, vom hydrographischen Büreau in Washington herausgegebenen Verzeichnisses der Leuchtfeuer, einen Lootsen erhalten zu können glaubte. Er schickte deshalb ein Boot an Land, konnte jedoch einen Lootsen nicht bekommen. Abends segelte man unter beständigem Lothen flußaufwärts. Um 11 Uhr Nachts kam das Schiff an Grund, wurde jedoch nach Eintritt der Fluth um 1 Uhr Nachts wieder flott. Man steuerte nun weiter in der Peilung des bereits vorher in Sicht gekommenen Feuers, welches für das von Española gehalten wurde. Um 2 Uhr Nachts, als plötzlich die Wassertiefe auf 3¾ Faden abgenommen, ging man zu Anker, das Feuer SW½S in 2½ Seemeilen Abstand peilend, doch überzeugte der Schiffer Spieske sich bei Tagesanbruch, daß das Feuer nicht das von Española, sondern dasjenige von Punta Mandinga war, und danach das erstere in jener Nacht nicht gebrannt hatte. Von der nunmehr nahe gelegenen Lootsenstation Puna erhielt man einen Lootsen und ging unter dessen Führung Nachmittags um 6 Uhr Anker auf. Es war Ebbe und schwache nördliche Briese, daher sehr unbedeutende Steuerkraft im Schiffe, welches mit dem Strome gerade auf Punta Mandinga zu trieb. Der Schiffer Spieske machte deshalb und weil er beim Lothen wenig Wasser fand, dem Lootsen wiederholt Vorstellungen und schlug vor, bis zum Eintritt stärkerer Briese zu ankern, doch wies der Lootse solches zurück. Bald darauf kam das Schiff an Grund und blieb auf 2½ Faden Wasser an der Steuerbordseite und 3¾ Faden an der Backbordseite sitzen, legte sich auch bei fallendem Wasser stark auf die Backbordseite, blieb jedoch zuerst noch dicht. Mit dem nächsten Hochwasser (am Morgen des 4. Februar), nachdem verschiedene Versuche, durch Segelmanöver das Schiff abzubringen, erfolglos geblieben waren, kam das Schiff noch fester auf die Bank und zwar in eine so ungünstige Lage, daß es in der Mitte durchbog, viele Nähte sprangen und das Kupfer sich an mehreren Stellen löste. Das Schiff machte nun mehr Wasser, war jedoch noch lenz zu halten. Verschiedene Versuche, es mittelst eines Ankers abzuhieven, waren ebenfalls erfolglos; später wurde ein Theil der Ladung in andere Fahrzeuge gelöscht, das Schiff wieder flott gemacht und nach Guayaquil gebracht, wo es jedoch nach Constatirung verschiedener Beschädigungen wegen mangelnder Gelegenheit zum Repariren aufgegeben werden mußte.

Der vorstehende thatsächliche Verlauf ergiebt sich aus der von der Besatzung vor dem Kaiserlichen Consulat in Guayaquil am 19. Februar 1886 abgelegten Verklarung und den beeidigten Aussagen des Schiffers Spieske in der Verhandlung vor dem Seeamt.

Ueber die zur Beurtheilung der Ursachen des Unfalls in Betracht kommenden örtlichen Verhältnisse, namentlich das vom Schiffer Spieske behauptete Fehlen jeglicher Betonnung auf dem Revier des Guayaquilflusses, das Nichtvorhandensein einer Lootsenstation in Punta Arenas und die Handlungsweise des Lootsen bei der Strandung sind weitere Erhebungen auf Ersuchen des Seeamts durch das Kaiserliche Consulat in Guayaquil erfolgt, welche in einer Vernehmung eines dortigen Lootsen und in einer Erörterung über die Ursachen des Unfalls von Seiten des dortigen Hafencapitains bestanden, zu einer erschöpfenden Aufklärung jener Umstände jedoch nicht geführt haben. Von weiteren Versuchen der Aufklärung ist abgesehen, weil sie ohne Aussicht auf Erfolg erscheinen mußten, auch das Vorliegende für das unmittelbare Interesse der seeamtlichen Untersuchung genügt.

Aus diesen Erhebungen ergiebt sich, daß infolge der besonders starken Strömungen im Flusse während der Monate Januar, Februar und März sich in vielfach wechselnder Lage Untiefen bilden und verschieben und daß diese häufige Veränderung der Sände gerade in der genannten Jahreszeit die Veranlassung häufig sich wiederholender Strandungen in derselben Gegend, in der die „Freiheit" strandete, geworden ist, ferner, daß die Sände, wenn auch anscheinend eine Betonnung für sie vorgesehen ist, thatsächlich seit Jahren ohne Bezeichnung durch Seezeichen sind. Ferner ergeben diese Verhandlungen, daß eine Lootsenstation für einkommende Schiffe auf Punta Arenas nicht vorhanden ist und daß, den in der genannten Jahreszeit nach Guayaquil aufsegelnden Schiffen von Seiten der Ortsbehörden der dringende Rath ertheilt wird, auf der Höhe von Punta Arenas zu Anker zu gehen und mit dem Boot einen Lootsen von der Lootsenstation Puna zu holen.

Nach dem Vorstehenden wird die Ursache der Strandung zweifellos in den sehr schwierigen und ungünstigen Verhältnissen zu suchen sein, welche die Einfahrt in die Flußmündung wegen der vielen sie durchziehenden und häufig sich verändernden Sände bieten und welche durch den Mangel einer Betonnung erhöht werden, die hier umsoweniger entbehrlich erscheint. Die Führung des Schiffs trifft in keinem Punkte ein Vorwurf, vielmehr ist anzuerkennen, daß der Schiffer Spieske, bevor er einen Lootsen hatte, mit großer Vorsicht flußaufwärts gesteuert hat, daß er für den Irrthum, in Peilung des Feuers von Española zu steuern, während es dasjenige von Puna war, in keiner Weise verantwortlich zu machen ist, weil — wie als festgestellt anzusehen — das erstere Feuer nicht brannte, sowie endlich, daß sein Verfahren, nachdem das Schiff mit einem Lootsen besetzt war, ebenfalls von jedem Vorwurf frei bleibt, da er wiederholt dem Lootsen Vorhalte gemacht hat, durch deren Befolgung die Strandung allem Anscheine nach vermieden worden wäre, deren Nichtbefolgung aber lediglich der Verantwortlichkeit des Lootsen zufällt. Der Handlungsweise des letzteren, dessen Pflicht es war, sich in Kenntniß von dem Zustande der Untiefen zu halten, muß die Strandung neben den bereits hervorgehobenen Umständen zugeschrieben werden; ob und in welchem Grade ein Verschulden bei ihm vorgelegen hat, entzieht sich der sicheren Beurtheilung.

38. Spruch des Seeamts zu Hamburg vom 1. Dezember 1886, betreffend den Zusammenstoß des britischen Schraubendampfers „Nettlesworth" mit dem holländischen Schraubendampfer „Maas".

Der Spruch des Seeamts lautet:

Der Zusammenstoß des britischen Schraubendampfers „Nettlesworth" mit dem holländischen Schraubendampfer „Maas" am 5. November 1886 auf der Unterelbe unweit Altenbruch ist darauf zurückzuführen, daß der Lootse des „Nettlesworth" sich nicht in dem ihm nach Artikel 21 der Kaiserlichen Verordnung vom 7. Januar 1880 vorgeschriebenen Fahrwasser hielt und bei der gefährlichen Annäherung beider Schiffe nicht rechtzeitig die Vorschriften des Artikels 18 jener Verordnung beobachtete, auch in der irrigen Annahme, auf dem „Maas" sei Steuerbordruder gegeben, zeitweilig mit Steuerbordruder dem letzteren ausweichen wollte.

Die Führung des „Maas" bei dem Unfall trifft kein Verschulden.

Thatbestand. Am 5. November 1886, Morgens 1 Uhr 45 Minuten fand auf der Unterelbe eben oberhalb Altenbruch ein Zusammenstoß zwischen dem ausgehenden britischen Dampfer „Nettlesworth" und dem einkommenden holländischen Dampfer „Maas" statt, durch welchen beide Schiffe erheblichen Schaden erlitten.

Der „Maas" erhielt an Backbordseite bei dem Fockwant ein Loch, welches vom Oberdeck bis an den sechsten Plattengang nach unten reichte, 10 Fuß 6 Zoll lang war und sich im Deck bis auf etwa 3 Zoll von der Großluke erstreckte. Das Vorderschiff des „Maas" lief sofort voll Wasser und sank dieses Schiff mit dem Deck zu Wasser, weshalb auch die Mannschaft sogleich auf den „Nettlesworth" überkletterte. Durch langsames Vorwärtsarbeiten gelang es dem „Nettlesworth" dann, den noch vor seinem Bug hängenden Dampfer „Maas" an der Südseite ganz in der Nähe des Altenbrucher Feuers auf den Grund zu setzen und ihn dadurch vor dem Wegsinken zu bewahren. Erst mehrere Tage später konnte der „Maas" mit Taucherhülfe und nach Entlöschung des größten Theils der Ladung wieder abgebracht und behufs Reparatur nach Hamburg geschleppt werden.

Der „Nettlesworth" hatte sich an Backbordseite sechs und an Steuerbord 5 Platten eingedrückt und mußte gleichfalls nach Hamburg zur Ausbesserung des Schadens zurückkehren.

Das Ergebniß der über diesen Unfall geführten Untersuchung ist Folgendes:

I. Der „Nettlesworth", ein in London beheimatheter, eiserner Schraubendampfer von 917 britischen Register-Tons Netto-Raumgehalt und mit einer Maschine von 160 nominellen Pferdekräften versehen, hatte Hamburg am 4. November Abends 7 Uhr in Ballast mit der Bestimmung nach Shields, unter Führung des Patentlootsen Johann Peter Witt aus Oevelgönne verlassen. Es war während der Nacht klares, gut feuersichtiges Wetter bei mäßiger Briese aus SW. Der erste Steuermann Swales stand neben dem Lootsen auf der Brücke, der Matrose Stopp am Ruder, welches sich auf der oberen Brücke befindet, der Matrose Armstrong auf der Back an Steuerbordseite auf Ausguck. Der Dampfer ging mit voller Kraft, es war gut halbe Ebbe. Unterhalb der Bösch passirte man zwei aufkommende

Dampfer auf Backbord und steuerte Lootse Witt das am Südufer befindliche Altenbrucher Feuer an. Als man unweit Glameier-Stack gekommen war, kam ein helles Licht eben an Steuerbord voraus in Sicht, von welchem der Lootse südlich entlang hielt. Die Entfernung jenes Lichts giebt Steuermann Swales auf eine Seemeile an, Matrose Armstrong bezeichnet es als ein sehr gutes Ankerlicht. Hierauf erblickte man noch ein zweites weißes Licht, welches mit dem Ankerlicht durchwanderte und bei dem der Lootse unter Zuhülfenahme seines Nachtglases bald auch ein rothes Licht entdeckte. Diese Lichter waren nach Swales nahezu recht voraus. Witt ließ nun etwas Backbordruder geben, wodurch das Schiff etwa 1½ Strich abfiel, und kamen die beiden Lichter hierdurch etwas an Backbord, worauf dann das Ruder gestützt wurde. Bald darauf erschienen alle drei Lichter des entgegenkommenden Dampfers an Backbord. Lootse Witt beließ den „Nettlesworth" zunächst auf seinem Curse. Darauf verschwand das grüne und sah man nur das Toplicht und das rothe Licht. Dann verschwand das rothe Licht und kam das grüne wieder zum Vorschein. Jetzt ließ Witt Steuerbordruder geben, wodurch nach Steuermann Swales Aussage das grüne Licht des „Maas" etwas an Steuerbord gebracht wurde, was auch von Armstrong bestätigt wird. Indem die Schiffe sich in dieser Weise näherten, verschwand plötzlich das grüne Licht und erschien nun das rothe gerade vor dem Bug des „Nettlesworth". Der Lootse beorderte sofort das Ruder hart Backbord und ließ gleichzeitig die Maschine stoppen und auf volle Kraft rückwärts ansetzen. Der Befehl wurde sofort ausgeführt, doch bevor die Schraube noch 3 oder 4 Umdrehungen gemacht hatte, erfolgte bereits der Zusammenstoß. Die Maschine wurde alsbald gestoppt, dann aber wieder langsam vorwärts gestellt, um eine Trennung der beiden Schiffe zu verhindern und gelang es nach einiger Zeit, jenes Dampfschiff, welches sich als der „Maas" aus Rotterdam auswies, an der Südseite des Reviers auf den Strand zu schieben. Dann machte sich der „Nettlesworth" von dem „Maas" frei und ging in der Nähe vor Anker, um das Tageslicht abzuwarten. Durch einige in der Nähe segelnde Fischerfahrzeuge wurde die Nachricht nach Cuxhaven gebracht und trafen denn auch bald mehrere Schlepper zur Assistenz ein. Nach Tagwerden dampfte der „Nettelsworth", da der „Maas" hinreichend Assistenz erhalten, nach Hamburg auf.

II. Der „Maas", ein in Rotterdam beheimatheter, eiserner, 336 britische Register-Tons Netto-Raumgehalt messender Dampfer, war, auf der Reise von Rotterdam nach Hamburg, am 4. November

Abends auf der Elbe eingetroffen, hatte um 9 Uhr 45 Minuten Abends aus der Lootsgalliote den Hamburger Staatslootsen August Beeckmann an Bord genommen und dampfte unter dessen Leitung gegen die Ebbe elbaufwärts. Um Mitternacht auf den 5. November wurde Cuxhaven passirt. Mit dem Wechsel der Wache ging Schiffer Hansen von Deck und kam an seine Stelle Steuermann Boer zu dem Lootsen auf die Brücke. Es war schönes sichtiges Wetter; Anfangs schien der Mond noch, als derselbe bald darauf unterging, wurde es noch feuersichtiger. Der „Maas" steuerte nach dem Altenbrucher Leuchtfeuer an der Südseite elbaufwärts. Etwas vor Altenbruch sah man das helle Licht eines vor Anker liegenden Schiffes, etwa 3 Strich über Backbord. Nördlich von jenem Schiffe passirte dann ein Dampfschiff elbabwärts. Gleich darauf kam ein weißes Toplicht, welches schwach zu brennen schien, und die beiden Seitenlichter ½ Strich an Backbord voraus in Sicht, worauf Lootse Beeckmann etwas Backbordruder gab. Kurz darauf kam plötzlich das grüne Licht allein in Sicht, worauf das Ruder hart Backbord gelegt wurde, und da sich die beiden Schiffe bereits nahe zu sein schienen, beorderte der Lootse die Maschine auf langsam und unmittelbar nachher auf volle Kraft rückwärts. Diese Ordre wurde sofort ausgeführt und hatte die Maschine etwa 30 bis 40 Umdrehungen rückwärts gemacht, als der fremde Dampfer den „Maas", welcher unter hart Backbordruder ungefähr 4 Strich nach Süden zu abgefallen war, bei dem Fockwant traf und bis dicht an die Großluke in denselben hineindrang, infolge dessen der „Maas" schwer nach Steuerbord überholte. Innerhalb weniger Minuten war das ganze vordere Schiff unter Wasser. Da anzunehmen war, daß bei der erlittenen schweren Beschädigung der „Maas" sinken würde, kletterte die gesammte Mannschaft bei dem Vordersteven des „Nettlesworth" auf Letzteren über. In der Maschine hatte man eiligst den Dampf abgestellt. Auf Ersuchen des Schiffers Hansen wurde die Maschine des „Nettlesworth" wieder angesetzt und der „Maas" an der Südseite auf den Strand geschoben. Auf dem „Nettlesworth" hatte man inzwischen ein Boot ausgesetzt, mit welchem der erste Steuermann und 6 Leute des „Maas" wieder an Bord fuhren, um ein Boot des „Maas" auszusetzen und die Signallaternen einzunehmen. Während dieser Zeit kam der Schlepper „Texel" aus Cuxhaven und brachte auch den Rest der Mannschaft des „Maas" wieder an Bord ihres Schiffes. Mit der inzwischen eingetretenen Fluth kam der „Maas" wieder ins Treiben; unter Assistenz der Schlepper „Texel" und „Max" wurde derselbe alsdann abermals an

Grund gesetzt. Der hintere Laderaum und der Maschinenraum blieben dicht. Es wurde auch ein Anker an Land gebracht, um das weitere Abrutschen des Schiffes zu verhindern. Nachdem die Ladung dann gelöscht, der Leck provisorisch gedichtet worden, gelang es am 12. November endlich, das Schiff ab- und zur Reparatur nach Hamburg aufzuschleppen.

Nach dem Urtheil Sachverständiger ist der „Maas" bei dem Fockwant unter einem Winkel von 54° zur Kielebene getroffen.

III. Die durch den Hafenmeister zu Cuxhaven vorgenommene Vermessung des Ankerplatzes jenes Segelschiffes, welches in der fraglichen Nacht in der Nähe der Collisionsstelle lag und bei welchem der „Nettlesworth" südlich passirte, führte zu der für die Beurtheilung des Falles wichtigen Feststellung, daß jenes Schiff, die „Magdalene" aus Bremen, 875 m von der nördlichen und 550 m von der südlichen 7 m Linie, mithin, da die Fahrwasserbreite 1375 m an jener Stelle beträgt, 188 m südlicher als die Mitte des Fahrwassers lag.

IV. In seiner Vernehmung vor dem Seeamt hat Lootse Witt speciell hervorgehoben, daß er das Altenbrucher Feuer an der Südseite habe ansteuern müssen, weil man bei dem elbabwärts Fahren keine andere Richtungsmarke habe, nachdem man Brunsbüttel passirt und das Brunsbüttler Feuer bei Tonne 16 aus Sicht gekommen sei. Witt gab indeß zu, daß das Cuxhavener Feuer gut in Sicht gewesen und er auch die bei Cuxhaven befindlichen 3 Zolllaternen gesehen habe. Dann sei bei dem Abwärtssteuern über Steuerbord voraus ein helles Licht in Sicht gekommen, welches er schließlich als das Ankerlicht eines Segelschiffes erkannt habe. Ob dasselbe mitten im Fahrwasser oder mehr nördlich oder südlich gelegen habe, sei zunächst nicht auszumachen gewesen; häufig komme es vor, daß kleinere Fahrzeuge mehr nördlich ankerten und habe er darum südlich vorüber gesteuert. Er habe überdies zu jener Zeit überall nicht mehr nordwärts vor jenem Lichte passiren können, weil er habe fürchten müssen, bei dem starken Ebbstrom jenem Schiffe vor den Bug zu kommen. Steuermann Swales beantwortet dagegen die über die Möglichkeit des nordwärts Passirens an ihn gerichtete Frage mit »We might have done it.« Durch das Backbordrudergeben nach dem Insichtkommen des aufkommenden Dampfers will Witt in die Richtung jenes vor Anker liegenden Schiffes gerathen sein, bei welchem er bei der Fortsetzung der Richtung dicht längsseits habe vorbeikommen müssen. Mehr Backbordruder zu geben, sei ihm daher nicht möglich gewesen. Bei hellem sichtigen Wetter würde er manchmal bei dem Abwärtslootsen in Cuxhaven an Land gesetzt; am fraglichen

Abend sei ihm indeß hierüber von dem Schiffer des „Nettlesworth" noch keine Mittheilung gemacht. Ueber die Entfernungen der Schiffe, bei deren Ansichtigwerden, wie auch bei den späteren Phasen der Annäherung haben die Zeugen genaue Auskunft nicht zu ertheilen vermocht. Nur scheint aus der ganzen Entwicklung der Begegnung hervorzugehen, daß man auf dem „Nettlesworth" den „Maas" eher in Sicht bekommen hat, als auf dem „Maas" den „Nettlesworth." Auf dem „Nettlesworth" hat man den „Maas" anscheinend schon längere Zeit, vordem dieser in die Nähe des Segelschiffes kam, gesehen, da man sein Toplicht bei dem Ankerlicht des Segelschiffes durchwandern sah. Der „Maas" muß daher noch unterhalb jenes Schiffes gewesen sein. Auf dem „Maas" hat man die Lichter des „Nettlesworth" ½ Strich über Backbord erst erblickt, als das vor Anker liegende Segelschiff etwa 3 Strich zu Norden sich befand, der „Maas" also von dem Segelschiff schon frei war. Erklären würde sich dies auch aus dem durch Lootse Reeckmann bezeugten Umstand, daß die Toplaterne des „Nettlesworth" nur schwach gebrannt habe und die farbigen Lichter nicht soweit sichtbar sind, wie die hellen.

Lootse Witt nimmt nun seinerseits an, daß auf dem „Maas" infolge des beobachteten Lichterwechsels auch die Ruderlage mehrfach gewechselt habe und man namentlich Steuerbordruder gegeben haben müsse, wodurch auf dem „Nettlesworth" das grüne Licht des „Maas" in Sicht gekommen und er ebenfalls zu dem Kommando „Steuerbordruder" veranlaßt sei. Freilich sei diese Ruderlage seiner Ansicht nach von keinem Einfluß auf die Steuerung des Schiffes mehr gewesen, weil unmittelbar nachher das Ruder hart Backbord gelegt worden. Steuermann Swales erklärt dagegen, daß durch das Steuerbordrudergeben die Lichter des „Maas" bei dem „Nettlesworth" nach Steuerbord hinüber gewandert seien.

Witt behauptet dann ferner, daß erst, als nach dem Verschwinden des grünen Lichts das rothe Licht des „Maas" und zwar quer vor dem Bug des „Nettlesworth" erschien, die Gefahr einer Collision entstanden wäre, und er dann sofort die betreffenden Befehle zum Stoppen gegeben habe.

Auf Seiten des „Maas" wird sowohl von dem Lootsen, dem auf der Brücke befindlichen Steuermann, sowie auch dem Rudermann entschieden in Abrede gestellt, mit der Ruderlage des Schiffes gewechselt zu haben. Man sei dicht unter Cuxhaven aufgekommen, sei, als das elbabwärts kommende Dampfschiff voraus gesichtet, unter Backbordruder noch weiter nach dem südlichen Ufer hin ausgewichen, habe aber in keinem Stadium der Fahrt Steuerbordruder gegeben. Schon der großen Nähe jenes vor Anker liegenden Schiffes wegen habe man nach Backbord nicht ausweichen können, abgesehen davon, daß dies gesetzwidrig gewesen wäre.

Gründe. Wenngleich das Fahrwasser an der betreffenden Collisionsstelle etwa 3/4 Seemeilen breit ist, wie dies speciell durch die zu den Akten gelangten Aufmessungen des Hafenmeisters Polack feststeht, so muß dasselbe doch als ein enges Fahrwasser im Sinne des Artikels 21 der Kaiserlichen Verordnung vom 7. Januar 1880 betrachtet werden. Demnach hatte der elbabwärts dampfende „Nettlesworth" sich auf der nördlichen Seite der Fahrwassermitte zu halten und durfte von dieser Vorschrift nur in Rücksicht auf eine andernfalls zu befürchtende Gefahr abweichen. Lootse Witt hat nun dem Seeamt mitgetheilt, daß er bei dem Abwärtsfahren genöthigt gewesen sei, die Südseite anzusteuern, um das Altenbrucher Feuer auszumachen, da nach dem Passiren des Brunsbüttler Feuers die Lootsen für das elbabwärts Steuern keine andere Richtungsmarke hätten. Hierin könnte allerdings ein hinreichender Grund liegen, sich dem an Backbord liegenden Ufer zu nähern, wenn dies thatsächlich in dem Maaße der Fall wäre, wie Lootse Witt dies behauptet. Allein dies kann nicht zugegeben werden. Auf dem rechten, nördlichen Elbufer ist allerdings das Brunsbüttler Feuer die letzte Leitmarke. Jenes helle Licht schneidet aber die an der Nordseite liegenden Sände bis Tonne 16 ab und gewährt durch das Insichtbehalten eben achteraus an Steuerbord den elbabwärts gehenden Schiffen eine sichere Handhabe um nicht zu weit nordwärts zu kommen. Die richtige Peilung jenes Feuers läßt sich im Zusammenhalt mit den Generalcursen dadurch controliren, daß man dasselbe auf Augenblicke nördlich verschwinden oder nach der Lootsensprache „das Licht blenden läßt." Zwischen Tonne 18 und 19, noch lange vor dem Verlassen des Leuchtkreises des Brunsbüttler Feuers, kommt das von dem Südwall herüberscheinende Cuxhavener Feuer voraus in Sicht und schneidet seinerseits den vorausbefindlichen nördlichen Tonnenstrich ab, so daß sich die Innehaltung des nördlichen Fahrwassers hinreichend controliren läßt, zumal, wenn man das an der Südseite befindliche Altenbrucher Feuer gut frei an Backbord hält.

Im vorliegenden Fall war es in jener Nacht gut feuersichtig und befanden sich jene Leuchtfeuer sämmtlich in Sicht. Lootse Witt giebt sogar zu, die bei der Zollstation von Cuxhaven befindlichen 3 Zolllaternen gesehen zu haben, worin neben dem Cuxhavener

Feuer, obwohl dieselben keine eigentlichen Leitfeuer sind, noch ein weiterer Anhalt gewährt wird für die richtige Innehaltung der nördlichen Fahrrinne, indem man diese stets gut südlich vom Cuxhavener Feuer hält.

Es scheint indeß, daß Witt über die Lage dieser Lichter nicht genau orientirt ist, jedenfalls aber auf dieselben nicht geachtet hat, denn sonst hätte er nicht, nachdem er jene Lichter ziemlich südlich vom Feuerthurm gehabt haben will, die Behauptung aufgestellt, daß er dieselben, um im Fahrwasser zu bleiben, sogar zu Norden vom Cuxhavener Feuer hätte bringen können. Diese Position würde ihn direkt südlich auf das Land versetzen.

Es lag an dem fraglichen Abend daher um so weniger ein Grund für das Aufsuchen des südlichen Fahrwassers vor.

Nun mag allerdings unter den Lootsen der elbabwärtsgehenden Dampfer die Gewohnheit herrschen, das Altenbrucher Blinkfeuer nahe anzusteuern, also die Südseite anzulaufen und dies unter Umständen, namentlich mit besonders tiefgehenden Schiffen und bei häsigem, unsichtigen Wetter, (welche Fälle indeß hier nicht vorlagen) aus praktischen Rücksichten erklärlich sein. Immerhin bleibt aber doch das bewußte, absichtliche Benutzen des südlichen Fahrwassers, welches gesetzlich den elbaufwärtskommenden Dampfschiffen gebührt, für einen stromabwärtsgehenden Dampfer ein Verstoß gegen die gesetzliche Vorschrift, zumal wenn dadurch weitere Complicationen entstehen und die aufkommenden Schiffe in dem ihnen gesetzlich zugewiesenen Fahrwasser durch abwärts kommende Fahrzeuge behindert werden. In diesem Falle ist jene Gewohnheit um so unentschuldbarer und werden etwaige dadurch entstehende Unfälle immer denjenigen zur Last gelegt werden müssen, welche jene Gewohnheit ausgeübt haben. So lag aber die Sache im vorliegenden Falle, denn Lootse Witt steuerte absichtlich jenes südliche Ufer an, ohne daß, wie gezeigt, eine Gefahr in der Innehaltung des nördlichen Fahrwassers gelegen hätte. Es kann dahin gestellt bleiben, ob Lootse Witt, wie bei seiner Vernehmung im Seeamt zur Sprache gekommen, beabsichtigte bei Cuxhaven an Land zu gehen und in Rücksicht hierauf etwa schon südlicher steuerte. Die Aussage des Witt läßt dies einigermaßen zweifelhaft, doch wird die Möglichkeit hierzu nicht in Abrede gestellt. Jedenfalls kann dies nicht als ein plausibler Grund dafür angesehen werden, schon vor Altenbruch die Südseite ansteuern zu müssen, da, wenn man bei Cuxhaven das Absetzen des Lootsen beabsichtigte, obwohl dies nicht eigentlich die hierfür bestimmte Station ist, zum Ansteuern jenes Platzes noch immer weiter elbabwärts Zeit genug blieb.

Daß Lootse Witt sich südlich im Fahrwasser befand, ist von demselben auch nicht in Abrede gestellt. Nur führt derselbe zu seiner Entschuldigung an, daß er bei dem Insichtkommen jenes Lichtes in gewisser Weise in seinen Entschließungen behindert worden sei. Nun ist es zwar richtig, daß er bei dem Insichtkommen zunächst nicht genau wissen konnte, ob jenes Schiff mitten im Fahrwasser lag, oder mehr nördlich oder südlich, da sich bei dunkler Nacht die nur durch Schätzung zu findende, äußerlich durch nich's markirte Mittellinie des Fahrwassers nicht bestimmen läßt und die genaue Lage jenes Schiffes durch das Ankerlicht schwer zu erkennen war.

Wenn er aber durch jenes Schiff noch südlicher gerieth, als er schon stand, so war dies eben die Folge des von vorneherein begangenen Fehlers, die Südseite anzusteuern, zumal an dem fraglichen Abend hinreichend Anhaltspunkte vorhanden waren, das nördliche Fahrwasser zu verfolgen. Daß die gesetzliche Vorschrift des Artikels 21 befolgt werden konnte und von anderen Schiffen befolgt worden ist, geht aus den Aussagen der Besatzung des „Maas" hervor, welche nicht weit vor dem „Nettlesworth" voraus ein elbabwärts kommendes Dampfschiff zu Norden von jenem Segelschiff passiren sah.

Nach den Aussagen des Steuermanns Swales muß es überall auch noch fraglich erscheinen, ob nicht nach dem Insichtkommen jenes Ankerlichtes der „Nettlesworth" gleichfalls noch hätte zu Norden passiren können. Es gewinnt vielmehr den Anschein, als ob Lootse Witt der bestehenden Gewohnheit folgend auch jetzt noch absichtlich jenes sich gut markirende Blinkfeuer südlich ansteuerte, und seinen einmal eingeschlagenen Weg verfolgte.

Es kann daher auch eine eigentliche Entschuldigung, daß der „Nettlesworth" durch jenes vor Anker liegende Segelschiff noch südlicher gerieth, nicht gefunden werden, wenngleich in gewisser Weise die späteren Manöver des „Nettlesworth" dadurch beeinflußt sein mögen.

Es läßt sich die Handlungsweise des Witt an sich um so weniger entschuldigen, als er erwarten und bei seinem Verhalten berücksichtigen mußte, daß ihm entgegenkommende Dampfer die Südseite des Fahrwassers halten würden und er denselben in jenem Fahrwasser in nächster Nähe zu begegnen haben würde. Die Folge des südlichen Curses war denn auch die, daß der in jenem Fahrwasser aufkommende „Maas" nahezu recht voraus in Sicht kam und der „Nettlesworth" nun bei dem beabsichtigten Ausweichen nach Steuerbord in die Richtung des vor Anker liegenden Schiffes gerieth und durch dieses, wie Witt behauptet, an dem erfolgreichen weiteren Ausweichen behindert wurde.

Zwar wanderte das rothe Licht des „Maas" infolge des Backbordruders zunächst noch 1½ Strich nach Backbord aus und hatte der „Nettlesworth" dadurch dem Artikel 15 der Kaiserlichen Verordnung in der augenblicklichen Situation thunlichst entsprochen. Als aber dann der auf dem „Nettlesworth" beobachtete Lichterwechsel eintrat, wurde die Situation schwieriger. Was geschah aber nun auf dem „Nettlesworth"? Man behielt zunächst die ungeminderte Geschwindigkeit bei, welche infolge der Mitwirkung der Ebbe auf reichlich 11 Knoten geschätzt werden kann, gab bei dem Erscheinen des grünen Lichtes auf Backbord, Steuerbordruder und brachte das grüne Licht des Gegendampfers an Steuerbord in der Meinung, der Gegendampfer habe Steuerbordruder gegeben und wolle an Steuerbord passiren. Dann gab man bei dem plötzlichen Wiedererscheinen des rothen Lichts und dem Erkennen, daß der Gegendampfer unter Backbordruder lag, auch hart Backbordruder und stoppte nun erst die Maschine, weil der Gegendampfer gerade vor dem Bug des „Nettlesworth" lag. Die Folge war, daß der „Nettlesworth" mit voller Fahrt in den „Maas" hineinrannte.

Betrachtet man nun diese Manöver, so kann man dieselben, unter Berücksichtigung der ohnehin schon gesetzwidrigen Position des „Nettlesworth", nicht als richtig anerkennen.

Der Führer des „Nettlesworth" hätte vor Allem annehmen müssen, daß der entgegenkommende Dampfer der ihm gesetzlich obliegenden Pflicht nachkommen und die Südseite des Fahrwassers halten werde; er mußte daher alles versuchen, thunlichst denselben an seiner Backbordseite vorbei passiren zu lassen, die einmal geschaffene Situation so wenig wie möglich ändern, unter keinen Umständen aber Steuerbordruder geben, wodurch er noch weiter nach Süden hinüber schor und dem Gegendampfer die Möglichkeit nahm, ihn an der gesetzlich vorgeschriebenen Seite zu passiren. Die Curse der beiden Schiffe lagen einander einmal beinahe entgegengesetzt und war daher die Innehaltung der gesetzlichen Vorschrift im Flußrevier, einander an Backbord zu passiren, für jeden Pflicht.

Sobald der Lichterwechsel eintrat, welcher sich noch auf Backbordseite des „Nettlesworth" vollzog und erst durch das Steuerbordrudergeben des „Nettlesworth" auf die andere Seite verlegt wurde, (s. d. Aussage des Steuermanns Swales, Act. 23, S. 9), hätte auf dem „Nettlesworth" sofort die Fahrt gemindert, gestoppt, eventuell auch rückwärts gegangen werden müssen, da jedenfalls in diesem Augenblick die Collisionsgefahr eingetreten war. Denn nach Aussage von Witt konnte man nach Steuerbord des vor Anker liegenden Schiffes wegen nicht ausweichen, auf Backbord aber zeigten die erschienenen drei Lichter, bezw. das grüne Licht des „Maas" deutlich an, daß die zuerst einander entgegenstehenden Curse jetzt sich in gefahrdrohender Weise kreuzten. Dabei hätte Witt bedenken müssen, daß sein Schiff mit voller Maschinenkraft, unter Mitwirkung der vollen Ebbe fuhr, somit jedenfalls sich schnell dem vor ihm befindlichen Schiffe nähern würde. Witt will nun erst bei dem letzten Erscheinen des rothen Lichtes vor dem Bug des „Nettlesworth" an den Eintritt einer Collisionsgefahr gedacht haben. Es kann aber nicht zweifelhaft sein, daß die Collisionsgefahr, wie gezeigt, schon bei dem Wechsel der Lichter entstanden war und den Lootsen des „Nettlesworth" unter allen Umständen zur Beobachtung der Vorschrift des Artikels 18 der Kaiserlichen Verordnung hätte veranlassen sollen, umsomehr, als er sich bewußterweise auf der gesetzwidrigen Seite des Reviers befand.

Betrachtet man im Zusammenhalt mit diesen Ausführungen die Manöver des „Maas", so läßt sich gegen dieselben nichts einwenden.

Nach den Zeugenaussagen, die auf das Seeamt den Eindruck der vollsten Wahrheit gemacht haben, ist mit Bestimmtheit anzunehmen, daß man in vorschriftsmäßiger Weise die Elbe an der Südseite nach dem in Sicht befindlichen Altenbrucher Feuer aufsteuerte und nicht etwa, wie Lootse Witt behauptet, von der Nordseite herübergekommen sei und daß man dann nach dem Passiren jenes Feuers den bisherigen Curs in derselben Weise weitersteuerte. Nach dem unzweideutigen Zeugniß der drei unmittelbar mit der Führung bezw. der Steuerung des Schiffes beschäftigten Personen ist gleichfalls anzunehmen, daß während dieser ganzen Fahrt keine wirkliche Aenderung der Ruderlage an Bord des „Maas" stattgefunden hat, namentlich aber das Ruder nicht Steuerbord gelegt worden ist, wodurch dem entgegenkommenden „Nettlesworth" das grüne Licht hätte in Sicht gebracht werden müssen. Der auf dem „Nettlesworth" beobachtete Lichterwechsel des „Maas" ist daher nach Ansicht des Seeamts lediglich auf Rechnung eines etwaigen Gierens des „Maas" zurückzuführen, welches leicht bei der Fahrt stromauf gegen die Ebbe entstehen konnte. Es ist auch anzunehmen, daß das auf dem „Nettlesworth" beobachtete Gieren zu einer Zeit stattgefunden hat, wo man auf dem „Maas" den „Nettlesworth" noch nicht in Sicht bekommen hatte, denn auf dem „Maas" sah man nach dem Insichtkommen des schwachen Toplichtes und dem Erscheinen der drei Lichter eben an

Backbord unmittelbar vor der Collision nur noch das grüne Licht des „Nettlesworth“. Das Erscheinen der drei Lichter des „Nettlesworth“ auf dem „Maas“ muß daher zu jener Zeit gewesen sein, wo man auf dem „Nettlesworth“ bereits das Ruder Steuerbord legte. Dieser Steuerbordruderlage auf dem „Nettlesworth“ war aber der Lichterwechsel des „Maas“ bereits voraufgegangen.

Nach dem Insichtkommen der Lichter des „Nettlesworth“ auf dem „Maas“, ½ Strich an Backbord voraus, handelte Lootse Reeckmann völlig correct, wenn er das Ruder Backbord legte, denn diese Ruderlage brachte ihn noch mehr auf die Seite des Fahrwassers, auf welcher er sich nach Artikel 21 zu halten hatte, und entfernte ihn zugleich von dem entgegenkommenden Dampfer, von dem er, da er denselben an Backbordbug erblickte, erwarten mußte, daß auch er der Regel jenes Artikels 21 gehorchend an Backbordseite werde passiren wollen.

Von dieser Ruderlage ist der „Maas“ bezeugtermaßen nicht abgewichen; es wäre deshalb, wenn der „Nettlesworth“, wie oben gezeigt, in der durch sein erstes Backborduderdergeben geschaffenen Lage geblieben wäre und seinen Curs längs des vor Anker liegenden Segelschiffes beibehalten hätte, die Collision vermieden worden, denn der „Nettlesworth“ würde bald wahrgenommen haben, daß der entkommende Dampfer nach Süden hin auswich. Diese Situation wurde aber durch das Steuerbordruder des „Nettlesworth“ geändert, wodurch plötzlich auf dem „Maas“ das grüne Licht des „Nettlesworth“ in Sicht kam und die Curse beider Schiffe sich kreuzten. Es könnte sich nur noch fragen, ob man auf dem „Maas“ richtig handelte, das Ruder bei dem Insichtkommen des grünen Lichts des „Nettlesworth“ hart Backbord zu legen, oder ob man sich hätte darauf beschränken sollen, im Hinblick auf Artikel 16, die Bestimmung des Artikels 22 und des Artikels 18 anzuwenden, oder gar nach Artikel 23 das Ruder Steuerbord zu legen.

Es ist hierbei aber zu bedenken, daß diese Cursveränderung des „Nettlesworth“, wodurch das grüne Licht desselben in Sicht kam, sich so unerwartet und plötzlich in nächster Nähe vollzog, daß dem Lootsen des „Maas“ nichts anderes übrig blieb, als die zur Vermeidung der äußersten Collisionsgefahr ihm richtig erscheinenden Maßregeln zu treffen. Als solche waren das Beibehalten des Backbordruders und das dann sofortige Stoppen und Rückwärtsgehen die richtigsten. Auf dem „Maas“ konnte man, da man sich an der richtigen Seite des Fahrwassers befand, garnicht erwarten, daß der

Gegendampfer noch südlich passiren wollte. Es war deshalb das Bestreben, demselben an der gesetzlich vorgeschriebenen Seite noch weiter Platz zu machen, gewiß ein gerechtfertigtes. Außerdem konnte man aus dem Erscheinen des grünen Lichtes auf Backbord den Curs des Dampfers immer nur ungefähr erkennen und mußte erwarten, daß wenn man nur thunlichst nach der Seite auswich, nach welcher man schon begonnen hatte auszuweichen, der Zusammenstoß sich vielleicht noch würde vermeiden lassen. Gerade dieses letztere Moment, daß der „Maas" schon durch seine Backbordruderlage ein erhebliches Drehungsmoment nach rechts hatte, mußte auch dafür entscheidend sein, daß man nicht das Ruder stützte oder gar Steuerbord legte, denn durch das plötzliche Stützen oder Umlegen des Ruders nach Steuerbord würde die Wirkung, nach Steuerbord abzufallen, nicht momentan aufgehoben worden sein. Wäre schon deshalb ein plötzliches Steuerbordruderlegen voraussichtlich ohne Wirkung geblieben, so war auch ein Ausweichen nach Backbord nach Lootse Reeckmanns Aussage schon der großen Nähe des vor Anker liegenden Segelschiffes wegen nicht möglich.

Es war daher der Versuch des „Maas", nach Süden so weit wie möglich auszuweichen, verbunden mit dem sofortigen Stoppen und Rückwärtsarbeiten der Maschine, als man die Unmöglichkeit erkannte freizukommen, das in der gegebenen Situation einzig richtige Manöver.

Der Zusammenstoß der beiden Dampfer „Nettlesworth" und „Maas" ist hiernach lediglich auf die nach Anordnung des Lootsen Johann Peter Witt getroffenen Manöver des ersteren Schiffes zurückzuführen.

39. Spruch des Seeamts zu Brake vom 2. Dezember 1886, betreffend den Seeunfall der Schoonerbrigg „Hercules" von Brake.

Der Spruch des Seeamts lautet:

Der Verlust der Schoonerbrigg „Hercules", welche in leckem Zustande in der Nordsee verlassen wurde, ist dem schlechten Wetter zuzuschreiben, infolge dessen das Schiff leck gesprungen ist.

Dem Schiffer Köster ist ein Verschulden nicht zuzuschreiben.

Gründe. Die Schoonerbrigg „Hercules", Unterscheidungssignal NCJV, aus Brake, Schiffer Köster, ist am 6. November 1886 in der Nordsee auf der Reise vor Stockholm nach Rochester in sinkendem Zustande von der Besatzung verlassen worden. Das Schiff ist erbaut im Jahre 1859 und war vermessen zu 603,8 cbm = 213,14 britischen Register-Tons. Dasselbe hatte die Veritas-Klasse 5/6 1. 1. bis Frühjahr 1887 und die gleiche Klasse vom Germanischen Lloyd bis Frühjahr 1888, und war versichert zu 10000 M.

Auf Grund der Eintragungen im Schiffsjournal und der Zeugenaussagen des Schiffers Köster und des Steuermanns Weißkam ist über die Ursache des Unfalls Folgendes festgestellt worden:

Der „Hercules" verließ am 21. Oktober 1886 Stockholm mit einer Ladung von 1800 Quarters Hafer. Das Schiff hatte hinten und vorn 13 Fuß Tiefgang. Vor dem Einnehmen der Ladung war mit Planken und Brettern eine Garnirung gelegt und mit Matten bedeckt worden. Hinten und vorn waren Querschotten gesetzt und vom Fockmast bis zum Großmast waren Längsschotten 5 bis 6 Fuß tief unter den Deckbalken an der Backbordseite der Deckstützen befestigt. Das Pumpsod am Großmast war mit Brettern vernagelt und dreifach mit Matten belegt. Die Ladung war gut festgestampft worden. Die Pumpen waren klar.

Bis zum 6. November verlief die Reise gut. Trotz hohem Seegange machte das Schiff wenig Wasser. Am 6. November Morgens nahm der Wind aus SO zu, sodaß das Schiff bei hohem Seegange schwer arbeitete. Es wurde Fock-Obermars-Klüver und Mittelstag-Segel weggenommen. Nach 8 Uhr Morgens kam eine schwere Sturzsee an Deck und legte das Schiff auf Steuerbordseite. Es wurde das Großsegel eingenommen und gehalst, da das Schiff sich nicht wieder aufrichten wollte. Hierdurch richtete sich das Schiff wieder etwas auf. Alsbald fand sich aber 2 Fuß Wasser bei den Pumpen und wurden nun, indem das Schiff vor der See gehalten wurde, beide Pumpen in Thätigkeit gesetzt. Die Pumpen wurden nicht lenz, es kam bald Hafer mit heraus und um 2 Uhr Nachmittags war die Backbord-Pumpe verstopft und es fand sich 3 Fuß Wasser im Schiff. Das Nothsignal „NC" wurde geheißt und, da das große Boot schon durch eine Sturzsee zerschlagen war, das kleine Boot ausgesetzt, doch wurde dieses bei dem heftigen Schlingern des Schiffs alsbald zertrümmert. Um 6 Uhr kamen die Lichter des dänischen Schooners „Athene" von Thurö in Sicht, und da trotz anhaltenden Pumpens etwa 5 Fuß Wasser im Schiff waren, nahm der Schiffer die von der „Athene" angebotene Hülfe an. Der Steuermann und ein Matrose der „Athene“ holten mit eigener Lebensgefahr einen Theil der Mannschaft in einem Boot der „Athene“ ab, und da inzwischen der dänische Dampfer „Knuthenborg“, Schiffer Tornve von Bandholm, nahe gekommen war, brachte das genannte Boot die ganze Besatzung des „Hercules“ an Bord des Dampfers, auf dem dieselbe sehr freundlich aufgenommen und nach Newcastle on Tyne gebracht wurde. Nach Aussagen der Zeugen behielt der „Hercules“, nachdem die Sturzsee ihn auf die Seite legte, etwa 1 bis 2 Fuß Schlagseite nach Steuerbord. Der „Hercules“ wurde etwa auf 56 Grad 48 Fuß Nordbreite und 4 Grad 43 Fuß Ostlänge verlassen.

Als Ursache des Seeunfalls muß lediglich das am 6. November 1886 in der Nordsee eingetretene schlechte Wetter bezeichnet werden. Zwar hat der Schiffer die Vorschrift des Artikels 481 des Handelsgesetzbuchs, wonach ihm für die gehörige Stauung nach Seemannsbrauch zu sorgen obliegt, nach Ansicht des Seeamts nicht in vollem Maße erfüllt. Denn es muß als Seemannsbrauch bezeichnet werden, bei einem Schiffe von der Größe des „Hercules“ für leicht übergehende Ladungen Längsschotten durch den ganzen Schiffsraum zu setzen und nicht nur zwischen den Masten, dieselben ferner doppelt und auch zwischen den Deckbalken bis unter die Deckplanken anzubringen, und obwohl Hafer nicht zu den in dieser Beziehung gefährlichsten Ladungen gehört, so wäre doch die Anwendung der erwähnten Maßregeln auch hier durch die Vorsicht geboten gewesen. Allein daß durch die unzureichende Schottensetzung infolge Uebergehens der Ladung der Unfall herbeigeführt sei, war nicht anzunehmen, vielmehr hat es den Anschein, daß lediglich durch den schweren Seegang das Leckwerden des Schiffes herbeigeführt ist. Das Verhalten des Schiffers, nachdem der lecke Zustand des „Hercules“ erkannt war, bis zu dem nothwendig gewordenen Verlassen des Schiffes giebt zu keinerlei Ausständen Anlaß.

40. Spruch des Seeamts zu Bremerhaven vom 13. Dezember 1886, betreffend den Seeunfall des Schraubendampfers „Europa“ von Bremen.

Der Spruch des Seeamts lautet:

Die Explosion auf dem Dampfer „Europa“ am 1. November 1886 ist dadurch verursacht, daß Kohlengase, welche sich im hinteren Laderaum angesammelt und beim Betreten desselben seitens des Stewardsmaats Becker und des Kochsmaats Ohm durch die von ihnen geöffnete kleine Luke mit atmosphärischer Luft vermischt hatten, durch das von den Genannten benutzte Licht entzündet worden sind.

Es ist zwar nicht zu bezweifeln, daß das Betreten des Laderaums mit Licht verboten gewesen ist, scheinbar ist aber nicht genügend auf die Befolgung dieses Verbotes geachtet.

Auf die Herbeiführung des Unfalls ist die ungenügende Beschaffenheit der Ventilationsvorrichtungen von Einwirkung gewesen. Mit Rücksicht auf die geführte Kohlenladung wäre es erforderlich gewesen, daß entweder Ventilatoren in größerer Zahl oder solche mit größerem Durchmesser angebracht und dieselben außerdem so eingerichtet gewesen wären, daß sie bei jedem Wetter hätten stehen bleiben können.

Gründe. Der eiserne Schraubendampfer „Europa", Unterscheidungssignal QDLV, Heimathshafen Bremen, ist im Winter 1881/82 auf der Werft von H. F. Ulrichs in Vegesack erbaut, hat einen Raumgehalt von Brutto 5612,6 cbm und Netto 4099,4 cbm = 1447,09 britischen Register-Tons, ist mit einer Maschine von 850 indizirten Pferdekräften ausgestattet, gehört zur Rhederei von D. H. Wätjen & Co. in Bremen und steht seit seiner Erbauung unter Führung des Schiffers T. Wittneben in Geestemünde.

Das Schiff hat drei Hauptabtheilungen, den vorderen Laderaum, den Maschinenraum, in welchem sich auch die Bunker befinden, und den hinteren Laderaum. Die einzelnen Räume sind durch wasserdichte Schotten von einander getrennt. Die Laderäume sind durch ein Zwischendeck je in zwei Abtheilungen abgetheilt. Durch den hinteren Laderaum führt der Wellentunnel, welcher jedoch durch wasserdichte Wände vom Laderaum abgeschlossen ist.

Als der hier fragliche Unfall sich ereignete, befand sich der Dampfer auf einer Reise von Cardiff nach Colombo. In Cardiff hatte derselbe eine Ladung von 1932 Tons Wales Kohlen, welche als Ocean herthyr Steam Kohlen bezeichnet wurden, eingenommen und war damit dem Gewichte nach voll beladen, während sowohl vorn als hinten noch ziemlich viel Raum im Zwischendeck frei geblieben war. Die Kohlen waren aus Kippwagen direkt in die Laderäume gestürzt.

Dieselben waren beim Einnehmen sehr naß; es herrschte dabei

Regenwetter. Im hinteren Laderaum war außer Kohlen der grobe Proviant untergebracht, insbesondere auch die Kartoffeln.

Das Schiff hat vier Ladeluken, für jeden Laderaum zwei. Außerdem befindet sich im Kajütseingange eine kleine Luke, welche in das hintere Zwischendeck führt.

Jeder Laderaum hat zwei Ventilatoren, den einen vorn, den anderen hinten. Dieselben haben im Rohr eine Weite von etwa 9 Zoll und oben eine solche von etwa 20 Zoll. Ihre Höhe beträgt 5 bis 6 Fuß. Die Köpfe haben keine Biegung nach unten, sondern stehen schräg nach oben. Die Einrichtung ist eine solche, daß die Ventilatoren bei schlechtem Wetter abgenommen werden müssen. Geschieht dieses, so werden die untersten festen Stücke des Rohrs durch Kappen aus Holz und Segeltuch verschlossen.

Nachdem die Beladung am 15. Oktober beendet war, erfolgte der Antritt der Reise am 17. Oktober 1886. Bis Malta, welches am 26. Oktober erreicht wurde, verlief die Reise günstig. Die Luken und Ventilatoren konnten mit Ausnahme des ersten Reisetages stets offen gehalten werden. Die Weiterreise von Malta erfolgte am 26. Oktober Abends bei günstigem Wetter. In der Nacht zum 28. Oktober trat heftiger Wind ein verbunden mit hohem Seegang, bei welchem das Schiff stark stampfte und viel Wasser an Deck nahm. Es wurden deshalb die bis dahin offen gehaltenen Luken zugelegt, je mit zwei neuen Persenningen bedeckt und diese verschalkt, während die Ventilatoren abgenommen und die Oeffnungen mit Kappen dicht geschlossen wurden. Das schlechte Wetter hielt bis zum 1. November Morgens an. Während dieser Zeit waren die Luken und Ventilatoren fortwährend geschlossen. Am 1. November in der Frühe nahmen Wind und Seegang ab, weshalb um 5 Uhr die beiden Vorderluken geöffnet und die drei hinteren Ventilatoren aufgesetzt wurden. Die beiden Hinterluken konnten noch nicht geöffnet werden, weil das Hinterdeck noch zeitweise mit Wasser angefüllt war. Der vorderste Ventilator konnte nicht aufgesetzt werden, weil man ihn, damit er nicht im Wege liege, am 28. Oktober in den Hinterraum gebracht hatte und nun, so lange die Hinterluken noch geschlossen waren, nicht zu ihm gelangen konnte.

Der erste Steuermann Müller hatte am 1. November von 4 bis 8 Uhr Morgens die Deckwache, während der erste Maschinist Sohn zusammen mit dem Assistenten Dienstmeier die Maschinenwache wahrnahm. Schiffer Wittneben befand sich nebst seiner Frau in der Kajüte um zu schlafen.

Etwa um 6 Uhr wollten der Kochsmaat Ohm und der Stewardsmaat Becker Kartoffeln aus dem hinteren Laderaum heraufholen. Sie thaten dies täglich und stiegen dabei durch die im Kajütseingange befindliche kleine Luke nach unten. Ueber den Vorgang am 1. November hat der Kochsmaat Ohm, welcher erst 15 Jahre alt und deshalb nicht beeidigt ist, vor dem Consulat in Port Said folgendes ausgesagt:

Um 6 Uhr rief ich den Stewardsmaat Becker, um mir beim Heraufholen von Kartoffeln aus dem Laderaum zu helfen. Ich nahm eine kleine Handlaterne, in welcher sich noch ein ganz kleines Stearinkerzenstück befand, Becker zündete dasselbe oben in der Kajüte an, und wir stiegen beide dann in die unter der Kajütstreppe befindliche Luke, in welcher wir uns auf den eisernen Brodbehälter stellten. Kaum hinunter gestiegen war die Laterne in einem Nu voll Feuer und löschte eben so rasch wieder aus. Becker blieb in der Luke zurück und ich ging in die Pentry zum Steward Müller und verlangte eine neue Stearinkerze, die ich, weil dieselbe zu lang, durchschnitt, die eine Hälfte zu mir steckte und die andere in der Laterne befestigte. Darauf begab ich mich zur Luke zurück, und da ich kein Zündhölzchen bei mir hatte, hielt ich die offene Laterne dem Becker hinunter, damit derselbe sie anzünde. Becker zündete die Kerze an und ich wollte die Laterne jetzt schließen, als in demselben Moment mir Feuer ins Gesicht schlug, ich hörte einen starken Knall, sah Flamme und Rauch und wurde mit fortgeschleudert.

Der vom Consulat in Port Said eidlich vernommene Steward Müller hat den Vorfall geschildert wie folgt:

„Stewardsmaat Becker und Kochsmaat Ohm kamen in die Kajüte, um Kartoffeln aus dem Zwischendeck herauszuholen. Becker stieg in die unter der Kajütstreppe befindliche Luke hinunter und blieb auf dem daselbst stehenden eisernen Brodbehälter, der ungefähr 6 Fuß hoch ist, stehen, während Ohm zu mir kam und mich um ein Stearinlicht bat. Ich gab es ihm und sah, wie er es in der mitgebrachten Laterne befestigte. Er ging darauf aus der Pentry und ich hörte, wie er den unten stehenden Becker um ein Streichholz ersuchte, worauf dieser sagte, Ohm solle nur die Laterne herunterreichen. Ich stand derzeit in der Thür der Pentry, dann trat ich wieder in die Pentry ein, um meinem Geschäft nachzugehen, hörte aber noch die Erwiderung Ohms, der Becker solle ein Streichholz heraufreichen. Gleich darauf erfolgte die Explosion. Ich wurde in die Höhe geschleudert und im selben Moment fiel Alles über mir zusammen."

Der Schiffer Wittneben, dessen Frau und der Stewardsmaat Becker wurden gleichfalls in die Höhe geschleudert und mit Trümmern überschüttet. Ohm und Becker hatten schwere Brandwunden erhalten, welchen der Letztere später in Port Said erlegen ist. Die übrigen Personen hatten viele Quetschungen, jedoch keine erhebliche Verwundungen erlitten.

Durch die Explosion war das ganze Hinterdeck auseinandergerissen und die beiden Hinterluken weit weggeschleudert. Da aus den offenen Luken Rauch und Flammen emporstiegen, ließ der erste Steuermann den Schlauch anschrauben und die Pumpe in Gang setzen, und wurde das Feuer sodann innerhalb 5 Minuten gelöscht. Die beiden verletzten Schiffsjungen wurden mit in Leinöl getränkten Oellappen verbunden und in die Koje getragen. Nachdem sodann die Trümmer thunlichst bei Seite geräumt, die Steuerleitung wieder klar gemacht, und die Luken sowie die übrigen Oeffnungen im Deck nothdürftig gedichtet waren, man sich auch überzeugt hatte, daß das Schiff kein Wasser machte, wurde um etwa 7 Uhr Morgens die Reise nach Port Said fortgesetzt. Dieser Hafen wurde um 12 Uhr Nachts erreicht. Das Schiff wurde daselbst besichtigt und, nachdem die ganze Ladung gelöscht war, nothdürftig reparirt. Sodann fuhr dasselbe behufs weiterer Reparatur nach Bremerhaven.

Der Befund der Besichtiger geht, soweit er sich auf die Beschädigungen des Schiffes bezieht, dahin, daß das Deck vom Hintertheile nach dem Vordertheile hin und zwar bis in die Höhe des hinteren Ladungslukendeckels sowie die darauf befindlichen Kajüten, Salon und Hütte emporgehoben seien und daß diese Hebung bewirkt habe, daß die fünf Querhölzer des Deckes, welche die fünf Inhölzer des Hintertheils verbinden, in der Mitte durchgebrochen und daß alle Abtheilungen, die sich darüber befinden, verschoben und zerbrochen seien.

Die Laterne, welche die Schiffsjungen beim Betreten des Hinterraums benutzt haben, ist später unter den Trümmern aufgefunden. Dieselbe ist vierkantig, hat an jeder Seite eine ringsum festgelöthete Glasscheibe und hat außer der Thür und kleinen im Schornsteine befindlichen Löchern keine Oeffnungen.

Der Schiffer hat ausgesagt, daß er dem ersten Steuermann in Cardiff aufgetragen habe, dem Jungen Ohm — welcher allein im Raume etwas zu thun gehabt habe — das Betreten des Raumes mit Licht zu untersagen. Der betreffende Steuermann hat seiner

Angabe zufolge diesen Befehl bereits in Cardiff ausgeführt, ohne jedoch Ohm auf die mit der Benutzung von Licht verknüpfte Gefahr aufmerksam zu machen. Seitens des Untersteuermanns Krause, des Maschinisten Sohn und des Assistenten Dienstmeier ist ferner angegeben, daß am Tage nach der Abreise von Cardiff die Kartoffeln nach Petroleum geschmeckt hätten und infolge dessen Krause dem Jungen Ohm den Gebrauch von irgend welchem Licht im Raume aufs Strengste verboten habe, nachdem von Ohm eingestanden sei, daß er mit einer Petroleumlampe in den Raum gegangen, dieselbe dort umgefallen und Petroleum auf die Kartoffeln geflossen sei. Keiner der Schiffsoffiziere hat später etwas davon bemerkt, daß die Schiffsjungen sich beim Heraufholen von Kartoffeln aus dem Raume eines Lichtes bedient haben.

Der Kochsmaat Ohm hat über die Benutzung von Licht und das in Bezug darauf ertheilte Verbot Folgendes angegeben:

> „Schon von Antwerpen aus ging ich stets mit einer Laterne, worin ein Petroleumlämpchen brannte, in den Laderaum, um Kartoffeln zu holen, was täglich zweimal geschah. Die ersten Tage nach Cardiff fiel mir einmal die Laterne im Laderaum um, wobei etwas Petroleum auslief und auf die Kartoffeln kam. Der zweite Steuermann Krause gab mir damals Befehl, nicht mehr mit Petroleumlicht nach Kartoffeln zu gehen. Ich verlangte dann bei Bedarf Stearinkerzen vom Steward Müller, der sie mir stets verabfolgte. Auf einen Befehl, überhaupt nicht mit Licht in den Laderaum zu gehen, kann ich mich nicht besinnen."

Seitens des Stewards Müller ist hierüber folgende Aussage gemacht:

> „Ich habe nur gewußt, daß es unstatthaft sei, mit offenem Licht oder mit einer Petroleumlampe in den Raum hinunter zu gehen, dagegen habe ich nichts dabei gefunden, das Stearinlicht für eine geschlossene Laterne herzugeben, umsomehr es bei der Einrichtung des Schiffes ganz unmöglich gewesen wäre, bei schlechtem Wetter ohne Licht irgend etwas aus dem Zwischendeck heraufzuholen. Von einem Verbot, überhaupt mit Licht in den Laderaum zu gehen, wie es dem Kochsmaat Ohm seitens der Schiffsoffiziere gemacht worden sein soll, habe ich keine Kenntniß. Die beiden Jungen gingen täglich zweimal in den Laderaum, um Kartoffeln zu holen und dies während der ganzen Dauer der Reise von Cardiff; sie waren oftmals,

insbesondere während der letzten Tage, als das Wetter schlecht war, zuletzt noch am Vorabend der Explosion um 5 Uhr mit Licht unten gewesen und Niemand dachte daran, daß dies gefährlich sein konnte. — Ich habe niemals gesehen, daß Ohm mit einer Petroleumlampe durch die Kajüte in den Laderaum ging, um Kartoffeln zu holen. Schon am Sonntag Nachmittag, als wir von Cardiff ausgingen, verlangte Ohm von mir ein Stearinlicht für die Laterne."

Der Schiffer hat erklärt, daß nach seiner Meinung Ohm sehr gut ohne Licht im Raum habe fertig werden können.

Schließlich ist noch hervorzuheben, daß der Junge Ohm auf die Frage, wie er es sich erkläre, daß beim erstmaligen Anzünden der Laterne dieselbe voll Flamme gewesen sei und ob ihm dabei keine Gefahr vorgeschwebt habe, ausgesagt hat, daß er das vorübergehende Aufflammen in der Laterne darauf bezogen habe, daß das darin befindliche Kerzenstück zu klein gewesen sei, schmelzend mehr Flamme gemacht habe und dann ausgelöscht sei; von Gasen oder Wirkungen solcher habe er nichts gewußt.

Auf Grund des dargelegten Sachverhalts steht es außer Frage, daß die Explosion dadurch verursacht ist, daß Grubengase, welche sich im hinteren Laderaum angesammelt hatten und beim Oeffnen der kleinen Luke sich mit atmosphärischer Luft vermischten, durch das von den Schiffsjungen Ohm und Becker benutzte Licht entzündet worden sind.

Daß die in Kohlen sich entwickelnden Grubengase bei entsprechender Mischung mit atmosphärischer Luft und bei gleichzeitigem Hinzutritt einer Flamme explodiren, ist hinlänglich bekannt. Nach den bisherigen Erfahrungen sind Wales-Kohlen besonders gashaltig. Die von der „Europa" geladenen Kohlen waren außerdem sehr naß in das Schiff gekommen, ein Umstand, welcher für die Gasentwickelung förderlich war. Ferner ist anzunehmen, daß das schlechte Wetter an den letzten Tagen vor der Explosion sowohl deshalb, weil bei niedrigem Barometerstand die Entwickelung der Gase eine stärkere sein soll, als auch insofern von Einfluß gewesen ist, als bei demselben eine starke Reibung der Kohlen stattgefunden habe und dadurch gleichfalls die Gasentwickelung gefördert sein wird. Da die Luken und Ventilatoren während des schlechten Wetters haben geschlossen gehalten werden müssen und mithin während dieser Zeit gar keine Ventilation stattgefunden hat, so ist die Annahme gerechtfertigt, daß sich während dieser Zeit ein erhebliches Quantum Gas in dem Bodenraum angesammelt hat, und daß die Zeit von einer Stunde, während welcher die beiden Ventilatoren des hinteren Laderaumes vor der Explosion aufgesetzt gewesen sind, zum Abführen der Gase nicht genügt hat.

Das Vorhandensein von Gasen zeigte sich bereits beim ersten Anzünden der Laterne durch das Aufflammen derselben, ein charakteristisches Zeichen für die Anwesenheit von Grubengasen, welches jedoch unbeachtet blieb, weil die beiden Schiffsjungen offenbar nichts von Kohlengasen und deren Wirkung gewußt haben. Durch den Geruch konnten ihnen die Gase auch nicht bemerklich werden, da diese Grubengase im Gegensatz zum Leuchtgas vollständig geruchlos sind. Beim ersten Aufflammen der Laterne ist die Explosion vermuthlich noch nicht erfolgt, weil sich noch kein hinreichend explosives Gemisch aus Luft und Gas gebildet hatte. Zufolge weiteren Ausströmens der vermöge ihrer Leichtigkeit nach oben ziehenden Gase aus der geöffneten kleinen Luke wird aber bald darauf eine Mischung von Luft und Gas in solchem Verhältniß zu einander entstanden sein, daß bei der Berührung mit einer Flamme die Vorbedingungen für eine Explosion vorhanden waren.

Mit Rücksicht auf die große Gefahr, welche die den Kohlen entströmenden explodirbaren Gase für Schiffe mit Kohlenladungen mit sich bringen, ist ein Betreten der Räume, in welchen Kohlen untergebracht sind, mit Licht völlig zu vermeiden. Im vorliegenden Falle hat der Schiffer in dieser Beziehung zwar insofern seine Pflicht gethan, als er ein entsprechendes Verbot ertheilt hat, auch ist festgestellt, daß der Umstand, daß Ohm beim Heraufholen von Kartoffeln eine Petroleumlampe umgeworfen hatte, und die Kartoffeln infolge dessen nach Petroleum schmeckten, zu einem nochmaligen Verbot seitens des Untersteuermanns Anlaß gegeben hat, andererseits haben aber der Schiffer und die Steuerleute augenscheinlich nicht ordentlich auf die Befolgung des Verbots geachtet, es hätte ihnen sonst nicht entgehen können, daß die Schiffsjungen regelmäßig zweimal täglich den Laderaum mit Licht betreten haben. Die beiden Schiffsjungen haben sich durch das anhaltende Nichtbeachten des Verbots eines groben Ungehorsams schuldig gemacht. Wenngleich es selbstverständlich ist, daß dieselben, auch ohne die Gründe für die Ertheilung des Verbots zu kennen, zur gewissenhaften Befolgung desselben verpflichtet waren, so würde es doch zweckmäßig gewesen sein, dem Verbot eine Belehrung über die mit der Benutzung von Licht verknüpften Gefahren hinzuzufügen. Abgesehen davon, daß das Verbot dann eher Beachtung gefunden haben würde, erscheint auch die Möglichkeit nicht ausgeschlossen, daß die Schiffsjungen dann beim ersten Aufflammen der Laterne das Vorhandensein einer Gefahr erkannt und ein nochmaliges Anzünden von Licht unterlassen hätten.

Um das Abziehen der in Kohlen sich entwickelnden Gase zu bewirken, ist die Anbringung hinreichender Ventilationsvorrichtungen durchaus erforderlich, und zwar ist eine Oberflächenventilation mit Rücksicht auf das Emporsteigen der Gase nach der Oberfläche als am meisten geeignet anzusehen. Eine solche ist auch auf der „Europa" vorhanden gewesen, nach Ansicht des Seeamts jedoch nicht in genügendem Umfange, es hätten vielmehr entweder mehr Ventilatoren oder solche von größerem Durchmesser angebracht werden müssen. Außerdem ist eine derartige Einrichtung derselben erforderlich, daß sie bei jedem Wetter geöffnet bleiben können.

Den Schiffer für die ungenügende Beschaffenheit der Ventilationsvorrichtungen verantwortlich zu machen, sieht sich das Seeamt nicht veranlaßt, da zu seinen Gunsten angenommen werden darf, daß er über die mit Kohlenladungen verknüpften Gefahren nicht hinreichend unterrichtet gewesen ist. In Betreff Benutzung der vorhandenen Ventilationsvorrichtungen hat er es an der erforderlichen Sorgfalt nicht fehlen lassen.

41. Sruch des Seeamts zu Hamburg vom 22. Dezember 1886, betreffend den Zusammenstoß des Vollschiffes „Helene" von Bremen mit dem britischen Schraubendampfer „Ashfield."

Der Spruch des Seeamts lautet:

Die Collision des Vollschiffes „Helene" von Bremen mit dem britischen Schraubendampfer „Ashfield" ist durch letzteren herbeigeführt, indem dieser nicht rechtzeitig der ihm obliegenden gesetzlichen Pflicht zum Ausweichen nachkam.

Die Führung der „Helene" trifft kein Verschulden.

Thatbestand und Gründe. Am 25. September 1886 ereignete sich zwischen dem deutschen Vollschiff „Helene" und dem englischen Schraubendampfer „Ashfield" in der Nordsee ein Zusammenstoß, durch welchen ersteres Schiff erheblich beschädigt wurde; dasselbe war indeß im Stande seine Reise nach der Elbe fortzusetzen.

Das in Bremen heimathsberechtigte, zu 3515,8 cbm = 1241,08 britischen Register-Tons Netto-Raumgehalt vermessene Vollschiff „Helene“, Unterscheidungssignal QDHK, welches früher unter amerikanischer Flagge den Namen „Geo. M. Adams“ führte, hatte New York am 17. August 1886 unter Führung des Schiffers Ferdinand Wilhelm Bambach, mit einer Ladung Petroleum nach Hamburg bestimmt, verlassen. Nachdem die Reise bis zum 24. September ohne besondere Vorkommnisse verlaufen und der Kanal durchsegelt war, erblickte man um Mitternacht vom 24. auf den 25. September das North Hinder Feuerschiff OzS per Compaß in der Kimm. Der Wind wehte unbeständig aus NW. Es war eine dunkle Nacht, aber sehr gut feuersichtig. Der Wind raumte gegen Morgen etwas aur und lag die „Helene“ beim Winde mit Backbordhalsen ungefähr NzO½O an, etwa 4 bis 5 Seemeilen Fahrt per Stunde machend. Um 20 Minuten vor 4 Uhr bemerkte der die Wache habende erste Steuermann Kohlsaat 4 bis 5 Striche an Steuerbord voraus ein helles Licht und etwa 10 Minuten später auch ein rothes Licht. Auch vom Ausguck wurden diese Lichter gemeldet und erkannte man sogleich, daß es ein von Lee her kommender Dampfer sei. Der Steuermann fragte den vorne auf der Back auf Ausguck befindlichen Segelmacher Hutfilter, ob das grüne Licht der „Helene“ auch gut brenne, was dieser bejahte. Die Seitenlaternen der „Helene“ befanden sich an der Vorderkante der Fockrüsten. Als dann der Schraubendampfer, ohne seinen Curs zu ändern, immer näher kam, lief Steuermann Kohlsaat selbst nach vorne und überzeugte sich von dem Hellbrennen der grünen Laterne. In diesem Augenblick kam die Steuerbordwache zum Wechseln der Wache an Deck, mit derselben auch der Schiffer Bambach. Da Alle sofort bemerkten, daß der Schraubendampfer gerade auf die „Helene“ zukam, rief die gesammte Mannschaft denselben an. Als dies den Schraubendampfer nicht zum Aendern seines Curses veranlaßte und die beiden Schiffe schon ganz dicht bei einander waren, ertheilte Steuermann Kohlsaat dem am Ruder stehenden Matrosen Schäffer den Befehl, aufzuluven, was dieser auch ausführte, so daß die „Helene“ etwa Nord anlag. Jetzt schien es endlich, als ob der Dampfer die Maschine rückwärts arbeiten ließ und seinen Curs veränderte, doch war es schon zu spät. Mit dem Backbordbug rannte derselbe bei den Kreuzrüsten in die „Helene“ hinein und drückte deren ganze Seite vom Braßbaum bis zum Fallreep oberhalb der Kreuzrüstklampen so stark ein, daß das ganze Kofferdeck und die Kajüte stark nach innen versetzt und die ganze Kajütseinrichtung verschoben wurde. Ferner wurden die Regeling, die feste obere Regeling und die Rüstklampen zersplittert. Auch dem Oberschiff wurden bei dem Schandeckel und dem Wassergang schwere Beschädigungen zugefügt. Das Schiff, welches bis dahin dicht gewesen war, begann Wasser zu machen, so daß anzunehmen war, daß dasselbe infolge des Stoßes auch unterhalb der Wasserlinie Beschädigungen erlitten hatte. Der Schraubendampfer faßte dann mit seinen Davits hinter die Bram- und Oberbram-Pardunen der „Helene" und riß auf diese Weise die Großbramstänge mit der Oberbramraa und der Bramraa sowie den Segeln nebst dem stehenden und laufenden Gut über Bord. Das Schiff gerieth dadurch in Gefahr, von den Rundhölzern infolge der bewegten See leckgestoßen zu werden. Ferner wurde das Großsegel total zerrissen und ging mit den Brassen und Blöcken verloren. Alsdann kam der Schraubendampfer vom Schiffe frei und blieb bis 7 Uhr Morgens in der Nähe desselben. Auf dem Heck des Schraubendampfers las man den Namen „Ashfield" von Stockton.

Am Bord der „Helene" wurde inzwischen der Schaden so gut wie möglich provisorisch reparirt und setzte dieselbe dann die Reise fort, während der Schraubendampfer nordwärts weiter steuerte.

Am 27. September Nachmittags traf die „Helene" auf der Elbe ein, man nahm den Schleppdampfer „Athlet" an und ging nach Hamburg auf.

Nach Entlöschung der Ladung mußte die „Helene" sich einer gründlichen Reparatur unterwerfen. Der durch diesen Zusammenstoß verursachte Schaden wurde von Sachverständigen auf ungefähr 27 300 M. geschätzt.

Eine Vernehmung der Mannschaft des britischen Schraubendampfers „Ashfield" hat vor dem Seeamt nicht stattfinden können. Durch Vermittelung der consularischen Vertretung in England sind dem Seeamt indeß ein Journalauszug jenes Schraubendampfers, die vor dem englischen Strandbeamten zu Cardiff gemachten eidlichen Aussagen des Schiffers Wardale und des zweiten Steuermanns Thompson über jene Collision, sowie endlich die Protokolle und der Spruch des Local Marine Board zu Bristol über eine dort im Zusammenhange mit dieser Collision gegen Schiffer Wardale erhobene Anklage wegen pflichtwidrigen Verhaltens und Trunkenheit zu Händen gekommen.

Diesen Dokumenten zufolge findet der Hergang auf Seiten des „Ashfield" folgende Darstellung.

Der Schraubendamfer „Ashfield", Unterscheidungssignal RSTD,

ist im Jahre 1878 in Stockton erbaut und daselbst beheimathet. Der Netto-Raumgehalt desselben beträgt 994 britische Register-Tons. Die Maschine hat 150 Pferdekräfte.

Am 24. September, Nachmittags 5 Uhr, hatte der „Ashfield“ den Hafen von Rotterdam in Ballast mit der Bestimmung nach Cardiff verlassen und befand sich am Morgen des 25. September um 4 Uhr 30 Minuten nach seiner Schiffszeit, ungefähr 20 Seemeilen OSO vom Galloper Feuerschiff, W$^{1}/_{2}$N anliegend. Es wehte eine leichte Briese aus SO. Nach den vor dem Strandbeamten zu Cardiff zunächst gemachten Aussagen will Schiffer Wardale zur angegebenen Zeit im Kartenhause gewesen sein und war der Steuermann auf der Commandobrücke, als ein helles Licht auf Backbord erschien, dessen Abstand man auf eine Seemeile schätzte. Man glaubte einen Mitsegler vor sich zu haben, legte das Ruder Backbord, als nach kaum 1$^{1}/_{2}$ Minuten plötzlich ein trübes grünes Licht dicht an Backbord erschien. Anscheinend fiel jenes Schiff unter Backbordruder nach Steuerbord ab. Es sei dann volle Kraft rückwärts commandirt worden, dies Manöver jedoch ohne Wirkung geblieben und wäre dann auch sofort der Zusammenstoß erfolgt. Schiffer Wardale will erst infolge des Zusammenstoßes auf die Brücke gekommen sein.

Die Verhandlung vor dem Local Marine Board zu Bristol entrollt aber ein etwas anderes Bild über den Hergang.

Nach den dortigen Zeugenaussagen ist Schiffer Wardale am Nachmittag des 24. September schon in einem angetrunkenen Zustand an Bord gekommen. Nach Angabe des Steuermanns Thompson war er sehr betrunken, nach Steward Clatworthy, welcher mit dem Schiffer zugleich an Bord kam, hatte er nur getrunken, war aber nicht betrunken; nach Maschinist Hollingworth schien Schiffer Wardale Getränke zu sich genommen zu haben und war erregt, doch nicht betrunken. Nach den Zeugenaussagen hatte ferner der Steuermann Thompson Wache bis Mitternacht, Schiffer Wardale Nachts von 12 bis 4 Uhr. Erst um 12 Uhr 30 Minuten kam der Schiffer auf die Brücke, um den Steuermann abzulösen. Als Thompson um 4 Uhr 10 Minuten wieder auf Deck kam, saß Wardale mit niedergebeugtem Kopfe auf der Brücke und schlief. Thompson, welcher bei dem Betreten der Brücke ein helles Licht etwa anderthalb Strich voraus am Backbord erblickte, holte sich das Nachtglas, um jenes Licht zu beobachten. Dies hörte der Schiffer und fragte erwachend, wer dort wäre. Thompson, welcher inzwischen das Licht beobachtete und ein mitsegelndes Schiff in einer Seemeile Entfernung zu entdecken glaubte, ließ, als er bemerkte, daß der Schiffer sich entfernt hatte, das Ruder hart Backbord legen, die Maschine stoppen und dann volle Kraft rückwärts ansetzen. Während er behufs Ausführung dieser Manöver noch die Hand auf dem Maschinentelegraphen hielt, die Schiffe aber einander schon trafen, stürzte Schiffer Wardale auf die Brücke, schlug den Steuermann auf den Mund und zerriß ihm seinen Rock. Bezeugtermaßen begann nun zwischen beiden ein heftiger Streit um die Handhabung des Telegraphen, welchen Schiffer Wardale auf volle Kraft vorwärts hatte setzen wollen, während Thompson es bei dem von ihm gegebenen Commando belassen wollte. Nachdem inzwischen die Schiffe wieder von einander frei geworden waren, erklärte Thompson dem Schiffer, er würde ihn in Eisen legen und rief den Maschinisten und den Steward zur Hülfe, doch legten diese schließlich, dem Befehl des Schiffers gehorchend, den Steuermann in Eisen.

Von der dieses Verhaltens wegen gegen den Schiffer Wardale erhobenen Anklage sprach das Local Marine Board den Letzteren frei.

Jenes Urtheil liegt dem Seeamt ohne nähere Begründung vor und vermag dasselbe daher nicht zu ermessen, welchen Eindruck jene Behörde von der Wahrhaftigkeit der Zeugen im Einzelnen gewonnen hat, um jene Entscheidung zu fällen.

Das Seeamt kann seinerseits nur nach den vorliegenden beschworenen Aussagen der Zeugen urtheilen und kommt hiernach zu dem Resultat, daß die Collision jenes Dampfers mit der „Helene" nur auf eine grobe Nachlässigkeit in der Führung des Dampfers „Ashfield" zurückzuführen ist. Daß die Zustände an Bord des „Ashfield" höchst bedenklicher Art gewesen sein müssen, ergeben ohne Weiteres die Zeugenaussagen. Schiffer Wardale kommt bei der Abfahrt des Schraubendampfers betrunken, oder doch wenigstens angetrunken an Bord, schläft während seiner Wache auf der Brücke ein — wie lange er geschlafen, steht dahin — und greift dem Steuermann gegenüber, welcher die Collision durch Stoppen und Rückwärtsgehen abzuschwächen versucht, zu Thätlichkeiten und besteht seinerseits darauf, mit voller Fahrt weiter zu dampfen. Schließlich legt er den Steuermann noch in Eisen. Freilich sagt auch einer der vernommenen Zeugen aus, daß Steuermann Thompson ihm ebenfalls angetrunken und erregt erschienen sei. In wie weit im Einzelnen die Behauptungen der Zeugen völlig den Thatsachen entsprechen, namentlich auch bezüglich der Trunkenheit des Steuermanns Thompson, kann dahingestellt bleiben, jedenfalls steht soviel fest, daß der „Ashfield" zur Zeit der Annäherung an die „Helene" thatsächlich ohne Führung gewesen ist, da Schiffer

Wardale zu jener Zeit auf der Brücke eingeschlafen war. Ob auf dem „Ashfield" gleichfalls Niemand auf Ausguck gewesen ist, ergeben jene Zeugenaussagen nicht, nach den geschilderten Zuständen an Bord des „Ashfield" ist aber auch dies zu vermuthen, da bei ordnungsmäßiger Meldung der in Sicht gekommenen „Helene" Schiffer Wardale vielleicht noch rechtzeitig aus seinem Schlummer erweckt wäre. Es unterliegt hiernach keinem Zweifel, daß der Schraubendampfer „Ashfield" lediglich infolge dieser unverantwortlichen Nachlässigkeit seiner gesetzlichen Pflicht zum rechtzeitigen Ausweichen nicht nachgekommen ist. Als eine glückliche Fügung kann es schließlich noch betrachtet werden, daß im letzten Augenblick der Steuermann Thompson durch Rückwärtsarbeiten der Maschine und Backborduderlegen die Collision in ihrer Wirkung abgeschwächt hat, denn wäre der „Ashfield" mit voller Fahrt gerade auf die „Helene" eingelaufen — die Curse beider Schiffe lagen ungefähr rechtwinklig zu einander — so wäre deren Untergang gewiß und mit demselben höchst wahrscheinlich auch ein Verlust von Menschenleben verbunden gewesen. Nach Ansicht der Mannschaft der „Helene" wäre nun freilich der Schraubendampfer mit Steuerbordruder von der „Helene" freigegangen. Daß Steuermann Thompson dies Manöver nicht angeordnet, wird ihm weniger zum Vorwurf gereichen, weil er erst unmittelbar vor der Collision auf die Brücke kam und sich plötzlich jener drohenden Situation gegenüber sah, überdies auch zunächst jenes vorausbefindliche Licht für ein helles Licht und das dasselbe zeigende Schiff für einen Mitsegler hielt und diesem mit Backbordruder ausweichen wollte. Erst im letzten Augenblick erblickte er das grüne Licht der „Helene" und blieb ihm weiter nichts anderes zu thun übrig, als die Maschine auf „rückwärts" zu stellen.

Ob seitens des Steuermanns Thompson das Erblicken des hellen Lichtes auf eine Täuschung beruht oder ob er wirklich zunächst etwa das helle Licht eines Fischerfahrzeuges gesehen hat, wie solche nach Aussage des Steuermanns Kohlsaat thatsächlich dort zu sehen waren, muß dahingestellt bleiben. Der positiven Behauptung der Mannschaft der „Helene" gegenüber muß das Seeamt annehmen, daß ein helles Licht auf der „Helene" jedenfalls nicht zu sehen war.

Nach der ganzen Sachlage wird auf diese Aussage des Steuermanns Thompson weniger Gewicht zu legen sein, ebenso wie auf seine und Schiffer Wardales Aussage über die Windrichtung. Beide werden nach den geschilderten Zuständen schwerlich hierüber zuverlässige Wahrnehmungen gemacht haben, am wenigsten aber Steuermann Thompson, der kurz nach der Katastrophe in seine Kammer eingesperrt wurde.

Betrachtet man im Zusammenhalt mit diesen Ausführungen das Verhalten der „Helene," so war dasselbe in jeder Weise correct.

Es wurde gut Ausguck gehalten, die Lichter des Schraubendampfers rechtzeitig gemeldet, dieselben beobachtet und der einmal gesteuerte Curs stetig beibehalten. Man überzeugte sich von dem Hellbrennen des dem Schraubendampfer in Sicht befindlichen eigenen grünen Lichtes, welches vorschriftsmäßig angebracht war und durfte daher jederzeit das Ausweichen des Schraubendampfers erwarten, da es gutes feuersichtiges Wetter war. Daß der Schraubendampfer dies nicht that, erschien Allen am Bord unbegreiflich, man rief mit der gesammten Mannschaft den Dampfer an und als auch dies nicht sogleich half, luvte man auf. Hierzu war man der eigenen Sicherheit wegen gezwungen und hat dies jedenfalls mit zu dem günstigen Verlauf der Collision beigetragen. Dafür, daß die „Helene" nach Steuerbord abgefallen wäre, wie dies Steuermann Thompson anfänglich vor dem Strandbeamten zu Cardiff behauptet hat, hat die Beweisaufnahme auch nicht den allergeringsten Anhalt gegeben, ebensowenig wie dafür, daß die Lichter der „Helene" nicht ordnungsmäßig gebrannt hätten.

Durch die am Bord des „Ashfield" stattgehabten Vorgänge ist die Ursache der Collision hinreichend aufgeklärt. Jedenfalls trifft aber die Mannschaft der „Helene" keinerlei Verschulden an dem Unfall.

42. Spruch des Seeamts zu Rostock vom 27. Dezember 1886, betreffend den Seeunfall der Bark „Agnes" von Rostock.

Der Spruch des Seeamts lautet:

Der Verlust der Bark „Agnes" ist darauf zurückzuführen, daß dieselbe infolge schweren Arbeitens in längere Zeit ananhaltenden Stürmen und schwerer, durcheinanderlaufender See leck sprang, sich schnell mit Wasser füllte und sank.

Daneben hat nach Ansicht des Seeamts zum Eintritt des Unfalls die unbequeme Ladung des Schiffes mitgewirkt.

Ein Verschulden an dem Unfalle wird Niemandem von der Besatzung der Bark beigemessen.

Das Verhalten des Schiffers Richard Buch von der norwegischen Bark „Naeshem", sowie dasjenige der 4 Insassen des Rettungsbootes dieses Schiffes, welche die Abbergung der Besatzung der „Agnes" unter den schwierigsten Verhältnissen und mit größter Lebensgefahr bewerkstelligten, verdient das höchste Lob.

Gründe. I. In heutiger Hauptverhandlung ist auf Grund des Schiffsjournals, der Registerakten, des notariellen Verklarungs-Protokolls d. d. Cardiff 6. Oktober 1886, der Aussagen der bis auf den Schiffer und den Steuermann eidlich vernommenen Besatzung der Bark „Agnes", derjenigen des Schiffers Richard Buch von der norwegischen Bark „Naeshem", einer Bescheinigung des Inspektors des Büreau Veritas und einer Mittheilung der Schiffbaumeister E. Burchard & Co. zu Rostock Nachstehendes thatsächlich festgestellt:

1. Am 18. August 1886 verließ die vom Schiffer Friedrich Pagels aus Stralsund geführte, in Rostock beheimathete Bark „Agnes", Unterscheidungssignal MDJG, mit einer nach Harburg bestimmten Ladung Phosphat den Hafen von Sombrero in Westindien. Der Phosphat, angeblich im Gewicht von 580 Tonnen, war auf einem unter Aufsicht des Superintendenten hergestellten starken Garnier lose in den Raum geschüttet. Das Schiff lag hinten 16 Fuß 6 Zoll und vorne 15 Fuß 10 Zoll englisch tief und war gut ausgerüstet, insbesondere auch mit einem Chronometer und brauchbaren Seekarten versehen. Die Reise verlief bei meist östlichen Winden bis zum 17. September ohne bemerkenswerthe Ereignisse. An letzterem Tage, an welchem der Wind sturmartig aus NNO wehte und sich eine hohe See entwickelte, begann die schwer arbeitende Bark, welche sich bis dahin verhältnißmäßig dicht gehalten hatte, mehr Wasser zu machen, und die Pumpen, welche man seither der Regel nach nur 3 bis 4 mal am Tage hatte anzuschlagen brauchen, mußten öfter und länger bedient werden, um das Schiff lenz zu bekommen. Auch in den nun folgenden Tagen artete der vielfach umfliegende Wind wiederholt zum Sturm aus und die See erreichte eine gewaltige Höhe. Am 25. September kam ein schwerer Brecher über, welcher das ganze Deck mit Wasser füllte und einen großen Theil der Schanzkleidung an Backbordseite mit fortriß. Erst am Morgen des 27. September flauete der Wind ein wenig ab, aber die See blieb von gleicher Höhe. Die Pumpen, welche nunmehr auf jeder Wache kräftig bedient wurden, schlugen immer noch lenz. Am Morgen des 28. September wehte es mit steifer Briese aus SW und SSW, und am Morgen des 29. September trat schwerer Sturm aus gleicher Richtung ein. Der Himmel war dicht bezogen, die See ward immer höher und wilder. Die Bark,

welche OzS unter Sturmsegeln anlag, nahm wieder schwere Brecher über, welche das ganze Schiff erzittern machten. Eine überbrechende See riß die Schanzkleidung an Backbordseite vom Großwant bis zum Fockwant fort und zersplitterte mittschiffs die Regeling an Steuerbordseite. Der Schiffer hoffte, da man sich am Mittag des 28. September nach Observation auf 47 Grad 19 Fuß Nordbreite und 20 Grad 37 Fuß Westlänge befunden hatte, in einigen Tagen den Kanal oder die Küste von Irland zu erreichen. Die Mannschaft arbeitete ununterbrochen bei den Pumpen, welche erst Morgens 6 Uhr schlingerlenz schlugen, indeß, um die Ladung thunlichst vor Nässe zu bewahren, bis Morgens 7 Uhr weiter im Gange erhalten wurden. Dann wurde eine halbstündige Frühstückspause gemacht. Während derselben brach eine schwere See über die Bark in ihrer ganzen Länge weg. Als bald darauf die Mannschaft wieder an die Pumpen trat, schlugen die letzteren trotz angestrengtester Arbeit nicht mehr lenz und bemerkte jetzt der Schiffer, daß 2 Decksbalken in der Nähe des Hecks gebrochen waren, und das ganze Deck leckte. Man befand sich damals auf 48 Grad Nordbreite und 17 Grad Westlänge.

Inzwischen war ein Schiff, welches man schon Morgens 7 Uhr achteraus gesichtet hatte und welches ebenfalls einen östlichen Curs verfolgte, näher gekommen. Es war dies die in Farsund beheimathete norwegische Bark „Naeshem", Schiffer Richard Buch, welche auf der Reise von Santos nach Cardiff begriffen war. Da der Sturm immer noch in gleicher Stärke forttobte, die „Agnes" schwerer und schwerer arbeitete und das Wasser in deren Raum des energischen Pumpens ungeachtet fortwährend stieg, richtete die bereits erschöpfte Mannschaft an Schiffer Pagels das Ersuchen, dem Norweger zu signalisiren, er möge in der Nähe bleiben. Schiffer Pagels wollte Anfangs hierauf noch nicht eingehen, als er sich aber überzeugte, daß die ganze Regeling an Steuerbordseite gebrochen war und das Wasser im Raum bereits eine Höhe von 25 Zoll erreicht hatte, ließ er das Signal: „habe sofortige Hülfe nöthig" aufhissen und die Vorsegel festmachen. An Bord der „Naeshem" wurde das Signal bemerkt, worauf deren Führer auf die „Agnes" abhalten ließ. Beide Schiffe waren damals etwa 1 Seemeile von einander entfernt. Da Schiffer Pagels einsah, daß er sein schwer leckes Schiff nicht lange mehr werde auf den Pumpen halten können, ließ er das große Boot aussetzen. Kaum aber war dasselbe zu Wasser gebracht, als es von einer See erfaßt wurde und kenterte. Damit schwand für die Besatzung der „Agnes" jede Möglichkeit, sich selbst abbergen zu können. Auch von der „Naeshem" aus, welche inmittelst näher gekommen war, hatte man das Umschlagen des Bootes wahrgenommen, und an Bord dieses Schiffes trat, wie Schiffer Buch bei seiner Vernehmung vor dem deutschen Consulat zu Cardiff ausgesagt hat, einen Augenblick vollständige Stille ein. Jeder überlegte, was nun geschehen solle, da es für ein Boot fast unmöglich erschien, sich in eine so hohe See hinauszuwagen. Als dann aber Schiffer Buch seine Mannschaft fragte, wer es versuchen wolle, die Besatzung der „Agnes" abzubergen, erklärte sich der zweite Steuermann Hans P. Hansen, der Zimmermann Tharald Abrahamsen, der Steward Jakob Sakariasen und der Matrose Severin Nielsen, der erste aus Austa bei Farsund, der zweite aus Farsund, die beiden übrigen aus Spind bei Farsund, zu dem gefährlichen Rettungswerk bereit. Das an Bord der „Naeshem" vorhandene Rettungsboot ward glücklich zu Wasser gebracht und die genannten 4 Mann ruderten in demselben auf die „Agnes" zu, der sie sich von hinten näherten. Bei der letzteren längsseite zu kommen, war unmöglich, da das Boot unfehlbar an der Schiffswand zerschellt wäre. Als das Boot etwa auf 25 bis 30 Fuß an die „Agnes" heran war, warf man ihm vom Heck dieses Schiffes aus eine Leine zu, an welche man ein vierzölliges Manilla-Schlepptau befestigt hatte, und nachdem so eine Verbindung zwischen dem Schiffe und dem Boote hergestellt war, kletterten alle zu der Besatzung der „Agnes" gehörigen 10 Personen, Schiffer Pagels zuletzt, einzeln an dem Tau durch die hohe See hindurch bis zu dem Boote, in welches der vorne stehende zweite Steuermann des Norwegers sie hineinriß. Alle Effecten mußten an Bord der „Agnes", in deren Raum das Wasser damals, etwa 10 Uhr Vormittags, bereits bis auf 35 Zoll angewachsen war, zurückgelassen werden, und nur die Schiffspapiere, welche sich Schiffer Pagels und der Koch am Leibe befestigt hatten, wurden geborgen. Das Rettungsboot, welches, zumal bei der nunmehr starken Belastung, jeden Augenblick Gefahr lief, von der See verschlungen zu werden, gelangte glücklich in die Nähe der „Naeshem" zurück. Es konnte aber auch hier nicht längsseite gehen, vielmehr mußten die Insassen desselben einzeln an Leinen durch das Wasser hindurch an Bord gezogen werden, und kaum war der letzte Mann dort angelangt, als das Boot vollschlug, kenterte und von den Seen fortgerissen wurde. Den Schiffbrüchigen ward an Bord der „Naeshem" die liebevollste Aufnahme und die beste Verpflegung zu Theil. Bei ihrer Ankunft daselbst sahen sie die „Agnes" noch, dann kam ein Regenschauer über, welcher die Bark ihren Blicken entzog, und als es nach etwa einer halben Stunde wieder aufklarte, war sie verschwunden. Die „Naeshem" landete die Schiffbrüchigen am 3. Oktober in Cardiff, wo Schiffer Buch jede Vergütung für ihre Verpflegung ablehnte.

2. Die Bark „Agnes", von 969,4 cbm = 342,20 britischen Register-Tons Netto-Raumgehalt, ist 1868 in Sunderland aus Eichenholz erbaut und führte bis 1879, bis wohin sie unter englischer Flagge fuhr, den Namen „Hampshire." Dann ward sie an eine hiesige Rhederei verkauft, welche ihr den Namen „Agnes" beilegte. Vor dem Verkaufe ist sie im Jahre 1879 zu Middlesbrough von den Schiffsbesichtigern des Board of Trade untersucht und für vollkommen seetüchtig erklärt worden. Im Oktober 1881 ist sie bei Burchard & Co. in Rostock einer Reparatur unterzogen, vom Kiel bis zum Schandeck kalfatert und neu gekupfert, und hat darauf bei Büreau Veritas die Klasse 3/3 A. 1. 1., vom Dezember 1880 an gerechnet, auf 7 Jahre erhalten. Wie sowohl vom Inspektor des Büreau Veritas in Rostock, als vom Schiffsbaumeister Burchard bekundet ist, sind damals Inhölzer, Verplankung und hölzerne Nägel durchaus gesund gewesen. Im Jahre 1882 ist sie in Liverpool reparirt, wobei sie neue Leibhölzer erhalten hat, und 1884 ist sie zu Queenstown nach vorgängiger Reparatur im Boden mit einem neuen Yello-Metall-Beschlage versehen worden. Schiffer Pagels war als Rheder zu 35/100 an der Bark betheiligt und mit seinen Parten zu einem Gesammt-Schiffswerthe von 35000 M. versichert.

II. Das Seeamt erachtet es auf Grund der Feststellungen in ratio I. 1 für unzweifelhaft, daß die „Agnes" bald nach der Abnahme ihrer Besatzung untergegangen ist. Denn obwohl sie und die „Naeshem" in gleicher Richtung weiter trieben, war kaum eine halbe Stunde nach dem glücklich beendeten Rettungswerk, als die Luft nach dem Regenschauer wieder aufklarte, nichts mehr von ihr zu sehen, was sich nur durch ein Versinken in die Tiefe erklären läßt.

Was nun die Ursache des vorliegenden Unfalles anlangt, so muß als solche, wie keiner weiteren Ausführung bedarf, in erster Linie das Leckspringen der Bark infolge wochenlangen Kampfes mit wild durcheinander laufenden Seen betrachtet werden. Daß dasselbe auf etwaige Mängel in der Seetüchtigkeit des Schiffes bei Beginn der letzten Reise zurückzuführen sei, nimmt das Seeamt nicht an. Denn für das damalige Vorhandensein solcher Mängel hat die Untersuchung keinerlei Anhaltspunkte ergeben. Vielmehr muß im Hinblick auf das Erachten der Schiffsbesichtiger des Board of Trade im Jahre 1879, auf die seitdem zur Ausführung gelangten Reparaturen, auf die Klassifizirung und endlich auf den Umstand, daß sich die Bark trotz des schweren Arbeitens in der schweren See fast 2 Wochen lang dicht erhielt, als erwiesen angesehen werden, daß dieselbe als sie Sombrero verließ, vollkommen seetüchtig war.

Dagegen ist nach Ansicht des Seeamts für das Leckspringen der Bark deren Ladung mit kausal gewesen. Denn, wenn auch Phosphat nicht zu den eigentlich gefährlichen Ladungen zählt, so muß er doch als eine unbequeme bezeichnet werden, weil er seines schweren specifischen Gewichtes halber nur einen verhältnißmäßig kleinen Theil des Raumes einnimmt, und der Schwerpunkt somit im unteren Schiffe liegt. Schiffe mit solcher Ladung sind aus letzterem Grunde den Angriffen hoher, brechender Seen in einem erhöhten Grade ausgesetzt, da sie sehr steif sind und den anstürmenden Wellen nicht in genügendem Maße nachzugeben vermögen. Namentlich werden Schiffen mit derartigen Ladungen Brecher leicht verderblich, und die letzteren sind es denn auch im vorliegenden Falle gewesen, welche das Leckspringen herbeigeführt haben. Daß die Bark überladen war, ist nicht anzunehmen. Freilich steht das angebliche Gewicht ihrer Ladung von 580 Tons zu dem vermessenen Netto-Raumgehalt der Bark von 342 britischen Register-Tons in keinem richtigen Verhältniß, würde vielmehr die nach jenem Raumgehalt zu berechnende Tragfähigkeit des Schiffes um mindestens 67 Tons überschritten haben, und eine solche Ueberschreitung wäre sehr wohl geeignet gewesen, die Sicherheit desselben zu gefährden. Allein die Bark hatte, wie das Journal ausweist, keinen größeren, ja noch einen geringeren Tiefgang, als auf früheren Reisen mit anderen Ladungen, und so erscheint die Annahme berechtigt, daß sie in vorliegendem Falle überall nicht mit vollen 580 Tons beladen gewesen sein wird.

Die Besatzung der „Agnes" trifft keine Schuld an dem Unfalle. Eine solche ist auch für Schiffer Pagels nicht daraus herzuleiten, daß er die oben erwähnte unbequeme Ladung einnahm, da sich sein Schiff in einem durchaus seetüchtigen Zustande befand. Derselbe hat auf der letzten Reise durchweg richtig und den Verhältnissen entsprechend navigirt und als die Lage des Schiffes und dessen Besatzung eine kritische wurde, mit Umsicht und Entschlossenheit gehandelt. Er verließ die „Agnes" erst, als jede Aussicht, dieselbe mit der übermüdeten Mannschaft noch länger auf den Pumpen zu halten, geschwunden war, und blieb seiner Pflicht eingedenk, indem er bei dem schwierigen Ueberentern in das Rettungsboot noch das Journal mitbarg.

Das Verhalten der Besatzung der norwegischen Bark „Naeshem"

und insbesondere der vier muthigen Insassen des Rettungsbootes, welche unerschrocken die Abbergung der ohne ihre Hülfe voraussichtlich verlorenen Schiffbrüchigen versuchten, ist über alles Lob erhaben, und das Seeamt kann nur lebhaft wünschen, daß eine so heroische That die ihr gebührende Anerkennung an zuständiger Stelle finden möge.

43. Spruch des Seeamts zu Bremerhaven vom 28. Dezember 1886, betreffend den Seeunfall des Schraubendampfers „Schwalbe" von Bremen.

Der Spruch des Seeamts lautet:

Die Untersuchung hat zwar nicht mit Sicherheit ergeben, jedoch erscheint es nach dem Ergebniß derselben wahrscheinlich, daß die am 31. August 1886 auf dem Schraubendampfer „Schwalbe" stattgehabte Explosion dadurch verursacht ist, daß Kohlengase, welche aus dem vorderen Laderaum in den Kettenkasten gedungen waren und sich mit atmosphärischer Luft vermischt hatten, entweder durch eine brennende Lampe, welche möglicherweise in dem über dem Kettenkasten belegenen Lampenzimmer gehangen hat, oder durch ein vom Schiffsjungen Gebel beim Oeffnen des Kettenkastens benutztes Licht entzündet sind.

Falls die Explosion auf die angegebene Weise verursacht ist, ist der vollständige Mangel von Ventilationsvorrichtungen in den Laderäumen auf die Herbeiführung derselben von Einfluß gewesen.

Das Seeamt hält für Schiffe mit Kohlenladungen eine Oberflächenventilation erforderlich, welche bei jedem Wetter functionirt.

Gegen Schiffer Schütze einen Vorwurf wegen des Fehlens von Ventilationsvorrichtungen zu erheben, sieht sich das Seeamt nicht veranlaßt.

Gründe. Der eiserne Schraubendampfer „Schwalbe", Unterscheidungssignal QDRC, Heimathshafen Bremen, hat einen Raumgehalt vom 2640,0 cbm Brutto und 2063,6 cbm = 728,46 britischen Register-Tons Netto, ist mit einer Maschine von 450 indicirten Pferdestärken ausgerüstet, gehört zur Rhederei des Norddeutschen Lloyd in Bremen und steht seit etwa 3 Jahren unter Führung des Schiffers Georg Schütze aus Bremerhaven.

Das Schiff hat vier Laderäume, von welchen sich drei vor und einer hinter dem Maschinenraum befinden. Die einzelnen Räume sind durch wasserdichte Schotten von einander getrennt. Ueber dem unmittelbar vor dem Maschinenraum liegenden Laderaum, welcher auch als Wassertank benutzt werden kann, befindet sich ein vollständiges Zwischendeck, während die andern Laderäume nur vor und hinter den Luken ein Zwischendeck haben. Jeder der drei vorderen Laderäume hat eine, der hintere hat zwei Luken.

Etwa 6 bis 8 Fuß vor der Luke des vordersten Laderaums befindet sich die Luke des Kettenkastens. Dieser ist von dem vorderen Laderaum, in welchen er hineinreicht, nur durch Holzbretter getrennt. Die Bretterwände sind nicht so dicht, daß sie das Eindringen der etwa im Laderaum sich entwickelnden Gase in den Kettenkasten verhindern. Unmittelbar über dem Kettenkasten befindet sich die Lampenkammer. Zu beiden Seiten der letzteren ist das Volkslogis. Die Combüse ist hinten bei der Kajüte.

Als der hier fragliche Unfall sich ereignete, hatte die „Schwalbe" eine in Grimsby eingenommene und nach Kronstadt bestimmte Ladung von 916 Tonnen Steinkohlen an Bord, mit welcher sie dem Gewichte nach voll beladen war, während räumlich nur der zweite Laderaum fast ganz gefüllt in den übrigen jedoch noch ziemlich viel freier Platz übrig geblieben war. In den Laderäumen befand sich nichts anderes als Kohlen.

Die Kohlen waren aus den Bahnwagen unter Benutzung einer Rinne in das Schiff übergeschüttet und waren bei der Einnahme ganz trocken, auch befand sich wenig Grus darunter. Das Wetter war während des Beladens trocken. Nach den vom Kaiserlichen Consul in Grimsby angestellten Ermittelungen stammten die Kohlen aus den Gruben Cortonwood und Wath, waren theils 2 theils 3 Tage vor der Verladung gebrochen und sind unter dem Namen best hard South Yorkshire Steamcoals bekannt. Der Consul hat ferner mitgetheilt, daß diese Kohlen frei von Gasentwicklung, und ihm während seiner 33 jährigen Anwesenheit in Grimsby nie zur Kenntniß gekommen sei, daß dort verladene Kohlen eine Explosion verursacht hätten. Die Ablader der Ladung Edw. Bannister & Co. in Grimsby haben sich dahin ausgesprochen, daß die fragliche Kohlensorte außergewöhnlich frei von Gasen sei, und sie seit nahezu 50 Jahren keine einzige durch diese Kohlen verursachte Explosion zu verzeichnen gehabt hätten.

Nach Beendigung der Beladung am 27. August wurden die Luken geschlossen, mit doppelten Persenningen bedeckt und verschalkt. Schiffer Schütze hat angegeben, daß er die Luken deshalb habe schließen und sie auch während der Reise nicht habe öffnen lassen, weil er die nämliche Kohlensorte schon mehrfach geladen und von einer Explosion oder Gasentwicklung bei dieser Kohle nie etwas gehört habe, ihm auch in Grimsby gesagt sei, daß diese Kohle keine Gase ausströme. Abgesehen von den Luken waren Ventilationsvorrichtungen nicht vorhanden. Nach Angabe des Schiffers befinden sich zwar im Deck Löcher zur Aufnahme von Ventilatoren, es waren aber keine Ventilatoren an Bord und die Löcher waren mittelst dicht schließender eiserner Deckel verschlossen. So lange Schiffer Schütze den Schraubendampfer „Schwalbe" führt, sind seiner Angabe zufolge Ventilatoren nicht an Bord gewesen.

Der Antritt der Reise erfolgte am 28. August Morgens. Das Wetter war in der Zeit bis zur Explosion im Allgemeinen günstig, nur herrschte wiederholt Nebel. Auch am 31. August trat gegen vier Uhr Morgens, als das Schiff sich auf der Höhe von Kopenhagen befand, Nebel ein, weshalb mit Rücksicht auf das enge Fahrwasser beschlossen wurde zu Anker zu gehen. In Ausführung dieses Beschlusses wurde der Befehl zum Klarmachen der Anker und nach der Maschine der Befehl zum Stoppen gegeben. Während sodann die Leute beim Absetzen des Ankers beschäftigt waren und der Schiffsjunge Gebel im Begriff stand, in den zu diesem Zwecke geöffneten Kettenkasten zu steigen, um auf Anordnung des Steuermanns nachzusehen, ob die Ketten klar seien, erfolgte plötzlich eine von einem starken Knall begleitete Explosion. Durch dieselbe wurden die Deckel von der vordersten Luke, aus welcher zugleich eine Rauch- und Feuersäule aufstieg, in die Höhe und über Bord geschleudert, außerdem erhielten drei Schiffsleute, darunter der Junge Gebel, Brandwunden, jedoch nicht erheblich. Weiterer Schaden wurde nicht angerichtet. In den vordersten Laderaum wurde vermittelst der Dampfpumpe Wasser eingeführt, jedoch wurde das Pumpen nach kurzer Zeit wieder eingestellt, weil kein Feuer mehr vorhanden war.

Es ist nichts Bestimmtes darüber ermittelt, ob bei der Arbeit auf Deck Licht benutzt oder ob der Junge Gebel Licht gebraucht oder angezündet, oder ob in der Lampenkammer eine Lampe gebrannt hat, vom Schiffer ist es jedoch als möglich bezeichnet, daß letzteres der Fall gewesen sei, da das Schiff habe zu Anker gebracht werden sollen und daher das Anzünden der Ankerlaternen erforderlich gewesen sei. Auf der „Schwalbe" wird regelmäßig, wenn Signallaternen angesteckt werden sollen, vorher in der Lampenkammer eine Lampe angezündet. Der Matrose, welchem im vorliegenden Falle das Anzünden der Lampe obgelegen haben würde, befindet sich nicht mehr an Bord und hat nicht zur Vernehmung gebracht werden können. Ein gleiches ist der Fall in Betreff des Jungen Gebel.

Das Seeamt hält es auf Grund des im Vorstehenden mitgetheilten Sachverhalts für wahrscheinlich, daß die Explosion in der im entscheidenden Theile des Spruches bezeichneten Weise entstanden ist. Die vom Schiffer angeführte Möglichkeit, daß sich zwischen den Kohlen eine Dynamitpatrone befunden haben könne, welche durch Reibung der Kohlen entzündet sei, ist sehr fernliegend. Gegen dieselbe spricht, daß nach den vom Consul in Grimsby angestellten Ermittelungen in den betreffenden Gruben gar keine Dynamit-Patronen zur Lösung der Kohlen gebraucht werden, sowie der weitere Umstand, daß das Wetter auf der ganzen Reise ruhig gewesen ist, mithin eine nennenswerthe Reibung in den Kohlen nicht stattgefunden haben kann. Auch im Uebrigen sprechen alle Umstände für eine Kohlengasexplosion und gegen eine Verursachung der Explosion durch eine Patrone.

Die in Kohlen sich entwickelnden Gase explodiren bekanntlich dann, wenn sie nach entsprechender Mischung mit atmosphärischer Luft — am meisten explosiv soll das Verhältniß von einem Theil Kohlengas zu ungefähr 8 Theilen atmosphärischer Luft sein — mit einer Flamme in Berührung kommen. Nun soll nach Auskunft des Consuls und der Ablader die von der „Schwalbe" verladene Kohlensorte zwar kein Gas entwickeln, das Seeamt hält dies aber nicht für zutreffend, ist vielmehr der Ansicht, daß alle Kohlen Gas entwickeln, wenngleich der Grad der Gashaltigkeit bei den einzelnen Kohlensorten sehr verschieden ist und es richtig sein wird, daß die hier in Frage stehende Sorte nur sehr wenig zur Gasentwicklung neigt. Letzteres wird auch durch den Umstand wahrscheinlich gemacht, daß die Explosion nur verhältnißmäßig schwach gewesen ist. Es ist in Bezug hierauf zu berücksichtigen, daß schon ein verhältnißmäßig geringes Quantum Gas zur Herbeiführung einer Explosion genügt und daß auf der „Schwalbe" infolge des anhaltenden Geschlossenseins der Luken und des vollständigen Fehlens sonstiger Ventilationsvorrichtungen an sich die Vorbedingungen für eine sehr starke Ansammlung von Gasen vorgelegen haben würden, wenn überhaupt eine starke Gasentwicklung stattgehabt hätte.

Da die fraglichen Gase leichter als Luft sind und deshalb nach oben ziehen, so konnte es nicht ausbleiben, daß die im vordersten Laderaum sich entwickelnden Gase theilweise in den nicht luftdicht gegen diesen Raum abgeschlossenen Kettenkasten eindrangen und sich, als letzterer vom Schiffsjungen Gebel geöffnet wurde, mit atmosphärischer

Luft vermischten. Auf welche Weise die dadurch entstandene Mischung sodann mit einer Flamme in Berührung gekommen ist, hat nicht festgestellt werden können. Einerseits ist es auf Grund der vom Schiffer angeführten Umstände nicht unwahrscheinlich, daß in dem über dem Kettenkasten belegenen Lampenzimmer, in welches die Gase eindringen konnten, eine Lampe gebrannt hat, andererseits liegt die Möglichkeit vor, daß Gebel, um ordentlich sehen zu können, ob die Ketten klar seien, entweder eine brennende Lampe — welche er ja leicht aus dem Lampenzimmer entnehmen konnte — benutzt oder auch ein Streichholz angezündet hat. Daß Gebel irgend welches Licht benutzt beziehungsweise angezündet hat, ist nicht unwahrscheinlich, weil er den ihm ertheilten Auftrag eigentlich nur mit Licht ausführen konnte, denn da es zwei Tage nach Neumond, also nicht mondhell, außerdem nebelig war und die Sonne am 31. August in Kopenhagen erst um etwa 5 Uhr 5 Minuten aufgeht, so muß es gegen 4 Uhr Morgens beinahe ganz dunkel gewesen sein.

Daß beim Kettenkasten Feuer gewesen sein muß, geht daraus hervor, daß der Junge Gebel Brandwunden erhalten hat. In Anbetracht des Umstandes, daß der Kettenkasten selbst und die Lampenkammer unbeschädigt geblieben sind, wird anzunehmen sein, daß das Gemisch von Gas und atmosphärischer Luft dort zwar verhältnißmäßig schwach, jedoch hinreichend vorhanden gewesen ist, um durch eine Flamme entzündet werden zu können, daß die Entzündung der Gase sich dann auch auf den Laderaum ausgedehnt und dort vermöge der kräftigeren Mischung die Explosion verursacht hat.

Ist die Explosion in der als wahrscheinlich bezeichneten Weise entstanden, so steht damit außer Zweifel, daß der vollständige Mangel von Ventilationsvorrichtungen auf die Herbeiführung derselben von wesentlichem Einfluß gewesen ist. Gerade mit Rücksicht darauf, daß die geladenen Kohlen eine nur geringe Gasentwicklung hatten, darf als sicher angenommen werden, daß eine für die Herbeiführung einer Explosion ausreichende Ansammlung von Gasen nicht stattgefunden hätte, wenn Ventilationsvorrichtungen vorhanden gewesen und während der Reise benutzt wären.

Das Seeamt hält es für durchaus erforderlich, daß sowohl Schiffe mit Kohlenladungen als auch Dampfer in Betreff der Kohlenbunker mit hinreichenden Ventilationsvorrichtungen, welche bei jedem Wetter funktioniren, versehen werden, und zwar ist eine Oberflächenventilation am geeignetsten, da die Gase vermöge ihrer Leichtigkeit nach oben steigen. Das nicht seltene Vorkommen von Kohlengasexplosionen läßt es geboten erscheinen, daß der Beschaffung einer kräftig wirkenden Ventilation die größte Aufmerksamkeit gewidmet wird. Den besten Beweis dafür, wie leicht eine Explosion entstehen kann und daß eine solche auch bei einer schwachen Gasentwickelung möglich ist, liefert gerade der vorliegende Fall, wo Kohlen in Frage stehen, welche als nicht gashaltig gelten. Es mag in Betreff des nicht seltenen Vorkommens von Kohlengasexplosionen noch angeführt werden, daß das hiesige Seeamt innerhalb weniger Monate in vier Fällen eine Untersuchung eingeleitet hat, in welchen es sich um solche Explosionen handelt. Zeitungsnachrichten zufolge hat das häufige Vorkommen von Kohlengasexplosionen dem englischen Handelsamt Anlaß gegeben, durch eine besondere Commission Ermittelungen über die Ursachen der an Bord britischer Kohlenschiffe vorgekommenen Exlosionen anstellen zu lassen und auf Grund des Resultats dieser Ermittelungen die betheiligten Kreise auf die zur Vermeidung derartiger Unfälle dienlichen Vorkehrungsmaßregeln aufmerksam zu machen. In der betreffenden Bekanntmachung heißt es namentlich in Betreff der Ventilation:

> „Um einer Explosion vorzubeugen, ist ein freier und beständiger Austritt der explosiven Gase in die frische Luft, unabhängig von den Luken, vorzusehen, und zwar durch ein System von Oberflächenventilation, welches bei jedem Wetter wirksam ist."

Wie bereits in dem Spruch des Seeamts Hamburg vom 1. Juli 1880, betreffend den Seeunfall des Dampfers „Astronom" (Entscheidung des Ober-Seeamts und der Seeämter Bd. II. S. 492 ff.) hervorgehoben, sind die deutschen Schiffer leider sehr selten über die mit Kohlentransporten verbundene Gefahr hinreichend unterrichtet. Augenscheinlich hat auch Schiffer Schütze keine genügende Kenntniß von der namentlich durch das Fehlen von Ventilationsvorrichtungen entstehenden Gefahr gehabt und ist in seinem Irrthum, daß keine Gefahr vorliege, durch die ihm in Grimsby gemachte Angabe bestärkt, daß die geladenen Kohlen frei von Gasentwickelung seien. Mit Rücksicht hierauf hat das Seeamt von dem Aussprechen eines Vorwurfs gegen den Schiffer Schütze absehen zu müssen geglaubt. Dasselbe wird jedoch, da es Sache des Schiffers ist, für die Beschaffung aller zur Sicherheit von Schiff und Besatzung erforderlichen Einrichtungen — wozu bei Kohlenladungen auch Ventilationsvorrichtungen gehören — Sorge zu tragen (siehe Handelsgesetzbuch Artikel 480), bei etwaigen weiteren zu seiner Entscheidung gelangenden Fällen von Kohlengasexplosionen keinen Anstand nehmen, die Schiffer für das Fehlen von Ventilationsvorrichtungen verantwortlich zu machen und unter Umständen sogar auf Patententziehung zu erkennen, wenn es die Ansicht gewinnt, daß die Anwendung einer ausreichenden Ventilation aus Nachlässigkeit oder Gleichgültigkeit unterblieben ist.

44. Spruch des Seeamts zu Hamburg vom 30. Dezember 1886, betreffend den Seeunfall des Schooners „Franziska" von Hamburg.

Der Spruch des Seeamts lautet:

Ob die Strandung des Schooners „Franziska" auf dem Pratas-Riff durch fehlerhafte Navigirung oder durch Stromversetzung herbeigeführt worden ist, hat sich mit Sicherheit nicht feststellen lassen, da das Schiffsjournal verloren gegangen ist und die Aussagen der Mannschaft hierüber keinen genügenden Aufschluß geben.

Zu rügen ist, daß sich auf der „Franziska" kein mit einem deutschen Befähigungszeugniß versehener Schiffer befand.

Gründe. Der in Hamburg heimathsberechtigte Schooner „Franziska", Unterscheidungssignal RFJB, Eigenthum der Firma Robertson & Hernsheim, ist am 25. April 1886 auf der Reise von Hongkong nach den Südseeinseln auf den Pratas-Riffen in der Chinesischen See auf 20 Grad 42 Fuß 55 Zoll nördlicher Breite und 134 Grad 24 Fuß 15 Zoll östlicher Länge gescheitert. Das Schiff wurde in so kurzer Zeit von der See zertrümmert, daß die Besatzung, bestehend aus dem Schiffer Jumpfer, dem Steuermann James Sim und vier malayischen Matrosen, sowie 4 Passagiere, Eingeborene der Karolinen-Inseln, nur mit dem nackten Leben davon kamen. Dieselben wurden von einer chinesischen Dschunke aufgenommen, welche in der Lagune jener Riffe ankerte, und mit einem kleinen Theile der Ladung nach Hongkong gebracht.

Vor dem deutschen Consul zu Hongkong hat dann eine Vernehmung der Mannschaft des Schooners stattgefunden und ist das Protokoll jenes Verhörs dem Seeamt zu Händen gekommen.

Niemand der Besatzung hat vor dem Seeamt vernommen werden können, da alle zu derselben gehörigen Personen in China geblieben sind. Ueberdies war nur der Führer des Schiffs, Schiffer Philipp Jumpfer, ein Deutscher, und befand sich dieser angeblich auch nur im Besitz eines in Amerika ausgestellten Schifferpatents, welches bei dem Schiffbruch verloren gegangen sein soll. Nach einer Mittheilung der Rheder ist demselben seiner Zeit die Führung der „Franziska" auch nur übertragen worden, weil es an einer geeigneten Persönlichkeit mit deutschem Schifferpatent gebrach. Dem Jumpfer soll überdies der Auftrag geworden sein, in Hongkong die Führung des Schiffes einem deutschen Schiffer zu übertragen.

Nach einer diesbezüglichen Erklärung des deutschen Consulats zu Hongkong ist demselben von diesem Auftrage an Jumpfer nichts bekannt geworden, und da Jumpfer in vorschriftsmäßiger Weise durch ein deutsches Consulat in der Südsee das Commando jenes Schiffes erhalten hatte, so lag für dasselbe kein Grund vor, in eine nochmalige Prüfung der Verhältnisse einzugehen.

Das Casco, die Fracht und die Ausrüstung des Schiffes waren nicht versichert, auch besaß das Schiff keine Classe.

Den Aussagen der Mannschaft vor dem deutschen Consulat ist Folgendes über den Unfall zu entnehmen:

Am 20. April 1886 klarirte die „Franziska" in Hongkong nach Yaluit aus. Das Schiff war in seetüchtigem Zustande und die aus Stückgütern bestehende Ladung war ordnungsmäßig durch einen Stauer verstaut. Der Tiefgang des Schooners betrug 8 Fuß 6 Zoll hinten und 7 Fuß 3 Zoll vorn. Am 22. April wurde der Schooner durch eine Dampfbarkasse nach See gebracht. Es wehte frisch aus ONO, die Luft war dicht bezogen. Man steuerte südostwärts bis zum Mittag des 23. April und hatte in den 24 Stunden laut Patentlogg 80 Seemeilen mit SOCurs gemacht. Eine Observation hatte man jedoch nicht bekommen. Gegen 1 Uhr Nachmittags an jenem Tage wurde der Wind leichter, das Wetter klärte sich auf, und da der Wind nach SO umlief, wurde der Schooner mit Steuerbordhalsen nordostwärts gelegt. In der darauf folgenden Nacht trat Windstille ein. Gegen Morgen des 24. April ging der Wind nach Südwesten herum, infolge dessen Curs gesteuert werden konnte, O½N. Da das Wetter schön und klar war, wurden gute Längen- und Breitenbestimmungen gemacht und ermittelt, daß man mit einem starken Nordstrom in 48 Stunden ungefähr 30 Seemeilen nördlich getrieben war. In dem Vernehmungsprotokoll wird indeß die gefundene Länge und Breite nicht aufgeführt. An den beiden folgenden Tagen war wieder bezogene Luft. Der Wind war westlich geblieben und steuerte man OzNCurs, da man beabsichtigte, durch den Canal zwischen Formosa und den Bashee-Inseln zu passiren. Am 25. April Morgens 8 Uhr lief der Wind wieder auf NNO, sodaß man am Winde segelnd nur Ost anliegen konnte. Die Luft bezog sich mehr und mehr. Die Breite konnte nicht bestimmt werden. Nach der Loggrechnung befand sich die „Franziska" auf 21 Grad 28 Fuß nördlicher Breite und auf 116 Grad 20 Fuß östlicher Länge. Nachmittags nahm der Wind bedeutend an Stärke zu und mußte man zwei Reffe in die drei Untersegel nehmen. Gegen Abend wehte bereits ein voller Orkan bei hohem Seegang. Schiffer Jumpfer hatte um 8 Uhr Abends selbst die Wache übernommen, auf Ausguck befanden sich zwei der malayischen Matrosen. Ohne daß man vorher Anzeichen wahrgenommen, gerieth das Schiff plötzlich in Brandung. Schwere Sturzseen rollten über Deck, so daß die Decksmannschaft sich anklammern mußte, um nicht über Bord gespült zu werden. Bei dem Versuch, das eine der Boote, welches losgeschlagen war, zu retten, wurde Schiffer Jumpfer über Bord geschwemmt, durch die nächste Sturzwelle aber wieder an Deck geschleudert. Das Ruder war, sobald man in die Brandung gekommen, nach Steuerbord gelegt worden, auch hatte man die Vorschoten fliegen lassen. Das Schiff gehorchte aber dem Ruder nicht mehr, und wurde man nun gewahr, daß dasselbe sich bereits auf den Klippen befand. Bei der herrschenden Dunkelheit und der ungestümen See war es völlig unmöglich, irgend welche Maßregeln zum Abkommen des Schiffes zu treffen. Da das Schiff durch die Wellen auf die Seite geworfen wurde, versammelte Schiffer Jumpfer alle Leute hinten auf dem Deck, ließ auch eins der Boote mit Proviant bereit machen und wartete zunächst den Tag ab. Gegen Tagesanbruch wurden auch Feuersignale abgebrannt, in der Hoffnung, daß in der Nähe befindliche Schiffe zur Hülfeleistung herbeikommen möchten.

Unter dem Einfluß der Brandung hatte die „Franziska" so gestampft, daß am Morgen des 26. April die ganze Steuerbordseite des Schiffes eingedrückt und das Schiff voll Wasser gelaufen war und aufzubrechen drohte. Als es etwas heller wurde, sah man über die Klippen hinweg in der Lagune eine chinesische Dschunke vor Anker liegen. Diese sandte auch bald Boote ab, denen es nach fast zweistündigen Anstrengungen gelang, an Bord zu kommen. Schiffer Jumpfer verhandelte nun mit jenen Leuten wegen Bergung des Schiffes und der Ladung, konnte aber zu keinem Resultat kommen. Da inzwischen die Fluth eingesetzt hatte und die Lage der Mannschaft auf dem Schiffe immer unhaltbarer wurde, befahl Schiffer Jumpfer zunächst den Chinesen von Bord zu gehen. Dieselben verweigerten dies aber. Schiffer Jumpfer ließ dann die deutsche Flagge heißen und machte die Chinesen darauf aufmerksam, daß man weder Schiff noch Ladung aufzugeben gedenke. Kurz darauf stieß dann die Mannschaft der „Franziska“ von dem Schiffe ab und ruderte auf die in Sicht befindliche Dschunke zu, um mit dem Führer jenes Fahrzeuges direkt über die Bergung zu verhandeln. Gleich nachdem die Mannschaft abgefahren war, sah dieselbe, daß die deutsche Flagge von den Chinesen herunter gerissen wurde.

Die weiteren Verhandlungen des Schiffers mit dem Führer der Dschunke hatten keinen Erfolg, man remonstrirte vergeblich gegen die Gewaltthätigkeit der chinesischen Matrosen und sah bald ein, daß man sich vollständig in den Händen der aus 33 Mann bestehenden, bewaffneten chinesischen Besatzung befand und mußte deshalb bemüht sein, die möglichst besten Bedingungen zu erlangen. Ungehörige Forderungen wie 3000 $ für Hülfeleistung und Rückreise nach Hongkong, sowie Schenkung der noch rettbaren Ladung wurden vom Schiffer Jumpfer abgewiesen.

Auf das Versprechen hin, den chinesischen Schiffsführer in Hongkong durch Vermittelung der Agenten der Rhederei für seine Bemühungen und Arbeit zu entschädigen, wurde mit Zustimmung des Schiffers Jumpfer ein Theil der Ladung von ca. 1500 $ Werth gelöscht und an Bord der Dschunke gebracht. Ebenso gestattete Jumpfer, daß von dem Schiffskörper und von den Geräthschaften des sich immer mehr auflösenden Schiffes geborgen wurde. Nachdem der Schooner bis auf die unter Wasser liegenden Theile abgebrochen war, verließ die Dschunke, welche sich als die „Laying“, Schiffsführer Chang-a-pat aus Macao ausgewiesen hatte, die Pratas Riffe und segelte nach Hongkong, wo sie am 14. Mai eintraf. Dem deutschen Konsulat wurde von dem Schiffer Jumpfer die bezügliche Meldung von dem Unfall gemacht.

Ueber die weiteren, mit den Chinesen bezüglich der Hülfeleistung getroffenen Arrangements enthält das Protokoll nichts, doch ist mit Sicherheit anzunehmen, daß die deutschen Interessen in genügender Weise gewahrt worden sind.

Die Ursachen des Unfalles anlangend, sind dem obigen Sachverhalt nach nicht zu ermitteln gewesen, ob die Strandung auf jenem Riff durch fehlerhafte Navigirung überhaupt oder durch Stromversetzung herbeigeführt worden ist. Die Angaben über Breiten- und Längenbestimmungen sind so vage, daß irgend welche Berechnungen sich auf dieselben nicht stützen lassen. Da auch das Journal nicht gerettet worden ist, mußte das Seeamt sich auf die Mittheilung des obigen Thatbestandes beschränken.

Zu rügen ist es, daß sich auf der „Franziska“ kein Schiffer mit einem deutschen Befähigungszeugniß befand. Ob hieran Jumpfer selbst mit Schuld ist, ist von hier aus nicht zu ermitteln gewesen, doch will es scheinen, daß, wenn seitens der Rhederei die Einsetzung des Jumpfer nur interimistisch beantragt worden, dies auch in deutlicherer Weise in der Musterrolle hätte zum Ausdruck gebracht werden müssen.

45. Spruch des Seeamts zu Hamburg vom 14. Januar 1887, betreffend den Seeunfall der Bark „Mexico“ von Hamburg.

Der Spruch des Seeamts lautet:

Die Strandung der Bark „Mexico“ bei Southport in Lancashire am 9. Dezember 1886 ist durch die schweren westlichen Stürme und deren unregelmäßiges Verlaufen herbeigeführt, von welchen das Schiff nach dem Aussegeln von Liverpool in der Irischen See befallen worden ist und die demselben nicht gestatteten, sich von der Küste frei zu segeln.

Die Besatzung der „Mexico“ trifft keine Schuld an dem Unfall.

Die hochherzigen Bestrebungen der britischen Rettungsmannschaften von Lytham, Southport und St. Annes für die Rettung der Besatzung der „Mexico“ verdienen die vollste Anerkennung.

Thatbestand. Am 9. Dezember 1886 Abends zwischen 10 und 11 Uhr strandete die Bark „Mexico“ in der Nähe von Southport an der Küste von Lancashire und wurde total wrack, die Mannschaft wurde gerettet.

Die Bark „Mexico“, Unterscheidungssignal RGBS, erbaut im Jahre 1860 zu Sunderland aus Eisen und zu 1393,6 cbm = 491,95 britischen Register-Tons Netto-Raumgehalt vermessen, verließ den Hafen von Liverpool, nach Guayaquil bestimmt, am 5. Dezember mit einer aus Stückgütern (1000 Tons Schwer- und Maßgut) bestehenden Ladung. Das Schiff, welches unter britischer Flagge den Namen „John Bull“ führte, hatte bei dem englischen Lloyd die Klasse + $\underset{A}{A}$ 1. ✱ und befand sich bei dem Antritt der Reise im besten Zustande. Das Schiff war vor seiner Abreise im Trockendock gewesen und nachgesehen worden. Das Casco des Schiffes war zu 60000 M. versichert. Der Tiefgang betrug 14 Fuß 10 Zoll vorne und 15 Fuß 8 Zoll hinten. Die Besatzung bestand aus 12 Mann, einschließlich des Schiffers.

Im Tau des Schleppdampfers „Conqueror" verließ die Bark am 5. Dezember Morgens 10 Uhr den Hafen von Liverpool unter Lootsenführung. Der Wind war zur Zeit mäßig. Um 2 Uhr Nachmittags passirte man die Barre und verließ der Lootse bei dem Barreleuchtschiff das Schiff. Der Dampfer war engagirt worden, die „Mexico" nach Holyhead zu schleppen. In See frischte der Wind auf und als man um 6 Uhr das NWFeuerschiff passirte, nahm die Briese noch an Stärke zu. Um 11 Uhr peilte man das Feuer von Ormeshead in WSW in 10 Seemeilen Abstand. Von Seiten des Dampfers verlangte man jetzt, daß das Schlepptau losgeworfen würde, da man der stürmischen Witterung halber nicht weiter schleppen könne. Schiffer Burmester bestand darauf, nach Holyhead geschleppt zu werden, als dies jedoch von dem Dampfer entschieden verweigert wurde, verlangte Schiffer Burmester seinerseits, daß der Dampfer ihn nicht in jener gefährlichen Position verlassen dürfe, sondern bei ihm bleiben und ihn nach Liverpool zurückschleppen müsse. Infolge dessen wendete der Dampfer und schleppte der Mersey zu. Mit Tagesanbruch traf man wieder vor der Barre ein, setzte die Lootsenflagge und erhielt um 7 Uhr Morgens einen Lootsen. Inzwischen hatte der Wind an Stärke nachgelassen und da auch der Lootse der Ansicht war, daß das Wetter besser werde und man bei dem NWLeuchtschiff besser Fahrt bekommen würde, so wurde derselbe angenommen, das Schiff nach Point Lynus auf Anglesea zu bringen. Dem Dampfer wurde der Befehl ertheilt, wieder nach See zu schleppen, wozu derselbe sich indeß aus Mangel an Kohlen außer Stande erklärte. Die „Mexico" blieb daher nur so lange im Tau des Dampfers, bis Segel gesetzt waren und setzte dann zwischen 8 und 9 Uhr Morgens unter Lootsenführung die Reise unter Segel fort. Man hatte gegen SW Wind aufzukreuzen. Mittags wurde der Wind wieder stürmischer, so daß wieder kleinere Segel gemacht werden mußten. Bis zum Mittag des folgenden Tages, den 7. Dezember, nahm der Wind noch mehr zu, und als der Lootse in der Nähe von Point Lynus die „Mexico" verließ und an Bord eines Lootsenkutters ging, führte die „Mexico" nur Großsegel, Fock, Untermarssegel und Unterstagsegel. Das Schiff wurde dann über Backbordhalsen gelegt.

Der Wind setzte bald darauf stürmisch aus WSW ein bei klarem Himmel. Abends 10 Uhr kamen die Feuer der Isle of Man in Sicht. Um 11 Uhr halste man, da man bei dem südlicher drehenden Winde sich nicht mehr dem Lande nähern wollte. Das feste Feuer von Douglas Head peilte man zur Zeit NzO½O und das Blinkfeuer von Langneß Point NW½N. Am 8. Dezember, Morgens 3 Uhr, wurde wieder vorwärts gehalst, da der Wind noch weiter nach Süden gedreht war; auch war man genöthigt, Großsegel und Fock festzumachen. Um 7 Uhr Morgens lief der Wind wieder westlicher. Das Schiff wurde daher wieder mit Steuerbordhalsen südlich gelegt und lag etwa SzW an. Der Wind nahm immer mehr zu und Mittags wehte ein orkanartiger Sturm. Das Besahnstagsegel und Großstagsegel flogen in Stücke. Das Barometer fiel auf 27,49. Bis 4 Uhr Morgens am 9. Dezember ließ man das Schiff mit Steuerbordhalsen liegen, als dann das Feuer von St. Ormeshead in SWzW in Sicht kam, wurde nordwärts gehalst. Bald darauf ließ der Wind etwas nach und fing auch das Barometer an zu steigen, man setzte wieder Fock und Großsegel. Um 6½ Uhr lief der Wind nördlicher, man halste deshalb südwärts und um 10 Uhr wieder nordwärts, weil der Wind wieder westlicher zurückdrehte. Es stürmte zu dieser Zeit noch immer sehr schwer; die Fock zerriß, man beschlug dieselbe und machte auch das Großsegel fest, dann setzte man die Lootsenflagge im Vortop, weil man das NWFeuerschiff zu sehen glaubte. Kurz nachher wurde die Luft wieder dick von Regen; es stand jetzt eine fürchterliche See, die sich beständig über Deck ergoß. Alle losen Gegenstände wurden vom Deck gespült, auch die Wasserfässer über Bord gewaschen. Mittags wurde gelothet und fand man 13 Faden. Das Schiff stand etwa 20 Seemeilen von der Küste. Man fand jetzt, daß das Schiff in letzter Zeit jede Stunde etwa 2 Seemeilen dem Lande näher getrieben war und sah ein, daß, wenn sich das Wetter nicht besserte oder der Wind sich änderte, das Sch ff nicht von der Küste freizuhalten sein würde. Um 3 Uhr klarte es etwas auf und wurde nun an allen Seiten Land erblickt. Die Mannschaft wurde zum Schiffsrath nach hinten berufen und beschloß man, sich 5 bis 6 Faden Wasser der Küste zu nähern, dann beide Anker wegzuwerfen, nachdem man vorher die Masten gekappt, um das Reiten vor den Ankern zu erleichtern. Unter beständigem Lothen näherte man sich der Küste. Gegen 4 Uhr Nachmittags erreichte man eine Tiefe von 8 Faden und kappte nun zuerst den Fockmast und alsdann den Großmast. Der Besahnmast blieb stehen. Gegen 5 Uhr ließ man beide Anker fallen und gab von jeder Kette ungefähr 60 Faden vor. Da zeigte das Loth plötzlich 4 Faden Wasser und durfte man deshalb nicht mehr Kette stecken. Die Anker faßten und hielt sich das Schiff vor denselben etwa ½ Stunde. Man peilte während der Zeit die Pumpen, doch hatte das Schiff höchstens 3 bis 4 Zoll Wasser und war somit trotz des schweren Arbeitens völlig dicht geblieben. Es stürmte noch immer mit derselben Heftigkeit wie vordem und schwere Sturzseen rollten über Deck. Bald wurde indeß das Treiben des Schiffes bemerkt, woraus man schloß, daß die Ketten gebrochen waren. Das Loth ergab zunächst wieder 5 bis 6 Faden Tiefe. Um einen letzten Versuch zur Rettung des Schiffes zu machen, warf man den großen Warpanker mit 90 Faden fünfzölliger neuer Hanfleine fort. Etwa 20 Minuten lag das Schiff noch vor diesem Anker, als auch dies Tau brach und das Schiff nun unaufhaltsam dem Strande zutrieb. Hinten eben über Steuerbord sah man nach Land zu die Lichter einer Stadt, sowie eine Eisenbahn fahren, man gab daher um 9 Uhr Nothsignale durch Blaufeuer, um die Rettungsstationen auf die gefährliche Lage des Schiffes aufmerksam zu machen. Vom Lande aus wurde dies Nothsignal bald durch Raketen erwidert. Die Bark trieb dann hart bei 4 Bojen vorbei und fing gegen 11 Uhr an zu stoßen. Die Blaufeuersignale wurden von Zeit zu Zeit fortgesetzt. Die Mannschaft kam dann nach hinten und band sich an den Wanten fest, da die See beständig über das Schiff hinbrach. Mit dem Bug lag dasselbe vor den Ketten nach See zu. Nach kurzer Zeit fiel die „Mexico" nach Backbord über und wurde jetzt die Situation für die Mannschaft immer kritischer. Da wurde dieselbe ein rothes Licht gewahr, ein Zeichen, daß ein Rettungsboot sich näherte. Einige Minuten später kam dasselbe auf Steuerbord in Lee längsseits. Unter mancherlei Schwierigkeiten gelang es der Besatzung der „Mexico" in das Boot zu kommen. Ein Blechkasten mit den Schiffspapieren fiel bei dem Versuch, denselben in das Boot zu werfen, in das Wasser. Das zur Hülfe gekommene Boot war das Rettungsboot „Charles Biggs" aus Lytham, welches dann nach einer fast dreistündigen Fahrt die Schiffbrüchigen glücklich in Lytham landete.

Nach den zu den Akten gelangten englischen Darstellungen über die zur Rettung der Mannschaft der „Mexico" getroffenen Anstalten hatte man in Lytham ungefähr um 9 Uhr 30 Minuten in südwestlicher Richtung zuerst die Nothsignale bemerkt. 5 Minuten nach 10 Uhr wurde das Rettungsboot mit Erfolg zu Wasser gebracht und ruderte dasselbe dann etwa 1½ Seemeilen den Fluß Ribble hinab, dann wurden Segel gesetzt und SSW gesteuert, während der Wind aus WNW, sowie die See dwars einkamen. Es war zu jener Zeit etwa halbe Ebbe. Nahe dem Ufer lief ein Gegenstrom nach Norden, die Hauptströmung lief WNW, gerade dem Winde entgegen. Hierdurch wurde der sehr hohe Seegang, welcher infolge des anhaltend stürmischen Wetters bereits herrschte, noch vermehrt und brachen sich die Wellen unaufhörlich mit großer Heftigkeit. Gerade hierdurch wurde die Fahrt nach dem Wrack ganz ungemein erschwert. Vier bis fünf Mal wurde das Boot vollgeschlagen. Während längerer Zeit verlor man in der wilden See, in welcher unter den größten Anstrengungen vorwärts gearbeitet wurde, das Schiff ganz aus Sicht. Endlich fand man das Wrack wieder. Etwa 1/4 Seemeile von dem Schiff wurden Segel und Masten niedergelegt. Eben hatte man wieder zu den Rudern gegriffen, als das Boot von einer schweren Brechsee getroffen, mit dem Bord unter Wasser gedrückt und fast zum Kentern gebracht wurde. Bei dem plötzlichen Ueberholen brachen drei Ruder ab. Schließlich kam das Boot dennoch glücklich bei dem Schiffe längsseits und gelang es, die Mannschaft der „Mexico“ überzunehmen.

Auch von Southport, welches etwas nordöstlich von der Strandungsstelle liegt, hatte man die Nothsignale der „Mexico“ um 9 Uhr bemerkt. Sofort wurde die Mannschaft versammelt, Pferde herbeigeschafft, das Boot etwa 3 1/2 Seemeilen über den Sand transportirt und mit Erfolg zu Wasser gebracht. Um 1 Uhr Morgens hatte das Rettungsboot eine Position etwas voraus an Steuerbordbug des Schiffes erreicht und wollte gerade die Anker fallen lassen, um vor denselben nach dem Wrack zu treiben, als eine furchtbare Brechsee das Boot ungefähr 4 Strich von vorn traf und dasselbe sofort umwarf. Der Anker sollte gerade fallen gelassen werden und fiel nunmehr mit ca. 12 Faden Kette, von welcher zwei oder drei Turns um den Poller gelegen hatten und bei dem Kentern des Fahrzeuges wahrscheinlich herabgespült waren, über Bord. Die Tiefe des Wassers betrug an dieser Stelle ungefähr 17 bis 18 Fuß. Das Boot richtete sich aber leider nicht mehr auf und wurde am Morgen des 10. December um 3 Uhr am Strande drei Seemeilen westlich von Southport gekentert aufgefunden. Drei Mann wurden todt unter dem Boot, einer am Strande fast leblos und einer in der Nähe des Bootes bis zu den Knieen im Wasser stehend gefunden. Zwei Leute kamen an das Land und retteten sich selbst, befanden sich aber in so verwirrtem und erschöpftem Zustande, daß sie den anderen Leuten keine Hülfe leisten konnten. Die unter dem Boot befindlichen Leute, welche längere Zeit noch gelebt hatten, scheinen sich zwischen den Riemen und Tauen verwickelt zu haben, und da bei dem an den Strand treiben leider keine Hülfe zur Hand war, so konnten sie sich nicht frei machen.

Auch von dem etwas nordwestlich von Lytham gelegenen Küstenplatz St. Annes wurden die Nothsignale um 9½ Uhr bemerkt, die Mannschaft des Rettungsbootes zusammenberufen und dasselbe um 10 Uhr 15 Minuten erfolgreich zu Wasser gebracht. Dasselbe ruderte etwa 500 Yards, setzte dann Segel und steuerte quer über die Salthouse-Bank hinaus. Was weiter mit jenem Boote geschah, läßt sich nicht ermitteln. Zeugen wollen WzN von Southport zwei rothe Lichter und andere Signale in einer Entfernung von 2 Seemeilen gesehen haben. Waren dies Nothsignale des Rettungsbootes, so mußte demselben dort ein Unfall passirt sein. Am Morgen des 10. December um 11¼ Uhr fand man das Rettungsboot gekentert am Strande, unter demselben hingen 3 Leichen über den Duchten mit dem Kopf nach unten. Bezeugt ist außerdem, daß in der Richtung jener beiden Lichter Rufe gehört worden sind.

Gründe. Die Ursache des obenstehend geschilderten Seeunfalles der Bark „Mexico" liegt nach Ansicht des Seeamtes allein in dem Umstand, daß das Schiff in den orkanartigen Sturm gerieth, welcher vom 7. bis 9. December über die britischen Inseln hinfuhr und der, den durch denselben angerichteten Verheerungen nach, einer der stärksten war, welcher in den letzten Jahren jene Küsten heimsuchte.

Nach den officiellen britischen Witterungsberichten lag das Centrum jenes Sturmes in Irland über der Provinz Ulster und in England über den Landschaften Cumberland und Northumberland, nur wenige Meilen nördlich von den Kursen, welche die „Mexico" bei dem Antritt ihrer Reise zu verfolgen hatte. Jene Witterungsberichte constatiren besonders auch die Plötzlichkeit und Heftigkeit des Auftretens jenes Sturmes, sowie das Fehlen jedes warnenden Anzeichens und geben die beobachtete Geschwindigkeit desselben auf 50 bis 70 Seemeilen per Stunde an. Der beobachtete niedrigste Barometerstand in Irland wird auf 27,24 Zoll britisch angegeben.

Dieser Sturm traf die „Mexico" am 7. December Nachmittags, als dieselbe nach dem Absetzen des Lootsen bei Point Lynus auf des letzteren Rath nach der Isle of Man hinüberlag, in der Erwartung, auf den nördlichen Verlauf der schon geraume Zeit südwestlich und westlich wehenden Winde. Der plötzliche Ausbruch jenes Sturmes aus mehr südlicher Richtung zwang die „Mexico“ wegen der Nähe der Isle of Man wieder südwärts zu halsen und lag das Schiff infolge dieser ungünstigen Windrichtung wieder schlecht in die Liverpool-Bay zurück, die es in wenigen Stunden durchsegelt und hinter sich gelassen zu haben hoffte. Jede Drehung des Windes wurde benutzt, das Schiff auf den günstigsten Kurs zu bringen, aber alle auf den erfahrungsmäßigen Verlauf der Stürme basirten Berechnungen wurden stets wieder durch das Zurückdrehen des Windes vereitelt. Nach den Aussagen der vernommenen Zeugen hat gerade der unregelmäßige Verlauf jenes Sturmes wesentlich mit dazu beigetragen, daß das Schiff trotz aller gemachten Anstrengungen unaufhaltsam in jene gefährliche Bucht wieder zurückgetrieben wurde. Auch der folgende Tag verging mit den vergeblichen Versuchen, gegen den jetzt in voller Stärke wehenden Orkan sich zu halten. Am 9. December, Morgens 4 Uhr, peilte man schon St. Ormeshead in SWzW und bald darauf auch das Feuer des NWFeuerschiffes, man befand sich somit wieder dicht vor der Mersey-Mündung. Die einzige Rettung für das Schiff bestand jetzt in dem Versuch, entweder die Mersey zu erreichen, oder sich noch so lange auf flottem Wasser zu halten, bis das Wetter sich besserte oder der Wind günstiger lief. Daß ersterer nicht gemacht worden ist, erklärte Schiffer Burmester damit, daß ihm sowohl die Lage der Barre, wie auch die Einfahrt selbst nicht hinreichend bekannt gewesen, um ein Einsegeln ohne Lootsen unternehmen zu können. Da auf das gesetzte Lootsensignal keine Lootsen sich näherten, auch wohl schwerlich bei jenem Sturme hätten versetzt werden können, so blieb dem Schiffer nur die weitere Eventualität übrig, den Versuch zu machen, sich auf See gegen den Sturm zu halten.

Das Seeamt erachtet diese Entschließung für völlig sachgemäß, zumal ein Stranden des Schiffes auf der Barre selbst oder auf den bei derselben liegenden Sänden der Besatzung weit verderbenbringender hätte werden müssen, als eine Strandung an der nördlicher gelegenen Küste, da dort der Mannschaft eher Hülfe werden konnte, als in der entfernten Mündung des Flusses. Ueberdies glaubte Schiffer Burmester nach einer fast 50stündigen Dauer jenes Orkans auf eine baldige Besserung des Wetters rechnen zu können. Als aber auch diese gehoffte Besserung nicht eintrat, blieb dem Schiffer nichts weiter übrig, als sich auf die Strandung vorzubereiten.

Die in dieser Hinsicht getroffenen Maßregeln sind in jeder Weise correct, den rechtzeitigen Anordnungen derselben ist die verhältnißmäßig günstige Strandung des Schiffes zuzuschreiben. Das Seeamt hat die

Ueberzeugung gewonnen, daß kein Mittel unversucht geblieben ist, das Schiff vor dem Untergange zu bewahren. Handlungen oder Unterlassungen des Schiffers oder seiner Mannschaft haben daher die Strandung nicht verursacht. Daß in jener wilden, schweren See die Ketten nicht gehalten haben, läßt nicht auf einen mangelhaften Zustand derselben schließen. Nach Schiffer Burmester waren dieselben stets unter der Controle der Besichtiger gehalten worden.

Das Schiff selbst blieb bis zur Strandung völlig dicht. Es ist bezeugt worden, daß unmittelbar vor der Ausreise eine Besichtigung des Schiffes im Dock stattgefunden hat, auch die Seetüchtigkeit desselben ist daher nicht zu bezweifeln.

Die Beladung, Ausrüstung und Bemannung des Schiffes geben zu Ausstellungen keinerlei Anlaß.

Es erübrigt schließlich noch, auf den mit diesem Schiffbruch in Verbindung stehenden Unglücksfall der beiden Rettungsboote von Southport und St. Annes zurückzukommen, wenngleich dem Seeamt eine Beurtheilung der Handlungen oder Unterlassungen der zur Handhabung dieser Rettungsmittel bestellten Personen nicht zusteht.

Das Seeamt beschränkt sich daher auch darauf, anzuführen, daß nach dem zu den Akten gelangten officiellen Bericht der Beamten des englischen Handelsamtes der Lebensverlust bei dem Kentern des Southporter Rettungsbootes dem Umstande zuzuschreiben ist, daß das Boot sich nach dem Kentern nicht wieder aufgerichtet habe, weil der Anker fallen gelassen war und eine große Anzahl der bei dem Umschlagen des Bootes in das Wasser gestürzten Leute sich unter dem Boote festhielt. Jenes Boot war vordem 11 Mal im Dienst gewesen und waren durch dasselbe 52 Menschen gerettet worden.

Bezüglich des Kenterns des St. Annes Rettungsbootes haben sich nähere Ursachen nicht feststellen lassen, da die gesammte Besatzung ertrunken ist. Das betreffende Boot war bei fünf Gelegenheiten zum Dienst nach See hinausgefahren und hatte noch wenige Tage vor der Katastrophe, am 4. December, 6 Menschen das Leben gerettet. Nach jenem Berichte sollen der Steuermann und einige Leute der Besatzung ihrer Kränklichkeit und ihrer schwachen Constitution halber nicht zum Dienst geeignet gewesen sein.

Das Lythamer Rettungsboot „Charles Biggs“, welches die Rettung der Besatzung der „Mexico“ ausführte, war nach Ansicht jener britischen Sachverständigen bei Weitem das bessere Rettungsboot von den dreien und besitzt weit größere Stabilität und Wiederaufrichtungsfähigkeit, als die anderen beiden Boote. Jenes Boot machte die erste dienstliche Fahrt mit seiner Mannschaft. Das Lytham-Boot ist mit 4 Wasserballasttanks ausgerüstet, die mittschiffs dem Kielschwein entlang laufen und etwa 1 Ton Wasser halten, dieselben können gefüllt werden, sobald das Boot genügende Wassertiefe erreicht. Das Füllen dauert nur eine Minute, während die Tanks im Bedürfnißfalle ebenso rasch entleert werden können. Das Boot hat ferner große Luftkasten, die über Deck den Seiten entlang laufen und hält infolge dessen, wenn es durch eine See vollgeschlagen wird, weniger Wasser, als die Boote älteren Typs. Die britischen Sachverständigen sprechen die Ansicht aus, daß für Rettungsboote größere Sicherheit erzielt würde, wenn die Stabilität der sich selbst aufrichtenden Boote vermehrt würde, wodurch gleichzeitig ihre Aufrichtungsfähigkeit gesteigert würde.

Wenn das Seeamt das Urtheil jener britischen Sachverständigen mit in den Rahmen seiner Besprechung des Unfalles der Bark „Mexico" hineingezogen hat, so geschieht dies, um darauf hinzuweisen, daß man sich bei dem Bau und der Ausrüstung der an den deutschen Küstenstrecken stationirten Rettungsboote jene englichen Erfahrungen zu Nutze machen möge. Der beklagenswerthe Unfall, dem 27 Menschen zum Opfer gefallen sind, giebt Veranlassung genug dazu, die Aufmerksamkeit auf die bei dem Lythamer Rettungsboote angewandte Construktion zu richten.

In voller Uebereinstimmung mit dem desfallsigen Antrag des Reichskommissars spricht das Seeamt schließlich jenen hochherzigen Männern, welche in jener schrecklichen Sturmesnacht sich am Rettungswerk betheiligten, für ihre Aufopferung die vollste Anerkennung aus. Wie wachsam jene Uferbewohner sind, sobald den an jenen Küsten verkehrenden Schiffen Gefahr droht, zeigt sich darin, daß schon in kürzester Zeit nach dem Zeigen der Nothsignale, sofort von drei verschiedenen Seiten den Bedrängten zur Hülfe geeilt wurde. Selbst kränkliche, weniger geeignete Leute ließen sich nicht abhalten, ihr Leben für ihre Mitmenschen zu wagen. Das Verhalten jener Mannschaften ist über alles Lob erhaben.

Die Geretteten heben besonders die vorzügliche Führung bei der höchst gefährlichen Rückfahrt hervor.

Von dem Unglück des Southporter und des St. Annes Rettungsbootes ist von der Besatzung der „Mexico" nichts bemerkt worden.

Es ist anzunehmen, daß das Southporter Rettungsboot erst nach der Rettung der Mannschaft durch das Lythamer Boot bei dem Wrack eingetroffen, das St. Annes Boot überall aber nicht in die Nähe der Strandungsstelle gelangt ist.

46. Spruch des Seeamts zu Stralsund vom 14. Januar 1887, betreffend der Seeunfall der Bark „Emma Müller" von Barth.

Der Spruch des Seeamts lautet:

daß der Seeunfall, welcher die Bark „Emma Müller" zum Anlaufen von Barcelona als Nothhafen veranlaßt hat, eine Folge ist, einerseits der für die Bauart des Schiffes an sich zu schweren Ladung, andererseits der nicht angemessenen Verstauung der Ladung in Verbindung mit schwerem Wetter.

Gründe. Die 1873 erbaute, zu 1431,8 cbm = 505,43 britischen Register-Tons Netto-Raumgehalt vermessene Bark „Emma Müller", Unterscheidungssignal JNQB, Heimathshafen Barth, ist unter Führung des Schiffers Johann Gustav Käding am 15. Juni 1886 Vormittags von Marseille nach Stettin in See gegangen. Die Ladung bestand aus 678945,3 kg Thonsteinen, die zwischen längsseitig in schräger Richtung angebrachten Gäbelings derart verstaut war, daß sie in der Mitte 14 Fuß hoch im Schiffsraum lag, nach hinten und vorn aber abflachte. Alsbald nach der Abreise trat sturmartiger Wind aus NW ein und die Bark hatte mit der zunehmenden hohen See zu kämpfen. Bereits Nachmittags 2 Uhr 15 Minuten fanden sich bei den Pumpen in dem bisher dichten Schiff 10¾ Zoll Wasser, die Großwanten wurden lose und gaben trotz vorgenommenen Schwichtens immer wieder nach, so daß der Schiffer ein starkes Begeben seines Schiffes voraussetzte. Am folgenden Tage waren die Erscheinungen bei gleichem Wind und Wetter dieselben, der Wasserstand nahm trotz Pumpens zu, so daß der Schiffer nöthig fand, Barcelona als Nothhafen anzulaufen, wo man am 17. Juni mit 29 Zoll Wasser im Schiffsraum anlangte. Da die äußere Besichtigung ergab, daß die Kupferhaut gelöst war und Schandeck und Leibhölzer sich begeben hatten, wurde auf Anrathen der Besichtiger die Ladung gelöscht. Die Besichtigung im Innern bestätigte, daß die Bark sich ganz erheblich begeben hatte; Krummhölzer waren verschoben, das Kielschwein hinten gebogen. Vor Antritt der Reise wurde deshalb die Kupferhaut abgenommen, das Schiff neu kalfatert und die angegebenen Schäden ausgebessert, dem Schiffer auch anempfohlen, die Ladung derart zu verstauen, daß der Schwerpunkt mehr nach oben verlegt wurde. Dies ist in der Weise geschehen, daß im Schiffsraum eine ungefähr 20 Zoll hohe Bretterlage hergestellt wurde, hierauf wurden mittschiffs 42 leere Schmalzfässer gelegt und dann die Ladung so eingenommen, daß sie mittschiffs bis 3 Fuß unter das Deck reichte, vorne und hinten flachte die Ladung ab. Die Reise ist hierauf nach Stettin glücklich fortgesetzt, die Bark hier aber einer weiteren Reparatur bedürftig befunden, für welche der Rhederei die Mittel fehlten, weshalb das Schiff zur Zwangsversteigerung gestellt ist.

Nach diesem Thatbestand ist die vor Antritt der Reise seetüchtige und mit der Veritas-Classe 3. 3. G. 1. 1. versehene Bark seeuntüchtig geworden, weil der Druck der Ladung mittschiffs zu groß gewesen ist. Freilich nach dem Raumgehalt des Schiffes war das Gewicht der Ladung an sich nicht zu groß, aber von dem Schiffer ist nicht berücksichtigt, daß sowohl nach der Bauart seines Schiffes, als auch nach dem schweren spezifischen Gewicht der Ladung besondere Vorsicht bei Verstauung der Ladung geboten war, um das Schiff bequem und widerstandsfähig für die Seefahrt zu machen. Es war erforderlich, den Druck der Ladung so viel als möglich von unten nach oben zu verlegen und auf das ganze Schiff zu vertheilen. Dazu reichten die schräge gestellten Gäbelings und die 10 leeren Fässer, auf welche die Ladung verpackt war, nicht aus. Da das Schiff breit und voll mit sehr flachem Boden gebaut und die Ladung hauptsächlich mittschiffs gelagert war, ist es augenscheinlich, daß das Hauptgewicht der Ladung übermäßig mittschiffs drückte. Dies hatte dann aber zur Folge, daß das Schiff bei den Bewegungen in der hohen See übermäßig angegriffen wurde und sich mittschiffs durchbog, wenn es von der See vorn und hinten gehoben wurde. Hierauf ist, wie dies auch die Besichtiger angenommen haben, die alsbald auf der Reise eingetretene Seeuntüchtigkeit zurückzuführen.

War der Schiffer Mangels Gelegenheit für eine günstigere Ladung genöthigt, die schwere Thonsteinleitung einzunehmen, dann hätte er darauf Bedacht nehmen müssen, unten leeren Raum zu schaffen, d. h. die Ladung auf eine möglichst hohe Unterlage, wie dies in Barcelona geschehen ist, zu lagern, um sie mittschiffs möglichst hoch zu bringen und vorn und hinten besser vertheilen zu können.

Der Schiffer hat seine erste Reise mit Thonsteinen gemacht und lediglich aus Unkenntniß die erforderliche Vorsicht bei Verstauung der Ladung außer Acht gelassen.

47. Spruch des Seeamts zu Stettin vom 12. Oktober 1886 und Entscheidung des Kaiserlichen Ober-Seeamts vom 26. Januar 1887, betreffend den Seeunfall des Schraubendampfers „Libau" von Stettin.

Der Spruch des Seeamts lautet:

Der Seeunfall, welchen der Schraubendampfer „Libau" am 24. Juni 1886 im Hafen von Rotterdam durch Beschädigung des Hülfskessels erlitten hat, ist von dem Maschinisten Stinsky durch Wassermangel verschuldet. Dem Maschinisten Stinsky wird die Befugniß zur Ausübung des Gewerbes als Maschinist auf Seedampfschiffen entzogen. Ein Verschulden der Schiffers, Steuermanns und des zweiten Maschinisten Burow liegt nicht vor.

Gründe. Der Schraubendampfer „Libau", Unterscheidungssignal JDRN, Heimathshafen Stettin, hat am 24. Juni 1886 beim Entlöschen im Hafen von Rotterdam eine Beschädigung des Hülfskessels durch Erglühen desselben erlitten. „Libau" ist ein im Jahre 1879 zu Rostock erbauter eiserner Schraubendampfer von 2060,0 cbm Brutto- und 1636,9 cbm = 577,82 britischen Register-Tons Netto-Raumgehalt, mit einer Maschine von 380 indicirten Pferdestärken versehen. Die Länge des Schiffes beträgt 61,20 m, die Breite 8,42 m, die Tiefe 4,45 m, Länge des Maschinenraums 8,90 m, Klasse ✠ 3/3 G. 1. 1. Zum Laden und Löschen sind drei Dampfwinschen und ein Dampfkrahn an Bord, zu deren Betrieb sich auf dem Hauptdeck gerade oberhalb der zum Betriebe der Hoch- und Niederdrucksmaschine bestimmten Kessel ein Hülfskessel aus gewalzten, schmiedeeisernen Platten befindet. Der Kessel steht im Ueberbau mit seiner Längenachse querschiffs. Die Bedienung erfolgt von der Backbordseite aus und ist an dieser Seite auch der Wasserstandsglasapparat mit Probirhähnen angebracht, während sich die Feuerkammer mit allen beschädigten Theilen an der Steuerbordseite des Kessels befindet. Der Kessel, welcher sich früher auf dem derselben Rhederei gehörigen Dampfer „Stettin" befand und 1884 auf dem „Libau" angebracht wurde, ist ein cylindrischer Röhrenkessel mit zurückkehrendem Zuge. Der cylindrische Mantel hat eine Länge von 2,31 m und einen Durchmesser von 1,60 m. Die Feuerbuchse, gleichfalls cylindrisch, ist 1,75 m lang mit einem Durchmesser von 0,75 m. Von der Feuerkammer aus führen 50 Siederöhren von 2 3/4 Zoll Durchmesser durch den Wasserraum nach der Rauchkammer oberhalb der Feuerbuchse zurück. Die heißen Gase, welche auf dem Roste in der Feuerbuchse erzeugt werden, berühren zuerst den oberen Theil der Feuerbuchse, sodann die Wände der Feuerkammer, gehen durch die Sieveröhren zurück und treten in die Rauchkammer, von der sie durch einen Kanal in den Schornstein geführt werden. Die höchsten Feuerröhren liegen 15 Centimeter unter dem festgesetzten niedrigsten Wasserstande, welcher durch einen Zeiger am Wasserstandsglase, sowie durch Strich und Schild in auffallender Weise bezeichnet ist. Am Kessel selbst sind zwei Probirhähne, beide zum Hindurchstoßen eingerichtet und jede Vorrichtung gesondert mit dem Innern des Kessels verbunden. Der unterste Probirhahn sitzt in der Horizontale des niedrigsten Wasserstandes. Der höchste zulässige Dampfdruck von 4 1/2 Atmosphären wird durch eine Marke an dem zuverlässigen Federmanometer No. 432 185 von Scheffer & Badenberg bezeichnet. Das Sicherheitsventil am Dampfdom mit einer lichten Durchgangsöffnung von 2 642 □-mm ist vom Kesselwärterstande jederzeit zu lüften und läßt den Dampf bei 4 1/2 Atmosphären Ueberdruck entweichen. Das Verhältniß der vom Wasser bespülten Heizfläche zur Rostfläche ist 23 : 1, ein Erglühen der oberen wasserfreien Kesseltheile ausgeschlossen. Die Speisung des Kessels mit Wasser erfolgt durch eine an der Backbordseite des Kessels angebrachte Dampfpumpe von 102 mm Hub und 56 mm Kolbendurchmesser, deren Röhrensystem mit der großen Dampfpumpe und Handpumpe im Hauptmaschinenraum derartig in Verbindung steht, daß auch von da aus Wasser in den Hülfskessel geschafft werden kann. Nach der Kesselbeschreibung vom 12. Mai 1880 und dem Revisions-Attest vom 13. Juli 1880 hat dieser Kessel auch eine eigene Handpumpe von 115 mm Kolbendurchmesser und 100 mm Hub, und ist jede seiner beiden Pumpen für sich genügend, um das erforderliche Betriebswasser zu liefern. Ein am Kessel angebrachtes Speiseventil wird durch den Druck des Kesselwassers abgeschlossen gehalten. Auf der nach dem Innern des Kessels zugekehrten Seite der Feuerkammer sind 6 Deckenanker mittelst je eines Stehbolzens angebracht. Der Kessel wurde von der Rostocker Aktiengesellschaft für

Schiffbau und Maschinenbau im Jahre 1880 für das der Neuen Dampferkompagnie zu Stettin gehörige Dampfschiff „Stettin" nach der Kesselbeschreibung vom 12. Mai 1880 angefertigt und auf Grund der Revisionsverhandlung vom 13. Juli 1880 und der Revisionsbescheinigung des Wasserbau-Inspektors Ulrich zu Stettin vom 12. August 1880 die Betriebsgenehmigung vom Stadtausschusse zu Stettin am 14. August 1880 ertheilt, worauf am 21. August 1880 die Abnahme mit einer Probe von 9 Atmosphären Ueberdruck erfolgte und der Kessel vorschriftsmäßig befunden wurde. Bei der Austauschung des Kessels an den Schraubendampfer „Libau" im Jahre 1884 wurde der Kessel in der Fabrik von Möller & Holberg zu Grabow a/O. ausgebessert, erhielt eine neue Platte und einen neuen Dampfdom mit drei Leitungsröhren von je 2½ Zoll Weite. Die von dem Wasserbau-Inspektor Ulrich am 29. April 1884 vorgenommene Druckprobe mit 9 Atmosphären Ueberdruck ließ den Kessel dicht und ohne Formveränderung und wurde er auch jetzt zur Entwickelung von Dämpfen bis zu 4,5 Atmosphären Ueberdruck geeignet, sowie bei der Revision am 17. Juni 1886 in guter Ordnung befunden. Der Kessel arbeitete denn auch gut und fehlerfrei, erwies sich aber zur Dampfentwicklung für alle drei Winschen und den Krahn des „Libau" nicht groß genug, indem er bei diesem vollen Betrieb nicht Dampf halten konnte und der große Kessel zu Hülfe genommen werden mußte, was dem Maschinisten Stinsky, als er dem Ingenieur Eberhard der Neuen Dampferkompagnie und nach Stinskys vom Direktor Reppenhagen für möglich erklärten Angabe auch diesem deshalb Vorstellungen machte, von Eberhard erwiedert wurde. Stinsky, der seit 1881 auf dem „Libau" angestellt war, hat selbst bemerkt, daß bei vollem Betriebe zuviel Wasser aus dem Kessel mitgerissen wurde und der Dampf nicht zu halten war. Nach der Aussage des zweiten Maschinisten Burow wurde der Hülfskessel selten gebraucht und immer bald abgestellt, weil der Dampf auf 1½ bis 2 Atmosphären fiel und die Winschen nicht mehr treiben konnte, wodurch Hemmnisse und Aergernisse entstanden. Der Kessel reichte nur für zwei Winschen, da seine eigenen Pumpen nicht Wasser genug schafften und die Benutzung der großen Pumpe dem Kessel keine ausreichende Dampfkraft schaffen konnte, die Ueberfüllung mit Wasser vielmehr den Dampf zu sehr abkühlte und verwässerte. Ingenieur Eberhard und Schiffer Nicolai haben bekundet, daß der Hülfskessel für den Anfang der Entlöschung wohl ausreiche und erst weiterhin, wenn das Schiff leerer werde und die Winschen mehr Kraft erforderten, sich als knapp erweise und die Zuziehung des großen Kessels nöthig erscheinen lasse. Der erste Maschinist ist durch seine Instruktion ausdrücklich angewiesen, sein beständiges Augenmerk auf den Wasserstand im Kessel zu richten.

Der Schraubendampfer „Libau" kam mit einer Ladung Getreide von Stettin am 23. Juni 1886 in Rotterdam an und wurde am Vormittage des 24. Juni 1886 mit der Entlöschung begonnen. Der große Kessel war einer Reinigung unterworfen und der Hülfskessel allein im Gange. Es wurde zuerst mit zwei, dann mit drei Winschen gearbeitet; auch der Krahn soll gebraucht sein. Der Heizer Wolff besorgte den Kessel und wurde von den beiden Maschinisten Stinsky und Burow beaufsichtigt. Um 11 Uhr Vormittags meldete Wolff, daß er keinen Dampf halten könne. Er will schon um 9 Uhr Vormittags, als der Krahn angestellt wurde, am Wasserstandglase ein Herabgehen des Wassers bemerkt haben, welches weit unter dem Zeiger gestanden habe und bis 12 Uhr Mittags nicht wieder in die Höhe gekommen sei. Wolff will dies dem Maschinisten Stinsky bei dessen zweimaliger Anwesenheit mitgetheilt und zur Antwort erhalten haben, er solle ruhig weiter arbeiten. Stinsky bestreitet dies und will von einem Sinken des Wassers am *Vormittage* nichts wissen. Burow, der auf Wolffs Meldung um 11 Uhr Vormittags nach dem Kessel ging, fand das Wasser am Wasserstandglase 10 mm unter dem Zeiger in der Mitte zwischen diesem und der Mutter. Der Dampf war auf 2 bis 1½ Atmosphären gesunken, der Betrieb der Winschen eingestellt. Die Probirhähne hat Burow nicht geöffnet, weil er sicher war, daß das Wasserstandglas gut arbeitete. Schiffer Nicolai, der dazu kam, sagte zu Burow, dieser möge Unglück verhüten, worauf der zweite Maschinist einen Dämpfer vor das Feuer setzen ließ. Burow selbst bekundet nur, daß er die Frage des Schiffers, ob auch etwas passiren könne, verneint habe. Die große Pumpe sollte gebraucht werden, aber das Verbindungsrohr brach. Allmälig stieg das Wasser im Glase, blieb jedoch unter dem Zeiger. Der Dampf kam wieder auf 3½ Atmosphären und wurde dann mit einer Winsche bis 12 Uhr Mittags gearbeitet. Um diese Zeit stand das Wasser im Glase wieder an der Marke. Burow hatte sich, nachdem die eine Winsche angestellt war, nach dem großen Kessel zurückbegeben, zu dessen Einstellung für Nachmittag er von Stinsky schon am Vormittage, als mit drei Winschen gearbeitet wurde, angewiesen war, und für die Beschleunigung des Reinigens zu sorgen hatte. Während der Mittagspause von 12 bis 1 Uhr 30 Minuten oder 2 Uhr blieb der Kessel unter Feuer und stand um 1 Uhr das

Wasser im Glase über dem Zeiger. Am Nachmittage wurde mit 2 oder 3 Winschen ohne den Krahn gearbeitet. Beide Maschinisten waren wieder im Maschinenraum beschäftigt, der Heizer Wolff allein bei dem Hülfskessel. Nach einiger Zeit meldete Wolff abermals, daß er keinen Dampf halten könne. Jetzt ging Stinsky nach oben; er fand zwei Winschen im Betriebe, das Wasser im Glase 4 cm unter dem Zeiger, das Manometer registrirte 2,5 Atmosphären. Der geöffnete Probirhahn des Wasserstandglases ließ Wasser auslaufen, womit sich Stinsky begnügte, ohne die Probirhähne am Kessel selbst zu öffnen. Der Wasserstandglasapparat mit seinen Probirhähnen war in guter Ordnung und waren die Zugänge rein und offen, auch das Manometer erwies sich bei der späteren sachverständigen Untersuchung als richtig. Stinsky giebt an, daß das Wasser immer etwas unter dem Zeiger gehalten werden mußte, um nicht den Dampf zu verwässern; auch hatte nach Aussage der Zeugen Burow und Nicolai der Dampfer etwas Schlagseite nach Backbord, jedoch nur unbedeutend. Stinsky selbst hat davon nichts bemerkt. Der Maschinist übernahm selbst die Heizung. Er ließ das Feuer nicht wegnehmen, sondern nur die Winschen abstellen und stärker pumpen. Burow kam dazu, warf einige Schippen voll Kohlen auf und wurde von Stinsky nach unten geschickt, um den großen Kessel zu heizen. Nach etwa einer Viertelstunde waren 4 Atmosphären Dampfdruck und das Wasser bis an den Zeiger gestiegen. Stinsky ließ wieder zwei Winschen anstellen, worauf aber Dampf und Wasser immer mehr fielen und letzteres nur noch an der Mutter spielte, worauf dann Stinsky endlich das Feuer herausreißen, den Dampf von drei Atmosphären abblasen und den Kessel abkühlen ließ. Dem Schiffer Nicolai, der dazu kam und wieder fragte, ob an dem Kessel alles in Ordnung und nicht etwa eine Explosion zu befürchten sei, erwiderte Stinsky: „Dafür stehe ich da!" worauf Nicolai fortging und nicht, wie er seiner Rhederei berichtet hat, die Einstellung des Heizens und das Herausreißen des Feuers seinerseits anordnete. Bei der Besichtigung am folgenden Tage bemerkte Stinsky, daß der Kessel Beulen hatte, gräulich gefärbt war und an den Stehbolzen Wasser heraustropfte. Der Kessel wurde außer Betrieb gesetzt und auf Anordnung des Seeamts in seinem beschädigten Zustande bis zur sachverständigen Untersuchung belassen. Diese wurde an Bord des „Libau" während seiner Anwesenheit in Stettin am 11. September 1886 vorgenommen, nachdem der Kessel bereits am 6. Juli 1886 durch den Ingenieur Eberhard, am 18. August vom Ingenieur Markwart besichtigt war. Der Befund ergab übereinstimmend eine Beschädigung durch Wassermangel während der letzten Betriebsbenutzung. Die Decke der Feuerkammer hatte in ihrer ganzen Ausdehnung starke Durchbiegungen erlitten, deren Tiefe an den durch Anker nicht gestützten Stellen bis zu etwa 26 mm betrug, die umgebörtelten Flanschen der Hinterwand der Feuerkammer und der Rohrwand waren stark nach unten gebogen und die Nietungen soweit auseinander gegangen, daß man zwischen Flanschen und Decke mit einem Messer hineinstechen konnte; auch hatten die Stehbolzen der Deckenanker eine geringe Verlängerung erfahren. Die Decke, die drei oberen Röhrenreihen und der höchste Theil der Feuerbuchse in ihrer ganzen Länge hatten die Farbe und das Aussehen vollständig ausgeglühten Blechs und ließen sicher erkennen, daß sie sich in glühendem Zustande befunden hatten, was nach dem Gutachten der Sachverständigen Eberhard, Markwart und Koppen nur durch Wassermangel und dieser nur durch Verschulden des Maschinisten herbeigeführt sein kann. Es sagen darüber wörtlich:

1. Eberhard: „Der niedrigste Wasserstand im Kessel ist gesetzlich auf 15 cm über der höchsten vom Feuer berührten Fläche normirt; wäre dieser Wasserstand inne gehalten worden, so hätte die Einbeulung der Rauchkammerdecke niemals stattfinden können und liegt nach meiner Ansicht eine grobe Fahrlässigkeit des ersten wie des zweiten Maschinisten vor, indem dieselben durch das beständige forcirte Weiterheizen des Kessels, ohne daß die Dampfspannung im Kessel stieg, nicht erkannten, daß Wassermangel vorhanden war und durch ihr unvorsichtiges Vorgehen sehr leicht ein großes Unglück durch Explosion des Kessels herbeiführen konnten.“ Daß durch die Schlagseite das Wasser im Glase höher als im Kessel gestanden habe, giebt dieser Gutachter als möglich zu.

2. Koppen und Markwart: „Ein Erglühen der genannten Theile des Kessels ist unmöglich, wenn dieselben mit Wasser bedeckt sind; ebenso unmöglich ist eine Deformation derselben, wie solche vorgefunden wurde, wenn ein Erglühen derselben nicht stattgefunden hat. Aus Obigem geht hervor:

> „daß der Kessel bei seiner letzten Benutzung in unverantwortlicher Weise behandelt wurde; derselbe hatte lange nicht genügend Wasser und wurde dennoch bis zum Erglühen geheizt. Wenig Wasser durch die Speisepumpe zugeführt, hätte unzweifelhaft eine Katastrophe herbeigeführt, welche für die an Bord befindlichen Leute wie für das Schiff sehr verhängnißvoll gewesen wäre.“

In der mündlichen Verhandlung haben die zuletzt genannten beiden Gutachter noch hinzugesetzt:

1. Ob der Hülfskessel für die drei Winschen und den Dampfkrahn ausreiche, sei unerheblich, da eben, sobald er nicht genug Dampf entwickele, der große Kessel angestellt werden müßte, eine Beschädigung also niemals durch die Kleinheit, sondern nur durch ungehörige Behandlung des Hülfskessels verursacht werden könne.

2. Die Schlagseite des Dampfers an Backbord könne ebenfalls nicht als Grund des Unfalls herbeigezogen werden, da die Kessel derartig gebaut seien, um selbst bei einer Schräglage von 8° noch gehörigen Wasserstand zu behalten, bei einem Wasserstande von 4 cm unter dem Striche ständen die dem Feuer ausgesetzten Theile des Kessels noch mit 11 cm, also ausreichend unter Wasser. Nach dem Ergebniß der Besichtigung müßten mehr als 15 cm, vielleicht 20 cm Wasser gefehlt haben, da sogar die tiefer als 15 cm unter Wasser liegende Feuerbuchse geglüht habe, und trotz fortwährenden Feuerns kein Dampf erzielt sei. Hätte Stinsky, wie er mußte, den untersten Probirhahn am Kessel geöffnet, so würde nicht Wasser, sondern Dampf herausgekommen sein, und hätte der Kessel schon um 11 Uhr Vormittags, nachdem das Verbindungsrohr der großen Pumpe gebrochen war, abgestellt werden müssen, jedenfalls aber am Nachmittage, als das Wasser 4 cm unter der Marke stand. Bei dem Schließen des Dampfventils steige das Wasser wohl etwas, falle aber auch sofort, wenn das Ventil wieder geöffnet werde. Als das Wasser an der Mutter spielte, sei bereits Gefahr vorhanden gewesen.

3. Es komme wohl vor, daß bei heftigem Heizen das Wasser bis an die Leitungsröhren des Dampfdoms aufwalle und vom Dampfe mitgerissen werde; doch geschehe dies nur immer schluckweise, da das Wasser sogleich wieder zurücksinke, und sei es geradezu unmöglich und im Widerspruche mit den gesetzlichen Bestimmungen, daß hierdurch und ohne daß der Maschinist es hätte verhindern können, die Rauchkammerdecke und sogar die Feuerbuchse vom Wasser entblößt sei. Das Eisen habe längere Zeit frei unter Gluth gelegen, während ein Ausstoßen des Wassers durch den Dampf nur augenblicklich ein Herabgehen des Wassers zu bewirken vermöge und der Maschinist immer in der Lage sei, durch Absperren den Abzug des Wassers und Dampfes und jede nachhaltige Entziehung des Wassers abzuwehren. Der von dem Maschinisten Stinsky gestellte Gegengutachter Hildebrandt hält es allerdings für möglich, daß bei gewaltsamer Heizung und sobald die Winschen in Bewegung gesetzt werden,

sich die drei Dampfleitungsröhren in einigen Minuten vollständig mit übergerissenem Wasser füllen, der Kessel entleert wird und seine Wände frei im Feuer liegen, aber auch dieser Gutachter muß zugeben, daß der Maschinist ein solches Vorkommniß rechtzeitig wahrnehmen, verhindern oder beseitigen könne und müsse, indem er die vorgeschriebenen Maßnahmen treffe. Den Grund des vorliegenden Unfalls findet auch dieser Gutachter im Wassermangel.

Der Betrag des angerichteten Schadens ist von der Rhederei auf 4000 *M.* angegeben.

Dieser Thatbestand ist festgestellt:

I. durch die auf Antrag des Reichscommissars und Beschluß des Seeamts zum Zweck der Beweisaufnahme erfolgte Verlesung:
   1. des Schreibens des Vorstandes der Neuen Dampferkompagnie vom 19. August 1886,
   2. des Berichts des Schiffers Nicolai vom 7. Juli 1886,
   3. des Berichts des Ingenieurs Eberhard vom 6. Juli 1886,
   4. des Schreibens des Ingenieurs Markwart vom 18. August 1886,
   5. der Verhandlung vom 11. September 1886,
   6. des Gutachtens der Sachverständigen Koppen und Markwart vom 15. September 1886,
   7. aus dem vorgelegten Kesselbuche für den Dampfer „Libau“
      a. der Schlußrevisionsverhandlung des Hülfskessels vom 13. Juli 1880,
      b. der Betriebsgenehmigung vom 14. August 1880,
      c. des Abnahme-Attestes vom 21. Augnst 1880,
      d. des Druckproben-Attestes vom 29. April 1884,
      e. des Revisions-Attestes vom 17. Juni 1886;

II. durch Vorlegung und Einsicht
   1. des Schiffscertifikats,
   2. des Klassifikationsattestes,
   3. der im Kesselbuche befindlichen Beschreibung und Zeichnung des Kessels,
   4. der von dem Direktor Reppenhagen überreichten Instruktion für den Maschinisten Stinsky;

III. durch die eidlichen Aussagen des Schiffers Nicolai, Steuermanns Gollatz, Maschinisten Burow, Heizers Wolff, Direktors Reppenhagen, der Ingenieure Eberhard, Markwart und Hildebrandt und des Stadtraths Koppen, sowie durch die uneidliche Auslassung des Maschinisten Stinsky in der mündlichen Verhandlung am 12. Oktober 1886.

Der Reichscommissar hält den ersten Maschinisten Stinsky allein für verantwortlich. Burow hätte zwar auch besser aufpassen und das Feuer herausreißen sollen, sei aber wohl bei der Beobachtung des Wasserstandglases getäuscht worden und nicht verantwortlich, da er nicht selbständig gehandelt, sondern unter Stinskys Befehl gestanden habe. Die Darstellung des Vorgangs durch Burow sei klarer und verständlicher als die Stinskyschen Auslassungen. Schiffer und Steuermann hätten mit der Sache nichts zu thun, deren ganze Schuld dem ersten Maschinisten zur Last falle. Dieser habe recht gut gewußt, daß nicht genug Wasser im Kessel sei und dennoch auf die Gefahr einer Explosion hin weiter heizen lassen, was auch durch den Drang der Arbeit nicht zu entschuldigen, sondern als grobes Versehen und Mangel wesentlicher Eigenschaften zu betrachten sei. Auf die unzureichende Beschaffenheit des Kessels für den Betrieb der Winschen und des Krahns komme es ebensowenig an, als auf das Herausreißen von Wasser durch den Dampf, vielmehr hätte Stinsky, sobald er am Wasserstandglase das Heruntergehen des Wassers bemerkte, den Kesselprobirhahn öffnen und den Betrieb einstellen müssen. Der Reichscommissar stellt daher gegen den ersten Maschinisten Stinsky den Antrag auf Entziehung der Befugniß zum Gewerbebetriebe und hält es für angemessen, daß auf einem Schiffe wie der „Libau" der erste Maschinenmeister ein Maschinist erster Klasse sei.

Karl August Stinsky ist am 20. April 1850 zu Sangnitten im Kreise Preußisch Eylau der Provinz Ostpreußen geboren, jetzt wohnhaft zu Grabow a/O., evangelisch. Er hat das Befähigungszeugniß als Maschinist zweiter Klasse vom 15. Juni 1880, ist auf dem Dampfer „Libau" seit 1881 als erster Maschinenmeister angestellt und bisher nicht vor einem Seeamt gewesen. Stinsky giebt zu, daß er einen Fehler begangen habe. Wasserstandglas und Manometer hätten richtig gearbeitet und habe er sich wohl gedacht, daß nicht genug Wasser im Kessel sei, als er dasselbe im Glase 4 cm unter dem Striche sah. Er habe sich darauf verlassen, daß das Wasser im Glase immer etwas unter dem Striche habe gehalten werden müssen, und habe er mit Rücksicht auf den nahen Sonntag — 27. Juni — die Arbeit bis zu der von ihm bereits angeordneten Anstellung des großen Kessels nicht unterbrechen wollen. Die Verantwortung für den Unfall und dessen Folgen lehne er ab, weil er

1. seiner wiederholten Vorstellungen ungeachtet gezwungen worden sei, den Hülfskessel einzustellen, der höchstens für 2 Winschen ausreiche, für alle drei Winschen und den Krahn aber nicht

arbeiten könne, ohne daß das Wasser herausgerissen werde. Den großen Kessel habe er wegen der Reinigung desselben nicht anstellen können und habe der Schiffer mit dem Entlöschen gedrängt;

2. die große Dampfpumpe und Handpumpe im Hauptmaschinenraum seien durch den Bruch des Verbindungsrohrs für den Hülfskessel unbrauchbar gewesen;
3. die Speisepumpe des Hülfskessels sei fortwährend in Thätigkeit gewesen, habe aber für die Arbeit mit drei Winschen nicht genug Wasser schaffen können.

Rechtsanwalt Brunnemann, als Beistand des Maschinisten Stinsky, hebt noch hervor, daß Stinsky ebensogut wie Burow vielleicht durch die Schlagseite nach Backbord getäuscht, der Unfall durch übermächtige und nicht aufgeklärte Naturkräfte herbeigeführt sein könne, wie man ja auch bei der Kesselexplosion des „Orpheus" soviel über den Siedeverzug gestritten habe. Es sei immerhin möglich, daß durch übermäßiges und plötzliches, unverhinderbares Aufkochen und Herausreißen des Wassers die Rauchkammerdecke mit einem Male entblößt und ihr Erglühen herbeigeführt sei, und diene dem Maschinisten Stinsky sein Diensteifer zur Entschuldigung.

Das Seeamt hat durch den festgestellten Thatbestand die Ueberzeugung gewonnen, daß

1. die Beschädigung des Hülfskessels durch Verglühen infolge Wassermangels verursacht ist;
2. der Unfall nebst seinen Folgen nicht durch übermächtige und unbekannte Naturkräfte bewirkt, sondern vom Maschinisten Stinsky durch Handlungen und Unterlassungen verschuldet ist;
3. Stinsky den Unfall und dessen Folgen durch den Mangel solcher Eigenschaften verschuldet hat, welche zur Ausübung des Gewerbes als Maschinist auf Seedampfschiffen erforderlich sind.

Daß die Beschädigung des Kessels durch Einwirkung des Feuers auf die davon berührten Theile und zwar lediglich deshalb entstanden ist, weil diese Theile nicht vorschriftsmäßig unter Wasser gehalten wurden und ihres unentbehrlichen Schutzes durch das nasse Element gegen das brennende beraubt waren, ist durch die Untersuchung des Kessels und die übereinstimmende Aussage aller Gutachter erwiesen, auch von Stinsky selbst anerkannt und jede andere Ursache unbedingt ausgeschlossen, auch weder behauptet noch unter Beweis gestellt. Namentlich ist unbedingt und unbestritten erwiesen, daß ein Erglühen und Verglühen der Kesseltheile nur möglich ist, wenn während der Heizung und Dampfentwickelung das Wasser im Kessel soweit sinkt, daß die vom Feuer berührten Theile wasserfrei und dadurch glühend werden. Daß ein solcher Wassermangel am 24. Juni 1886 im Hülfskessel des „Libau" eintrat, während der Kessel zum Betriebe der Winschen angestellt war und behufs der Dampfentwickelung geheizt wurde, ist durch das Sinken des Wassers im Glase ebenso wie durch das Fallen des Dampfes klar gestellt, auch wiederum von dem Maschinisten Stinsky nicht bestritten. War Stinsky schon dadurch gewarnt, daß das Wasser im Glase 4 cm unter dem Striche stand, so mußte es ihm noch mehr auffallen, daß er trotz beständigen Feuerns nicht genug Dampf erzielen konnte. Stinsky mußte zunächst den Probirhahn am Kessel öffnen und nachsehen, er würde dann jedenfalls Dampf statt Wasser gesehen und die Nothwendigkeit, den Kessel sofort abzustellen, erkannt haben. Es dient nicht zur Entlastung des Maschinisten, sondern erschwert sein Verschulden, daß der kleine Kessel für den ihm zugemutheten Betrieb nicht ausreichte und in Folge heftigen Heizens das Ueberkochen und Herausreißen des Wassers zu befürchten war, während auf der anderen Seite die Speisepumpe des Hülfskessels den Wasserverbrauch nicht genügend zu ersetzen vermochte und die großen Pumpen nicht zu gebrauchen waren. Jemehr alle diese nachtheiligen Umstände dem Maschinisten Stinsky bekannt waren, um so mehr mußten sie ihn zur Vorsicht veranlassen und ihm die Nothwendigkeit auflegen, den Kessel sofort bei bemerktem Wassermangel abzustellen, da er einsehen konnte und mußte, daß das Wasser nicht zu ersetzen und bei fortgesetzter Arbeit ein weiteres Sinken desselben bis zur völligen Entleerung des Kessels und Verglühung seiner vom Feuer berührten Theile gar nicht zu vermeiden sei. Hätte Stinsky unter diesen Umständen überhaupt den Kessel nicht dem anscheinend wenig zuverlässigen Heizer Wolff überlassen, sondern stets unter eigener oder jedenfalls unter Burows Aufsicht halten müssen, so ist es völlig unverantwortlich, daß der erste Maschinenmeister auch dann den Kessel nicht abstellte, als er durch die Meldung des Heizers und eigene Anschauung sich auch ohne Oeffnung des Kesselprobirhahns davon überzeugt hatte, daß im Kessel weder Dampf noch Wasser zu halten sei. Von einer Täuschung des Maschinisten kann hier ebensowenig die Rede sein, als von unabwendbaren Naturkräften. Stinskys eigene Angaben ergeben, daß er sich in keiner Weise bei Beobachtungen des Wasserstandglases und Manometers geirrt hat, sondern den Wassermangel klar erkannte und nur deshalb den Kessel nicht abstellte, weil er die Verzögerung der Arbeit mehr als die Gefahr der Explosion fürchtete. Daß die ohnehin wenig erhebliche Schlagseite des „Libau" nach Backbord für den Wasserstand im Kessel ohne Bedeutung war, ist von den Gutachtern Koppen und Markwart überzeugend nachgewiesen. Wenn trotz der Schlagseite das Wasser im Glase 4 cm unter der Marke stand, war um so mehr Veranlassung, den Kessel abzustellen. Stinsky hat von der Schlagseite nichts wahrgenommen.

Das Herausreißen des Wassers vermöge der Dampfleitungsröhren, auf welches der Rechtsanwalt Brunnemann soviel Gewicht legt, ist nach dem Gutachten von Koppen und Markwart und auch nach den Angaben des Gegengutachters Hildebrandt weder eine so unbekannte, noch eine so übermächtige Naturwirkung, daß der Maschinist ihr nicht entgegentreten und Schaden abwenden könnte. Es stände doch wahrlich schlecht um das ganze Dampfmaschinenwesen und wäre jede Verwendung von Dampfmaschinen als eine Drohung für Gut und Leben anzusehen, wenn eine plötzliche gewaltsame Entleerung des Kessels durch die Dampfentwickelung erfolgen könnte, ohne daß der Maschinist sie vorauszusehen, ihr zuvorzukommen, noch als ihre Folge das Verglühen des Kessels abzuwenden vermöchte. Aber es ist nicht einmal richtig, daß das ganze Kesselwasser mit einem Male vom Dampfe mitgerissen werden kann; vielmehr liegt es auf der Hand und ist den Gutachtern Koppen und Markwart unbedingt darin beizutreten, daß ein Herausreißen des Wassers nur soweit erfolgen kann, als beim heftigen Heizen das Wasser bis zu den Dampfleitungsröhren aufwallt, was immer nur ruckweise geschehen, niemals aber eine plötzliche vollständige Entleerung des Kessels herbeiführen, noch durch diese sogleich ein Verglühen in dem hier festgestellten Umfange bewirkt werden kann. Dies hier eingetretene Verglühen ist vielmehr dadurch herbeigeführt, daß der Kessel nach und nach sowohl durch ungenügende Speisung, als durch mitwirkendes Herausreißen des Wassers durch den Dampf bis unter die Feuerbuchse vom Wasser entleert wurde und dadurch die vom Feuer berührten Kesseltheile längere Zeit ohne Wasserschutz der Gluth ausgesetzt wurden. Diesen Zustand hat der Maschinist Stinsky dadurch verschuldet, daß er, ohne für gehörige Füllung zu sorgen, den Kessel weiter heizen und Dampf entwickeln ließ, obwohl er wußte, daß nicht genug Wasser im Kessel war und das Wasser sich immer mehr verringerte. Dadurch hat Stinsky einen Mangel der zur Ausübung seines Gewerbes nothwendigen Besonnenheit, Umsicht und Thatkraft an den Tag gelegt, Eigenschaften, deren Mangel die Handhabung der Maschine und namentlich die Bedienung des Kessels als höchst gefährlich für Leben und Gut erscheinen läßt. Es kann fraglich sein, ob Stinsky den Kessel nicht schon am Vormittag ganz abstellen und die Arbeit bis zur Einstellung des großen Kessels ablehnen mußte; will man dies aber auch mit Rücksicht auf die völlige Unzuverlässigkeit der Wolffschen Aussage und die Füllung des Kessels während der Mittagspause verneinen, so mußte der Kessel doch sofort abgestellt werden, als Stinsky am Nachmittag sah, daß das Wasser im Glase 4 cm unter der Marke stand. Das Weiterarbeiten verstieß gegen die Instruktion und gegen das Gesetz und war eine Pflichtwidrigkeit, die durch den Drang der Arbeit in keiner Weise entschuldigt werden kann. Abgesehen davon, daß der Nachtheil einer kurzen Verzögerung mit der Gefahr der Explosion und selbst mit dem wirklich angerichteten Schaden in gar keinem Verhältnisse stand, so war Stinsky keineswegs gedrängt, sondern seiner eigenen Angabe nach bei früheren Vorstellungen von seinen Vorgesetzten auf den großen Kessel hingewiesen und auch jetzt von dem Schiffer Nicolai aufgefordert, lieber den Kessel abzustellen, als die Gefahr einer Explosion heraufzubeschwören. Wenn Stinsky trotzdem mit dem Bemerken, dafür stehe er da, den Kessel weiter heizte, so liegt darin einerseits ein Sichzeigenwollen, andererseits ein nicht zu verkennender, aber schlecht angebrachter Diensteifer, der die schwere Verschuldung nicht auszugleichen vermag. Gegen diese sind alle vorgebrachten Einreden der Kleinheit des Kessels, des vom Dampfe herausgerissenen Wassers, der drängenden Arbeit nur Ausflüchte, welche den Vorwurf nicht entkräften können, daß Stinsky wissentlich und mit sehenden Augen nicht nur seiner Rhederei einen erheblichen Schaden zugefügt, sondern auch die Gefahr einer Explosion heraufbeschworen hat und daß er den Unfall und dessen Folgen infolge des Mangels solcher Eigenschaften, die zur Ausübung seines Gewerbes erforderlich sind, in so belastender Weise verschuldet hat, daß ihm die Stellung eines Maschinenmeisters auf Seedampfschiffen nicht anvertraut werden kann. Ob Stinsky Maschinist erster oder zweiter Klasse ist, erscheint unerheblich und keineswegs nothwendig, die Seedampfschiffe mit Maschinisten erster Klasse zu besetzen. Nicht Mangel an Kenntnissen, sondern Karakterfehler haben die Verschuldung Stinskys herbeigeführt, und mußte das Seeamt die Sicherheit von Leben, Gut und Schiff den Rücksichten auf die persönlichen Verhältnisse des sonst gutwilligen und dem äußeren Eindrucke nach noch brauchbaren Maschinisten Stinsky vorziehen, so schwer derselbe auch durch den Spruch getroffen sein mag. Es war dem Antrage des Reichscommissars entsprechend auf Grund der §. 4 No. 1, §. 26 des Reichsgesetzes vom 27. Juli 1877 — Reichs-Gesetzbl. Seite 549 — und dem Reichsgesetze vom 11. Juni 1878 — Reichs-Gesetzbl. Seite 109 — dem Maschinisten Stinsky die Befugniß zur Ausübung des Gewerbes als Maschinist auf Seedampfschiffen zu entziehen. Dem zweiten Maschinisten Burow, dessen Auftreten, obwohl er nur Maschinist dritter Klasse ist, den unverkennbaren Eindruck von Thatkraft und sicherer Auffassung hervorbrachte, kann ein Verschulden des Unfalls nicht beigemessen werden, weil er nicht selbständig mit dem Hülfskessel gearbeitet, sondern nur den Anweisungen des ersten Maschinisten gehorcht hat. Schiffer und Steuermann haben mit dem Maschinenwesen nichts zu thun.

Die Entscheidung des Ober-Seeamts lautet:

Auf die Beschwerde des Maschinisten Stinsky gegen den Spruch des Königlich preußischen Seeamts in Stettin vom 12. Oktober 1886 hat das Kaiserliche Ober-Seeamt nach mündlicher Verhandlung der Sache entschieden,

> daß der Spruch des Königlich preußischen Seeamts zu Stettin vom 12. Oktober 1886 zu bestätigen und die baaren Auslagen des Beschwerdeverfahrens dem Beschwerdeführer zur Last zu legen.

Gründe. Daß der Unfall, welchen der Dampfer „Libau" an seinem Hülfskessel erlitten hat, durch Wassermangel während des letzten Betriebes herbeigeführt worden, ist durch das einstimmige Urtheil der vernommenen Gutachter festgestellt, insbesondere auch von dem auf Antrag des Maschinisten Stinsky in zweiter Instanz nochmals als Sachverständigen gehörten Kaiserlichen Maschinen-Ober-Ingenieur a. D. Hildebrandt, und ebenso von Stinsky selbst anerkannt worden. Dagegen hat der letztere in seiner Beschwerde die ihm durch den Spruch des Königlichen Seeamts Stettin aufgebürdete Verantwortlichkeit für den Unfall und dessen Folgen durch die von dem Ober-Ingenieur Hildebrandt im Wesentlichen bestätigte Ausführung von sich abzuwenden beziehungsweise zu mindern gesucht:

1. daß infolge der Schlagseite des Schiffes zur Zeit des Unfalles ein korrektes Anzeigen des Wasserstandglases an dem Hülfskessel unmöglich gewesen sei, da dieser mit seiner Längsachse querschiffs gelagerte Kessel durch die Schieflage des Schiffes eine nicht unerhebliche Abweichung von der Horizontallage erhalten habe;
2. daß der Wasserstand im Hülfskessel des „Libau" zeitweise

unter dem normalen gewesen sein könne, da in Betracht des nur kleinen Dampfraumes in dem Kessel bei plötzlichem Angehen aller drei Winden Kesselwasser mit dem für diese Arbeitsleistung erforderlichen Dampf sehr leicht fortgerissen und nicht sofort zu ersetzen gewesen sei;

3. daß die Beschaffenheit der zwei- beziehungsweise dreimal gebogenen Röhren für das Wasserstandglas bei jenem Kessel wohl ein unrichtiges oder ungenaues Funktioniren des Wasserstandglases habe herbeiführen können, da Röhren solcher Art sehr leicht verstopft oder verunreinigt würden.

Alle diese Umstände zusammen, so folgert die Beschwerde, können einen Wassermangel im Hülfskessel des „Libau" bewirkt haben, ohne daß dem Maschinisten, weil er dies nicht bemerkt habe, ein Verschulden zur Last zu legen sei.

Hiergegen ist Folgendes zu bemerken:

1. Die Schlagseite des Schiffes hat nach Backbord stattgefunden es mußte daher das an Backbord des Hülfskessels angebrachte Wasserstandglas einen höheren, als den in der Steuerbordhälfte des Kessels vorhandenen Wasserstand anzeigen. Da dem Maschinisten Stinsky der Einfluß der Schieflage des Schiffes auf den Wasserstand in dem mit seiner Längsachse querschiffs aufgestellten Hülfskessel bekannt sein mußte, nach seiner eigenen Erklärung auch bekannt gewesen ist, hätte derselbe den Wasserstand im Glase niemals unter die Marke für den normalen Wasserstand herabgehen lassen dürfen, da er sich sagen mußte, daß solchen Falls die Steuerbordhälfte des Hülfskessels nicht mehr genügend vom Wasser berührt sein konnte. Stinsky will allerdings von der Schieflage des Schiffes nichts beobachtet haben. War die Schlagseite des „Libau" indessen so erheblich, daß die Lage des Hülfskessels dadurch wesentlich von der horizontalen abwich, so hätte Stinsky dies bemerken müssen. Aber selbst wenn in dieser Hinsicht ein Mangel an Aufmerksamkeit und Umsicht entschuldbar wäre, könnte doch die Entlastung dem Stinsky nur dann zu statten kommen, wenn derselbe den Wasserstand nicht unter die Marke im Glase hätte herabsinken lassen. Der Betrieb des Kessels wurde aber noch fortgeführt, als das Wasserstandglas bereits 4 cm unter der Marke zeigte.

2. Ein allmäliges Entleeren des Kessels durch Kesselwasser, welches bei forcirtem Heizen oder plötzlich massenweiser Dampf-

entnahme — wie eine solche z. B. im Falle gleichzeitigen Anziehens aller drei Winden erfolgen würde — mit dem Dampf fortgerissen wird, kann selbst nach der Aussage des von dem Beschwerdeführer angerufenen Gutachters Hildebrandt nicht eintreten, ohne daß das Wasserstandglas dies anzeigt.

Im vorliegenden Falle hat aber ein forcirtes Heizen überhaupt nicht stattgefunden, da, obgleich der höchste Dampfdruck auf 4 Atmosphären normirt war, an dem Tage des Unfalls nie mit höherem Druck, als mit 2,5 Atmosphären gearbeitet werden konnte. Das Wasserstandglas hat überdies völlig sicher den Wassermangel angezeigt, indem es 4 Centimeter unter der Marke für den normalen Wasserstand blieb. Es kann daher auch durch die Möglichkeit, daß beim Anstellen der Winden Wassertheile durch den Dampf mit fortgerissen wurden, der Maschinist Stinsky nicht entlastet werden, da er die Angabe des Wasserstandglases nicht beachtet hat.

3. Daß gerade Röhren für die Anbringung von Wasserstandgläsern dem Zweck besser als mehrfach gekrümmte entsprechen, ist zuzugeben. Die am Hülfskessel des „Libau" vorhandenen Röhren haben jedoch den von der Revisionsbehörde gestellten Anforderungen vollkommen genügt und sind bei der am 17. Juni 1886, also 8 Tage vor dem Unfall, stattgehabten Revision brauchbar, ja selbst noch bei der am 11. September 1886 durch beeidigte Besichtiger vorgenommenen technischen Untersuchung vollkommen in Ordnung, rein und mit klarer Oeffnung befunden worden. Auch das Funktioniren des Wasserstandglases, namentlich am Tage des Unfalls, ist von keiner Seite bemängelt worden. Hätte Stinsky nur die Warnungen desselben beachtet, so wäre der Unfall sicher vermieden worden. Hiernach erscheint Stinsky als leitender Maschinist des „Libau" für den angerichteten Schaden verantwortlich und seine Schuld ist um so größer und schwerer, als er klaren Blicks die enorme Gefahr, welche er herauf beschwor, erkennen mußte und von seinem verderblichen Treiben auch dann nicht abließ, als er auf dasselbe besonders aufmerksam gemacht wurde. Sein Verhalten entbehrt sonach jeder Rechtfertigung. Gleich dem Königlichen Seeamt Stettin ist das Ober-Seeamt zu dem Schluß gelangt, daß Stinsky wegen unverantwortlicher Leichtfertigkeit in seinem wichtigen und verantwortungsvollen Beruf

des Vertrauens nicht würdig ist, ferner noch als Seedampfschiffs-Maschinist den Gewerbebetrieb auszuüben.

Demgemäß war der Spruch I. Instanz lediglich zu bestätigen. Die baaren Auslagen des Beschwerdeverfahrens fallen dem Stinsky zur Last, weil er das Rechtsmittel erfolglos eingelegt hat.

Druckfehler-Berichtigung.

Auf Seite 205, in der Ueberschrift des 32. Spruches, lies: „23. Oktober" statt: „20. Oktober".

FSC
www.fsc.org
MIX
Papier | Fördert
gute Waldnutzung
FSC® C083411

Kolibri 360 GmbH
Ferdinand-Jühlke-Straße 7
99095 Erfurt, Deutschland
produktsicherheit@kolibri360.de